L'AGRESSIVITE HUMAINE

Approche analytique et existentielle

PSYCHOLOGIE ET SCIENCES HUMAINES

Jacques Van Rillaer

l'agressivité humaine

Deuxième édition

PIERRE MARDAGA, EDITEUR
LIEGE - BRUXELLES

© Pierre Mardaga, éditeur
12, rue Saint-Vincent, 4020 Liège
D. 1988-0024-29

INTRODUCTION

1. Un problème vital

Pour le destin de la planète comme pour la vie quotidienne de chacun, aucun problème n'est sans doute aussi urgent que celui de l'agressivité. Et pourtant, tout ce qu'ont essayé de dire, à ce propos, les hommes pris dans la mêlée ou les chercheurs de laboratoire, franchit à peine le seuil de la banalité. Freud lui-même, parlant du texte où il s'exprime le plus abondamment sur l'agression — *Le Malaise dans la Civilisation* —, constate : « Pour aucun ouvrage je n'ai ressenti si fortement l'impression de présenter des choses connues de tout le monde » (XIV 476). Konrad Lorenz, dans son livre sur l'agressivité, déclare, en formulant ses conclusions : « Je crains, plus que la réfutation, le reproche quelque peu justifié de la banalité » (1963, p. 291). Et cependant, dès que les hommes ont essayé de s'expliquer avec eux-mêmes et avec leurs semblables, ils ont parlé de ce phénomène inquiétant et scandaleux : la haine et la violence. Depuis qu'Empédocle a nommé les grands principes du monde, l'Amour et la Discorde, pas un philosophe de renom n'a manqué de se pencher sur le problème du « Mal ». Théologiens, juristes, politiciens et biologistes devaient s'interroger et on pourrait longuement commenter les propos de Sénèque, les conceptions d'un Machiavel ou d'un Hobbes, les principes de Darwin, la célèbre dialectique hégélienne du maître et de l'esclave, les combats inaugurés par Marx et les aphorismes glaciaux de Nietzsche...

L'Europe du XXᵉ siècle, dont nous faisons partie, reste marquée par une des plus effrayantes folies politiques qu'ait connue l'histoire : l'avènement du nazisme. L'ombre des camps de la mort, où régnaient les technocrates de la cruauté, se projette encore sur la civilisation occidentale d'aujourd'hui. Le procès de Nuremberg a jugé quelques-uns des artisans de ces horreurs. Le jugement rendu marque une date dans l'histoire du sentiment de la responsabilité : la soumission à des ordres criminels a enfin été reconnue officiellement coupable. Et cependant ce procès n'a pu supprimer les injustices qu'il prétendait réprimer. Un exemple parmi d'autres : le 25 septembre 1974, le juge fédéral de Colombus a cassé l'arrêt d'une cour martiale qui avait condamné le lieutenant W. Calley, reconnu coupable d'une opération d'extermination de plus de 450 enfants, femmes et vieillards dans un petit village du Sud Vietnam en 1968. Ce criminel de guerre avait d'abord été condamné à l'emprisonnement à vie. Sa peine a ensuite été réduite à vingt puis à dix ans. Finalement, après quelques années de détention, il est libéré sur parole car, selon le juge de la cour d'appel, Calley n'avait pas reçu une instruction militaire suffisante pour savoir qu'il pouvait désobéir à un ordre illégal [1].

Aujourd'hui comme hier, les conflits sanglants et la

cruauté font toujours partie du décor quotidien du monde. Selon *Amnesty International* (organisation qui défend les prisonniers politiques), la torture n'a sans doute jamais été aussi généralement et aussi scientifiquement pratiquée que de nos jours. Des spécialistes vont de pays à pays expliquer les techniques modernes de supplices. Ces « experts » de la torture n'ont évidemment rien à apprendre des inquisiteurs du Moyen Age ou des bourreaux hitlériens. Les témoignages des prisonniers politiques portugais libérés le 25 avril 1974, les récits de jocistes brésiliens ou ceux des vietnamiens enfermés dans les célèbres « cages à tigres » américaines valent en horreur, ceux des rescapés de Buchenwald et de Dachau.

Il apparaît de plus en plus nettement que les régimes fascistes ne détiennent plus le monopole des techniques les plus élaborées de la cruauté. Ainsi, par exemple, l'U.R.S.S. d'après Staline se place à la pointe du « progrès » pour les méthodes de torture mentale. Selon des témoignages de plus en plus nombreux, les mauvaises têtes — par exemple les personnes qui réclament à haute voix le respect des Droits de l'Homme — sont « traitées » par des psychiatres spécialisés [2]. Ces policiers en blouse blanche torturent, de façon savante, la catégorie des « malades mentaux » qui développent des idées de libération ou d'autonomie. Il est vrai que le régime soviétique préparant le meilleur des mondes, tous ceux qui font acte d'opposition ne peuvent être que des fous et doivent être traités comme tels, si pas avec davantage de rigueur...

Le développement de la puissance militaire rend les conflits entre nations de plus en plus meurtriers. Selon un chercheur russe, pendant les dix années des deux guerres mondiales du XXe siècle, le nombre de morts s'est élevé à 65 millions de personnes tandis que les guerres des trois siècles précédents n'avaient fait que 25 millions de victimes [3].

L'existence d'armes électroniques, atomiques, biologiques et chimiques changent radicalement les données du problème. Les modifications quantitatives du pouvoir de destruction, de plus en plus stupéfiant, entraînent des transformations qualitatives décisives. Quand on songe alors que les conflits déclenchés en un point quelconque du globe ont tendance à s'étendre, on peut penser que le recours à la guerre moderne devient la forme la plus efficace de suicide collectif. D. Morris, zoologue et humoriste célèbre, écrit à ce sujet : « Nous sommes, c'est le moins qu'on puisse dire, dans un terrible pétrin et il est fort probable que d'ici la fin du siècle nous nous serons exterminés nous-mêmes » (1967, p. 182). Emmanuel Mounier, dans une conférence intitulée *Pour un temps d'Apocalypse* (1947) considère que l'humanité est aujourd'hui arrivée à maturité. En effet, explique-t-il, si l'humanité d'avant Hiroshima était condamnée à l'avenir, l'avènement des armes thermonucléaires oblige l'humanité à choisir entre la vie et le néant, et force l'homme à s'humaniser.

Chacun sait que les agressions et la torture ne sont pas l'apanage des souverains et des Etats. On pourrait même dire que la violence se « démocratise ». Ainsi, par exemple, la technologie moderne met à la disposition du commun des mortels plus de puissance destructrice que n'en avaient les guerriers de la mythologie.

Rappelons brièvement quelques illustrations de la violence ordinaire qui s'étale aujourd'hui : les détournements d'avions, l'insécurité de bon nombre de grandes villes — un habitant de New York ou de Washington ne peut sortir tranquillement de chez lui après dix heures du soir —, l'agressivité des automobilistes qui, chaque jour, fait un nombre considérable de victimes à travers le monde. En fait, on n'en finit pas de recenser les formes séculaires ou nouvelles de la violence.

La question de la puissance et du pouvoir est loin de se résoudre. Il nous semble même que des difficultés, quasi inéluctables, s'accentuent. Sans doute, le problème de la violence remonte-t-il à l'origine de l'homme et l'on pourrait ici songer aux millions d'individus massacrés au cours de centaines d'invasions, de génocides, de guerres de religion et de massacres politiques. — Les ouvrages de Gaston Bouthoul, le sociologue promoteur de la polémologie, donnent une vision impressionnante de cet « appétit » de destruction qui spécifie les humains [4] —. Le problème apparaît cependant de plus en plus urgent et envahissant. Les sociétés les plus « évoluées » disposent du plus grand potentiel destructeur et ceci à tous les niveaux, depuis les colonels jusqu'aux simples citoyens.

Les régimes totalitaires et l'anarchie nihiliste, la perpétuation de guerres locales et la menace d'une destruction globale de l'humanité, ces aspects imposants de la violence ainsi que bien d'autres — quotidiens, discrets ou masqués — sont mis progressivement au centre de la réflexion contemporaine. Il est frappant de voir que ces questions empêchent désormais bon nombre de philosophes et de théologiens de demeurer de purs penseurs, planant loin au-dessus de la mêlée. Ainsi Romano Guardini croit devoir proclamer : « Le sens de notre époque, sa tâche centrale, sera d'ordonner la puissance de telle sorte que l'homme soit capable d'en faire usage et de subsister en tant qu'homme » (1951, p. 9). Songeons ici à Merleau-Ponty (*Humanisme et Terreur*), à Sartre (*Les Mains sales*), à Michel Foucault (*Eloge du discours interdit*) ...

La profusion des recherches, congrès et ouvrages consacrés ces dernières années à l'agressivité témoigne de l'actualité de ce thème. Des médecins, des biologistes, des psychologues se penchent de plus en plus souvent sur la question du « Mal » et sur ses versions contemporaines. On assiste d'ailleurs à une sorte de « psychologisation » et de « biologisation » de ce vieux problème. Le titre du livre de Lorenz en est une illustration : *Das sogenannte Böse. Zur Naturgeschichte der Aggression. — L'Agression. Une histoire naturelle du Mal.* Certains auteurs, qui prétendent étudier scientifiquement ce phénomène comme tout autre processus psychique ou biologique, vont même jusqu'à considérer l'agression comme une activité inévitable, saine et naturelle. Le petit ouvrage de vulgarisation d'A. Storr, *L'agressivité nécessaire* [5], est éloquent à ce sujet.

La recherche scientifique peut, ici comme ailleurs, jouer un rôle important si pas décisif. La naturalisation du problème permet d'échapper aux considérations trop massivement moralisantes ainsi qu'à une culpabilisation trop rapide. Il n'en reste pas moins vrai que l'agressivité — comme d'ailleurs la plupart des problèmes de psychologie et spécialement de psychologie concrète — constitue une question *éthique* et souvent une question *politique*, à laquelle la science ne peut, par elle-même, apporter la solution *définitive*.

Nous avons évoqué en quelques mots l'ampleur et la gravité du problème de la violence parce qu'on ne peut jamais manquer une occasion d'y insister. Cette question, en effet, devrait être mise au centre des recherches psychologiques, sociologiques, politiques, anthropologiques.

Le présent ouvrage ne prétend nullement fournir la solution au problème de la guerre, du fascisme ou de la terreur politique. Il se limite à la contribution de la *psychologie*, plus précisément à l'apport d'une *approche inspirée par l'analyse freudienne et la phénoménologie*.

La lecture du premier chapitre, consacré à Freud, suppose une certaine familiarité avec la psychanalyse. Il n'est pas question de présenter ici l'ensemble de la doctrine freudienne mais bien d'entamer un dialogue avec Freud sur une question particulière qu'il a relativement peu explicitée comme telle.

Une des conclusions de Freud réside dans la possibilité — si pas l'obligation — de postuler une pulsion d'agression pour rendre compte des différentes formes de destruction. Cette thèse, lourde de conséquences théoriques et pratiques, doit être confrontée aux découvertes modernes de la psychologie animale et de la psychophysiologie. Le résultat de cette discussion est une sévère remise en question de l'usage des concepts d'*instinct* ou de *pulsion* d'agression pour expliquer l'agressivité *humaine*.

De notre point de vue, les deux notions les plus fécondes pour comprendre effectivement les conduites agressives chez l'homme sont : la *signification* personnelle attachée aux stimuli (internes ou externes) et la *relation à l'image de soi*. Le chapitre central de l'ouvrage s'efforce d'étayer cette thèse. Il envisage d'abord les faits les plus évidents — l'attaque du moi, la réaction à la sujétion du moi — et poursuit par des processus moins bien connus : la recherche d'opposants pour la constitution de soi, la haine des individus qui évoquent les désirs réprimés, etc.

Une dernière partie est consacrée à quelques prolongements pédagogiques et psychothérapeutiques. Sans doute, le psychologue n'a-t-il pas à jouer au néo-moraliste. Il peut néanmoins, *dans certaines limites*, aider à la démystification de certaines attitudes de mauvaise foi et contribuer à la découverte d'un meilleur art de vivre.

2. Définitions

« La psychologie n'a pas besoin d'une mixture de catégories mais de différenciations précises. »

D. J. van Lennep.

Le mot français « agression » apparaît dès le xive siècle tandis que le terme « agressivité » est d'un usage assez récent. Ce dernier n'est guère mentionné dans la 8e édition du *Dictionnaire de l'Académie* (1932). Le *Trésor de la langue française* (1973) signale son emploi en 1873 dans le *Journal* des Goncourt. En anglais, le terme « aggression » — apparu au début du xviie siècle — et le mot « aggressiveness » viennent du français. Il est amusant de constater, dans *The Oxford English Dictionary,* que le premier usage du terme « aggressiveness » apparaît en 1859 dans la phrase « to secure Europe from the insatiable aggressiveness of France ». En allemand, les mots « Aggression » et « Aggressivität » sont encore plus récents. La plupart des dictionnaires ne les signalent pas [6]. Le dictionnaire étymologique *Duden* (1963) ne donne pas de date pour l'apparition de « Aggression ». Il renseigne le xixe siècle pour « aggressiv » et « Aggressor ». Le terme « Aggressivität » n'est pas cité.

L'enquête étymologique apprend que le mot « agresser » dérive du latin « ad gradi », lequel signifie : marcher vers, marcher contre; entreprendre, interpeller. Le sens étymologique ne suffit évidemment pas pour définir un terme. Pour ce faire, il faut examiner les expressions langagières courantes et les expériences vécues auxquelles le vocable fait actuellement référence.

L'enfant jaloux qui régresse est-il agressif ? Et si son symptôme, l'énurésie, par exemple, finit par excéder toute la famille ? Le fait d'exprimer des opinions non orthodoxes est-ce une agression ? Jouer aux échecs pour le plaisir de faire échec et mat, s'« attaquer » à un problème difficile, empêcher quelqu'un de s'intoxiquer, tuer un animal dans un abattoir... tous ces comportements relèvent-ils d'une intention agressive ? Que veut alors dire « agresser » ?

Le psychologue allemand Herbert Selg (1968, p. 18) a demandé à une trentaine d'étudiants de juger sept situations (par exemple, Pierre déchire la photo de la fiancée qui l'a abandonné). Les étudiants devaient dire s'il s'agissait oui ou non d'un comportement agressif, au sens banal du terme. Le résultat est remarquable : des désaccords s'observent pour tous les items (dans l'exemple de la destruction de la photo, 14 étudiants contre 17 parlent d'agression).

Littré (1878) fournit quelques précisions au sujet du mot « agression » : « Attaque porte simplement l'idée sur le combat, une lutte qui commence d'un côté; mais l'agression porte l'idée sur l'acte premier qui est la cause du conflit. Il est possible que celui qui attaque ne soit pas l'agresseur, l'agression pouvant consister en tout autre chose qu'une attaque. Attaque est l'acte, le fait; agression est l'acte, le fait considéré moralement et pour savoir à qui est le premier tort ». Littré met l'accent sur la dimension éthique et juridique. A sa suite, nous noterons qu'une activité — par exemple, salir ou faire du bruit — peut ou non être qualifiée d'agression selon *les normes en usage et la signification personnelle* qui s'y rattache. Ainsi, certains considèrent comme agressif le professeur qui fait échouer des étudiants à l'examen. Mais on sait qu'un professeur peut manifester son hostilité (à l'égard de l'Institution ou du « Système ») en accordant des notes satisfaisantes à tous les étudiants... Définir l'agressivité à partir du comportement manifeste n'est donc pas une tâche facile.

Le problème de la définition de l'agression a préoccupé notamment les juristes. Le procès de Nuremberg avait posé explicitement la « question de la définition de l'agression », mais n'avait pu la résoudre de façon satisfaisante. Un des documents les plus intéressants sur ce point est le volumineux ouvrage d'Aroneanu [7] présentant les travaux de la Commission de l'Organisation des Nations Unies chargée de définir l'agression au niveau du droit international. Il s'agit évidemment d'une question importante car elle conditionne la définition du crime international et l'élaboration d'un droit pénal international. Les juristes de l'O.N.U. ont distingué de multiples formes d'agression et, notamment, des agressions indirectes (par exemple, la menace d'exercer la force ou l'appui donné à des mouvements subversifs), des agressions économiques, des agressions idéologiques (incitation, propagande). Certains ont même parlé d'« agression par omission ». Après sept années de recherches et de débats (de 1950 à 1957), les experts n'ont cependant pu aboutir à une définition précise, englobant les différents aspects et ralliant tous les spécialistes. Aroneanu, sous le titre « En guise de conclusion », termine son livre de quatre cents pages par ce mot désabusé : « Comment définir l'agression ? Une personne à qui on demandait de définir un éléphant a répondu : " Je ne saurais définir l'éléphant, mais je sais que c'est quelque chose de gros ". »

Tournons-nous vers les psychologues pour voir si l'accord a pu se faire chez eux sur une définition de l'agression. Dollard, Miller e.a., dans leur célèbre ouvrage *Frustration and Aggression*, parlent d'« un acte dont le but est de léser un organisme » (1939, p. 11). Une conception analogue se retrouve chez Arnold Buss. Celui-ci, voulant toutefois éviter de parler de but ou d'intention, définit l'agression comme « une réponse qui délivre des stimuli nocifs à un autre organisme » (1961, p. 1) et l'agressivité comme « l'habitude d'attaquer » (id., p. 198). Récemment, H. Selg, dans son important travail sur le diagnostic de l'agressivité, va dans le même sens lorsqu'il déclare que l'agression « réside dans le fait de délivrer des stimuli nuisibles à l'endroit d'un organisme ou de son substitut » (1968, p. 22).

Interrogeòns enfin quelques psychanalystes. Daniel Lagache, dans son article sur l'agressivité (1960), définit l'agression comme « un " acte " ou un " passage à l'acte ", dont le but est la destruction totale ou partielle, littérale ou figurée d'un objet » (p. 100). Quant à l'agressivité, elle est à l'agression ce que la disposition est à l'acte.

Laplanche et Pontalis, dans leur *Vocabulaire de la Psychanalyse*, s'expriment de la façon suivante : « Agressivité : tendance ou ensemble de tendances qui s'actualisent dans des conduites réelles ou fantasmatiques, celles-ci visant à nuire à autrui, le détruire, le contraindre, l'humilier, etc. »

On s'accorde généralement sur la distinction agression - agressivité. Le premier terme désigne un acte effectif et le second se réfère à une tendance ou à une disposition. Toutefois, lorsqu'il s'agit du sens précis de chacun de ces mots, nous constatons des différences d'accent ou même de conception. Si un certain nombre de psychologues se réunissaient en vue de trouver une définition commune, il n'est pas certain qu'ils s'accorderaient plus aisément que les juristes de l'O.N.U.

Les définitions citées — mise à part celle de Laplanche et Pontalis — nous laissent relativement insatisfait. La conception de Buss est difficile à maintenir car comment parler d'agression sans se référer à une intention ? Un coup porté par inadvertance, à moins que ce ne soit un « acte manqué » au sens freudien, n'est pas une agression mais tout simplement un accident. Une grande tape dans le dos est perçue comme une agression ou comme un geste affectueux selon les intentions des personnes en présence, selon le degré d'amitié entre les partenaires et leur milieu social. L'effet manifeste d'une action ne suffit pas à la spécifier. On ne peut se passer d'une référence à la motivation.

Selg ou Dollard e.a., malgré leur appartenance behavioriste, ne croient pas pouvoir faire l'économie de la notion de but. Nous ne pouvons cependant nous contenter de leur définition car toute agression n'a pas pour but de léser un organisme. Le père excédé, qui renvoie son enfant à la salle de jeu, ne délivre pas des « stimuli nuisibles » à proprement parler. Son comportement vise seulement à défendre sa tranquillité en obligeant l'intrus à vider les lieux. On peut cependant le qualifier d'agressif, au sens propre du terme.

La définition de Lagache nous semble également insatisfaisante. D'une part, certains actes visent à détruire sans être pour autant des agressions. Ainsi, jeter au feu de vieux papiers devenus inutiles. D'autre part, si l'on entend par « objet » un être vivant, la proposition de Lagache spécifie davantage l'agression haineuse que l'agression au sens général du terme. Comme nous venons de le rappeler, certaines conduites agressives — par exemple, avoir des mots ensemble — n'ont pas d'emblée pour intention la destruction ni même la douleur d'autrui.

On ne peut isoler aisément l'agression et sa motivation des autres formes de comportement. Un individu peut être agressif de diverses manières, depuis l'« oubli » d'un rendez-vous, le refus d'une aide, le vol... jusqu'à la torture et au meurtre. D'autre part, un même comportement, manifestement agressif — p. ex., tuer quelqu'un — peut relever d'intentions fort différentes : se venger, éliminer un rival, compenser des sentiments d'infériorité, faire disparaître un témoin gênant, se protéger, défendre la nation, etc. Même lorsque le résultat « objectif » est identique, des processus psychiques distincts sont mis en œuvre, selon les individus et les circonstances. Il n'est donc pas facile de donner une définition claire des termes d'agression et d'agressivité — termes dont nous devrons d'ailleurs dénoncer, plus tard, le caractère trompeur —. Nous ne sommes dès lors guère surpris lorsque certains psychologues renoncent à en fournir une définition précise. Ainsi R. Johnson — auteur d'un des meilleurs ouvrages américains sur le sujet — écrit : « Il n'y a pas un seul type de comportement qui ne puisse être qualifié d' "agressif ", pas plus qu'il n'y a un processus unique représentant " l'Agression ". C'est peut-être la chose la plus importante que l'on puisse dire concernant l'agression car cela suggère que l'agression doit être comprise et analysée à plusieurs niveaux » (1972, p. 8). Johnson, qui est un spécialiste de la psychologie animale, ajoute que cette situation n'a rien de catastrophique pour l'observation et l'expérimentation. Le chercheur scientifique, en effet, peut se contenter de définitions opérationnelles, des définitions qui renvoient à des opérations ou à des comportements précis et quantifiables (coups de bec, temps de latence d'une attaque, etc.).

Dans la perspective qui est ici la nôtre — l'approche existentielle — il est cependant souhaitable d'aboutir à une conceptualisation qui permette de mieux *comprendre l'expérience vécue* de l'agression.

Mais, d'abord, qu'est-ce exactement qu'un comportement ? Il s'agit d'une manière d'être ou d'agir d'un *sujet* en rapport avec une *situation*. Le comportement suppose des *attitudes* et procède d'*intentions*, quels que soient les remaniements que doivent subir ces notions, spécialement depuis la psychanalyse et diverses conquêtes de la philosophie d'aujourd'hui. Cette proposition reste valable pour le brusque accès de colère ou pour la fureur destructrice « aveugle », la « blinde Zerstörungswut », comme disent les Allemands. Dès lors, il n'importe pas tant de s'interroger sur l'Agression in abstracto que de se demander : qui est agressif, vis-à-vis de qui et pourquoi ?

La *signification* du comportement ne se donne pas d'emblée à la compréhension de l'observateur ni même à la compréhension du sujet. Le sens vécu reste, pour une large part, non thématisé [8]. La signification explicite peut contredire l'intentionnalité cachée. On ne peut prendre pour argent comptant les paroles ou les manifestations visibles d'agressivité et d'amour. Une conduite amicale dissimule parfois des sentiments hostiles et, comme nous le verrons dans la suite, le comportement agressif d'un individu peut n'être qu'une défense contre son propre penchant amoureux. Il nous faut donc tenir compte des intentions conscientes mais aussi des intentions qui hantent le sujet à son insu.

Quel est finalement le sens propre de l'intention agressive ? Il s'agit essentiellement d'une protection ou d'une expansion de soi qui se réalise en opposition avec l'entourage. L'agressivité peut se définir comme une *disposition visant à se défendre ou à s'affirmer à l'encontre de quel-*

qu'un ou de quelque chose. Nous distinguons deux catégories : l'agressivité défensive — qui se ramène à la conservation de soi ou des siens — et l'agressivité de type offensif ou appropriatif, plus spécifiquement « narcissique » [9].

On peut agresser en adoptant différentes attitudes et en éprouvant divers sentiments (la combativité, la rage, le « fair play » et même le regret et l'absence de haine) mais, de toute façon, l'attitude agressive implique toujours une opposition si pas de l'hostilité. Sans doute pourrait-on, en se référant notamment à l'étymologie, faire usage d'un *sens large* de la notion et ne plus insister sur le mouvement d'opposition. L'« ad-gression » apparaît alors, en quelque sorte, comme l'opposé de la « ré-gression » et devient presque synonyme d'une « pro-gression ». Nous préférons cependant parler ici d'activité, d'exploration, de violence ou d'affirmation de soi, selon les cas, et éviter un sens trop large du terme d'« agression ». Pour mieux clarifier ces notions, efforçons-nous de revenir aux choses elles-mêmes.

Le garçon qui prend plaisir à shooter avec vigueur n'est pas nécessairement agressif. Cette conduite n'est pas d'emblée une expression de soi qui s'accomplit aux dépens d'autrui. Peut-être pourra-t-on dire que ce garçon s'affirme grâce au jeu de balle. Nous devons toutefois admettre que, dans de nombreux cas, il ne le fait guère « à l'encontre de ». Nous ne qualifierons son comportement d'« agressif » que lorsqu'il se détermine à bousculer ses partenaires pour conserver la balle et marquer des buts. De même, toute réaction de défense n'est pas une agression. Elle ne le devient que lorsque le sujet riposte de façon hostile.

Merleau-Ponty, dans un de ses cours à la Sorbonne, disait : « Le futur est un temps d'agressivité : le sujet prend pied dans l'avenir et fait des projets » (1958, p. 297).

Si l'on s'en tient à notre définition de l'agressivité, on ne peut accepter, sans plus, cette proposition. Sans doute y a-t-il une façon agressive de manipuler le temps. C'est, par exemple, le cas de l'enfant qui remet obstinément à plus tard ce qu'il doit faire, qui ralentit ou accélère son rythme de façon à se trouver intentionnellement en discordance avec celui de l'adulte (nous appelons ceci la « temporalisation agressive »). Néanmoins, le fait de « prendre pied dans l'avenir » ou de différer une action n'est pas ipso facto une conduite agressive au sens propre du terme.

Les mêmes remarques sont valables pour la vue et l'attention. J.-P. Sartre (1943, p. 310s) a proposé une analyse saisissante du regard. L'attention au partenaire s'y révèle intrusive, blessante, asservissante. Mais on doit ici rappeler que certains regards apparaissent comme une ouverture et une invocation plutôt que comme une objectivation hostile. La vue et l'attention perceptive portent vers, font « marcher vers » — *aggredi* — mais nous croyons que le mot « agression » ne se justifie que si cette activité émane de quelqu'un qui marche *contre*, aux dépens d'autrui.

Les mêmes remarques valent pour A. Storr (1968) lorsque celui-ci déclare que l'effort intellectuel est en rapport avec la capacité d'agression. Invoquer des expressions telles que « s'attaquer à un problème » ou « triompher d'une difficulté » ne sont pas des arguments. A ce compte, pourquoi ne pas considérer la respiration comme une agression (on « prend » l'air et on l'« expulse ») ?

On est bien obligé, à un certain moment de la recherche, de donner une définition précise. On ne peut toutefois, *dans la pratique*, conclure trop rapidement au caractère agressif ou non agressif d'une conduite.

Un comportement n'exprime d'ailleurs quasi jamais une

seule intention. Toute conduite, enseigne Freud avec insistance, est surdéterminée. C'est un point sur lequel l'historien et le psychologue s'accordent entièrement : il n'y a guère de signification unique des événements; il n'y a pas de conduite présentant un sens univoque, que ce soit pour le sujet ou pour le partenaire. Seul le paranoïaque croit pouvoir déceler, avec certitude, la vérité absolue des choses. Ce principe de la polysémie de chaque action n'implique cependant pas l'impossibilité de repérer des directions de sens prédominantes ou primordiales. Il faut seulement se garder de déduire avec précipitation. La signification n'est jamais aussi simple à cerner et à formuler qu'il n'y paraît à première vue.

Les critères de l'interprétation existentielle ou psychanalytique ne diffèrent pas foncièrement des autres types d'analyse sémantique; il y est également question d'une convergence d'indices, de la découverte de liens, d'intégration à un ensemble, d'intelligibilité nouvelle, de fécondité de l'explication. Pour décider si l'on peut ou non parler d'une conduite agressive, il est donc indiqué de s'enquérir de :

a) l'intention, le but, la direction du comportement;

b) son origine, ses antécédents, sa genèse — encore qu'on ne puisse perdre de vue qu'un comportement peut finalement n'avoir quasi plus de rapport significatif avec son point de départ —;

c) sa configuration, son unité interne, sa structure intelligible;

d) son contexte, son rapport aux autres phénomènes de la vie psychique et à l'ensemble de la situation telle qu'elle est vécue par le sujet.

Disons tout uniment qu'une recherche théorique ou abstraite sur le sens d'un type de comportement est toujours suspecte ou, tout au moins, discutable. Il importe de rester méfiant, par principe, vis-à-vis des explications générales. On doit se garder de déchiffrer d'emblée, dans la singularité des existences, un ordre soi-disant préétabli. S'il est vrai que toute conduite comporte une marge de vie impersonnelle et générale, il convient cependant, à chaque fois, de *regarder* longuement — ce que la phénoménologie enseigne si bien — et d'*écouter* avec respect — attitude dont Freud a montré toute la fécondité. Ceci dit, nous croyons qu'une recherche comme la nôtre, outre son intérêt théorique, se justifie de par les *hypothèses de travail* qu'elle fournit pour l'approche clinique et pour l'expérimentation systématique.

Pour terminer, précisons rapidement quelques notions qui sont en rapport avec l'agressivité, mais ne sont pas simplement synonymes.

La *haine* est un affect dont l'intentionnalité est de nuire à autrui ou de le détruire. Paul Robert la définit : 1° « Sentiment violent qui pousse à vouloir du mal à quelqu'un et à se réjouir du mal qui lui arrive »; 2° « Aversion profonde pour quelque chose ».

La haine implique une disposition agressive mais l'inverse n'est pas évident. Un individu peut se montrer agressif envers un autre sans pour autant éprouver de la haine, c'est-à-dire, désirer, en fin de compte, son malheur ou sa disparition. Ce terme ne devrait être utilisé que lorsqu'il y a intention d'anéantir ou, tout au moins, souhait de nuisance.

La *cruauté* est une agression perpétrée de façon consciente et organisée en vue de faire souffrir.

Le *sadisme* est un comportement de nature libidinale qui prend la forme d'une agression. On pourrait en distinguer diverses formes, symétriques aux types de masochisme définis par Freud (1924) :

a) Le sadisme moral : satisfaction d'asservir et de dominer autrui qui se ramène, pour l'essentiel, à une jouissance narcissique.

b) Le sadisme masculin : lié à la nécessité biologique de l'intrusion masculine. Il est un moyen d'assouvir le désir sexuel ou encore, comme dit Freud, un « but sexuel préliminaire ».

c) Le sadisme érogène : plaisir essentiellement libidinal, lié à l'exercice de la force musculaire et à la perception de la douleur chez autrui.

La *colère* est un sentiment violent et soudain de mécontentement, accompagné de modifications corporelles manifestes. Lorsque la colère s'amplifie et apparaît comme une espèce d'orage affectif, on la range plutôt parmi les émotions que parmi les sentiments. La personne tend alors à perdre son pouvoir de réflexion et résoud sa tension en simplifiant, de façon brutale, les difficultés auxquelles elle est confrontée.

La *prise* (ou l'emprise) est une attitude fondamentale de l'existence humaine. L'homme est un être en prise sur son entourage, il tente de dominer la nature. Bien qu'il y ait de très larges variations interculturelles et interindividuelles, la plupart des humains aspirent non seulement à la maîtrise des événements mais aussi à une captation narcissique de leurs semblables. L'emprise n'implique toutefois pas un mouvement conquérant ou combatif. Chez la fillette, par exemple, on observe des « façons agrippantes, possessives, ou façons plus douces de se rendre attirante et d'inspirer la sympathie » (Erikson, 1950, p. 173).

On peut également distinguer l'agressivité et l'*expansivité*. Le dynamisme vital, la tendance à se mouvoir, à explorer, à manipuler et à occuper l'espace ne sont pas à confondre avec la disposition agressive. Toutefois, on observe souvent que l'expansivité — chez l'enfant, par exemple — se heurte à une série d'obstacles et qu'une certaine irritation — et, par suite, l'agressivité — peut en résulter. Par ailleurs, la vitalité d'une personne peut apparaître à son partenaire comme une attitude agressive mais une telle interprétation n'est légitime que lorsque le sens personnel de la conduite a été examiné.

La *destruction* n'est pas ipso facto une agression. L'enfant qui démolit le château de sable qu'il vient de construire n'est pas forcément agressif (ou encore méchant ou masochiste). En détruisant son œuvre il peut, tout simplement, exprimer sa joie et jouir du plaisir de gaspiller.

La *violence*, que le dictionnaire définit une « force impérieuse ou illégitime », n'est pas non plus synonyme d'agressivité, même si l'usage de ces deux notions n'est pas définitivement établi.

Les auteurs allemands et hollandais utilisent souvent le terme d'agression dans une acceptation plus large que le terme de violence. Fr. Hacker, par exemple, écrit : « La violence nue est la forme de manifestation visible, ouverte, " libre " de l'agression. Toute agression n'est pas violence, mais toute violence est agression » (p. 15). En français, nous croyons préférable de dire l'inverse : une agression est toujours une violence mais toute forme de violence n'implique pas une volonté d'agresser. Le dentiste en action exerce une certaine violence. Sa profession peut même être, pour lui, une façon d'être agressif ou une

occasion de jouissance sadique, mais ceci n'est pas nécessairement le cas. De même, l'éducateur qui impose certaines règles de conduite à l'enfant exerce une certaine
violence à son égard, mais il n'est pas d'emblée agressif.
On ne parlera d'agression ou de violence agressive que
lorsqu'il s'affirme au détriment de l'enfant.

La violence sécrétée par les institutions ou par les
régimes politiques — le capitalisme libéral ou le capitalisme
d'Etat, par exemple — ne s'explique pas simplement par
l'appétit de puissance ou par l'agressivité des dirigeants.
L'agression et la violence structurelle ou symbolique sont
des réalités distinctes même si elles peuvent s'étayer mutuellement. Notons à ce propos que la violence — pas plus
que l'agressivité — ne peut être automatiquement affectée
du signe négatif. La limite entre le bien et le mal est souvent
difficile à tracer et elle peut varier selon le point de vue de
celui qui juge. « On ne peut rien accomplir de vrai sans
être un brin criminel » écrit Freud au pasteur Pfister (le
5 juin 1910). Les activités humaines, même les plus
fécondes, supposent un pouvoir et une violence. L'apôtre
de la non-violence cherche à *faire pression* sur la conscience
morale du détenteur du pouvoir politique ou policier...
Tout développement implique des pertes et des sacrifices.
Toute création d'une œuvre nécessite une prise de distance
à l'égard des données immédiates, le deuil du passé, la
transgression. Ainsi, la violence concerne l'ensemble des
problèmes humains. Dès que nous essayons de décrire
l'existence de l'homme, nous rencontrons des oppositions :
nature - culture, individu - société, désir - interdiction,
raison - déraison, identité - altérité, etc. Partout un terme
tend à s'imposer au détriment d'un autre et la violence
est omniprésente. Comme le dit Paul Lévy : « Ce n'est que
dans les cimetières que règne la paix totale » [10].

On ne peut évidemment rendre compte de la totalité du champ humain par la violence. Bien plus : chaque acte laisse entrevoir une autre dimension de sens ou du moins sa possibilité. La création est rupture mais elle est aussi germination. Le savoir est emprise, mais il est également ouverture et accomplissement. L'interprétation démystifie — parfois violemment — une interprétation antérieure mais, d'autre part, elle est également recueil de significations, approfondissement. Le travail est une transformation — éventuellement brutale — de la nature ou des œuvres des prédécesseurs; il peut aussi être le chemin de la fraternité et du salut. On ne peut expliquer le comportement humain par un seul terme, que celui-ci soit la sexualité, la volonté de puissance ou la violence.

3. *Note sur les démarches de la psychologie*

Le développement actuel du savoir n'a nullement l'aspect d'un progrès linéaire organisé ou tendant vers l'unité. Non seulement les différentes disciplines évoluent dans des sens multiples sans chercher forcément à se recouper (à quelques exceptions près, comme la bioanthropologie d'Edgard Morin) mais, en outre, la diversité s'accentue à l'intérieur même de chaque discipline, tout au moins en ce qui concerne les sciences dites humaines. Il y a des psychologies (et notamment des psychanalyses), des sociologies, des économies...

En psychologie, la raison de la multiplication des conceptions et des théories n'est pas seulement d'ordre méthodologique; elle est liée à la nature même de l'objet étudié : le sujet humain qui, précisément, n'est pas un objet.

Le psychologue analyse un être qu'il est lui-même et

explique la capacité qui permet d'expliquer. Il est un spécialiste qui doit pouvoir dire, par exemple, ce qu'est une spécialisation... Il est dès lors personnellement *impliqué* dans sa recherche. De plus, les êtres humains sont, comme chacun sait, des êtres variables, complexes, équivoques, multiples, jamais totalement objectivables. Si l'on veut s'approcher quelque peu du mystère de l'homme, on doit nécessairement emprunter plusieurs voies et rejeter toute forme de pensée unidimensionnelle. On doit accepter que la compréhension ou l'explication psychologique soit une œuvre infinie et absolument commune.

On peut regrouper *grosso modo* les démarches de la psychologie en deux grandes tendances : la méthode empirique, expérimentale, « explicative » ou scientifique (cherchant à établir des *faits objectifs* et à vérifier des *lois*, c'est-à-dire des enchaînements qui permettent des *prédictions*) — d'autre part, l'approche que l'on appelle, selon les accentuations, clinique, réflexive, « compréhensive », existentielle, interprétative, herméneutique, anthropologique... davantage attentive à la *configuration* et à la *signification vécue* des conduites. La première s'appuie volontiers sur la physiologie et la biologie, la seconde débouche facilement sur la métaphysique.

Il est fréquent que les partisans de chaque orientation dénoncent les illusions et l'« idéologie » des autres. On pourrait rappeler, à ce propos, la boutade de R. Aron : « La formule " l'idéologie est l'idée de mon adversaire " serait une des moins mauvaises définitions de l'idéologie. » Comme en politique, chacun se plaît ici à critiquer quelques individus ou quelques comportements de l'autre parti - de préférence les moins valables — comme s'ils étaient représentatifs de l'ensemble...

Tous les hommes — et donc les psychologues — sont

relativement intolérants à l'ambiguïté. Le désir de cohérence est en quelque sorte obsédant et c'est une angoisse de même nature que l'on décèle à l'origine des grands systèmes théoriques et dans la chasse aux hérétiques. Chacune des grandes familles de psychologues a ses mythes : l'une sacrifie facilement au culte de l'appareillage et du chiffre (mesuromanie), l'autre pratique volontiers le langage ambigu et obscur, la logomachie sans ancrage dans le réel, et s'efforce de diffuser le préjugé selon lequel l'obscurité et l'ésotérisme sont des labels de qualité ou de profondeur.

Rappelons, à la suite de H. Eysenck [11] que « le grand prêtre de ceux qui s'adonnent à ce passe-temps est, sans contredit, Humpty-Dumpty, dont le débat sur le sens du mot "gloire" est devenu classique dans l'art de semer la confusion.

"Je ne sais pas ce que vous voulez dire quand vous dites "gloire", dit Alice. Humpty-Dumpty sourit dédaigneusement. — Bien sûr, vous ne le savez pas avant que je vous le dise. Je veux dire : "Voilà un bel argument massue pour vous ! " — Mais objecta Alice, " gloire " ne veut pas dire " un bel argument massue ". Humpty-Dumpty dit d'un ton méprisant : "Quand j'emploie un mot, il signifie exactement ce que je décide qu'il doit signifier ni plus ni moins ". — " La question est, dit Alice, de savoir si l'on *peut* faire signifier tant de choses différentes à des mots " — " La question est, dit Humpty-Dumpty, de savoir qui sera le Maître, c'est tout " » [12].

Tout scientifique qui a discuté avec *certains* philosophes ou *certains* psychanalystes pourra apprécier... Le milieu parisien, en particulier, a produit une série d'Humpty-Dumpty sans concurrence possible. Dans la suite, il nous arrivera de leur emprunter quelques idées et expressions tout en reconnaissant qu'ils ont généralement commis l'erreur, en voulant refaire la Révolution psychanalytique, d'ignorer la célèbre phrase de Marx dans le *18 Brumaire* : « Hegel fait quelque part cette remarque que tous les grands événements et personnages historiques se répètent pour ainsi dire une deuxième fois. Il a oublié d'ajouter : la première fois comme tragédie, la seconde fois comme farce. »

Disons, à l'adresse de ceux qui hésitent à se laisser intimider par le cénacle des nouveaux précieux ou qui voudraient vendre la mèche, que le conte d'Andersen *Les habits de l'Empereur* reste une des lectures les plus éclairantes.

Si l'on fait abstraction des passions et de la mauvaise foi qui se manifestent chez un petit nombre de psychologues, on peut reconnaître que les différentes démarches constituent des optiques hétérogènes mais pas fatalement contradictoires. Bien plus : elles peuvent être considérées comme *complémentaires*. Kurt Back a rédigé un article suggestif sur cette question : *The game and the myth as two languages of social science* [18]. Il développe l'idée que les praticiens des sciences humaines doivent être « bilingues » : comprendre et utiliser le langage mathématique pour vérifier des propositions bien opérationalisées mais recourir également à la méditation et même au mythe en vue de trouver de nouvelles sources d'inspiration ou pour formuler des conceptions d'ensemble.

L'objectivation sur le modèle des sciences de la nature appauvrit, d'une certaine façon, les données de l'*existence*. Elle est un lit de Procuste qui ne peut rendre compte de l'ensemble des problèmes *humains*. L'opérationalisation de conceptions phénoménologiques ou psychanalytiques risque toujours de simplifier les problèmes à un point tel qu'une question différente se trouve posée (Huber, 1964). Mais cette constatation ne peut devenir une objection de principe et servir d'argument pour s'enfermer dans le champ clos des spéculations intellectuelles. Il reste *indispensable* de soumettre, dans toute la mesure du possible, les propositions cliniques ou théoriques aux critères de la recherche empirique systématique. Comme nous le disions un jour, à propos de l'œuvre du psychologue hollandais D. J. van

Lennep, il y a une fécondité des éclairages réciproques. Si la confusion des domaines et des méthodes affadit toutes choses et les ramène au dénominateur commun le plus bas, on doit néanmoins reconnaître que des idées neuves jaillissent dès que l'on parvient à *articuler* des connaissances diverses, ce qui implique de distinguer des niveaux tout en suscitant la rencontre des choses qui peuvent se relancer à tour de rôle [14].

La psychologie existentielle peut aider l'expérimentateur à mieux préciser l'objet de ses recherches et, ensuite, à mieux dégager le sens « humain » des relations enregistrées entre les faits. Le chercheur scientifique, lui, oblige son collègue à abandonner les discussions d'une complication toute talmudique et à discerner, parmi ses hypothèses et ses fantaisies, celles qui méritent d'être retenues et approfondies. L'œuvre des grands maîtres de la psychologie du XXᵉ siècle — Köhler, Buytendijk, Merleau-Ponty, Piaget, Eysenck,... — démontre cette absolue nécessité d'une confrontation continue entre l'observation clinique, la vérification empirique et l'élaboration théorique.

Laissons la conclusion de ces débats au philosophe et sociologue Theodor Adorno, l'un des plus brillants représentants de l'Ecole critique de Francfort : « Aucun chercheur en sciences sociales doué de bon sens ne saurait se prononcer contre la recherche empirique. Non seulement parce qu'en Allemagne la spéculation effrénée (...) a été définitivement compromise par des doctrines du genre de celle de la race comme facteur déterminant de la vie sociale, mais de plus, parce que le rapport aux faits s'est radicalement modifié depuis l'effondrement de l'idéalisme allemand et ses épigones plus ou moins déguisés (...). Si, autrefois, les faits étaient considérés comme inertes et aveugles,

l'esprit, qui alors se croyait souverain, ne peut plus aujour-
d'hui, faire ses preuves qu'en faisant parler les faits. Ainsi
renvoyé à l'empirie, l'esprit ne saurait se fermer aux
méthodes de la recherche empirique qui ont été mises au
point, même s'il ne peut considérer ces méthodes quantitatives comme une fin ultime » [15].

CHAPITRE I

APPROCHE FREUDIENNE
DE L'AGRESSIVITE

En psychanalyse « on ne fait jamais, tant le voyage est en chaque cas unique et imprévisible, que naviguer à la boussole : c'est après coup que s'établissent cartes et relevés. »

Pontalis [16].

A. INTERET D'UN RETOUR A FREUD

Notre projet est de comprendre le mieux possible la signification de l'agressivité humaine. Pour atteindre cet objectif, nous croyons que la lecture de l'œuvre freudienne reste, aujourd'hui encore, digne d'intérêt.

Revenir à Freud permet tout d'abord de rappeler les *sources* de la littérature psychologique relative à notre question. En effet, le fondateur de la psychanalyse se trouve au départ d'une partie importante des découvertes concernant l'agression chez l'homme.

Dans l'ouvrage, classique en psychologie expérimentale, *Frustration and Aggression* (1939), Dollard, Miller e.a. écrivent en première page : « Parmi les chercheurs qui ont débattu du problème de la frustration et de l'agression, il faut remercier tout spécialement Sigmund Freud, lui qui a, plus que tout autre homme de science, contribué à la formulation de notre hypothèse de base. » Les principaux psychologues behavioristes qui traitent de l'agression —

Buss, Berkowitz, etc. — consacrent toujours une part importante de leurs ouvrages à exposer et à critiquer les propositions freudiennes. Beaucoup de leurs hypothèses — les réactions de déplacement, l'effet de la catharsis, etc. — ne sont que des transpositions de mécanismes décrits par Freud. Les psychologues d'inspiration phénoménologique — un Hans Kunz, par exemple — se sentent pareillement tenus de faire référence aux conceptions du père de la psychanalyse. De façon générale, Freud a ébranlé les certitudes et la sérénité de la psychologie classique en introduisant dans son champ la démesure, le sexe et la violence [17].

Freud nous livre une abondante moisson de *faits*, c'est-à-dire de données isolables et vérifiables pour quiconque accepte une certaine démarche. Il apparaît d'abord comme un clinicien, quelqu'un qui se penche patiemment sur des cas individuels et finit ainsi par repérer des relations jamais aperçues avant lui. Ceci mérite d'être souligné car, déjà sur ce point, les élèves ne dépasseront guère le fondateur. Rappelons seulement quelques lignes d'une lettre adressée à Pfister (le 12 juillet 1909) qui en disent long sur l'esprit dans lequel Freud a voulu travailler : « Si seulement l'on pouvait faire comprendre aux meilleurs que toutes nos affirmations sont tirées de l'expérience (quant à moi, d'une expérience que l'on peut aussi essayer d'interpréter autrement) et n'ont pas été inventées de toutes pièces ou fantasmées à une table de travail ! »

On sait qu'il ne suffit pas de s'engager dans une pratique ou d'enregistrer des observations pour constituer une psychologie — ou toute autre science — valable, consistante, féconde. Ceci a été fort bien rappelé par S. Strasser dans un texte intitulé *Misère et grandeur du fait* [18]. Freud, précisément, ne se contente pas d'additionner des données cliniques. Il dégage tout un ensemble de *processus* dont ses successeurs devront, dans une large mesure, confirmer l'importance : les effets des frustrations, la tendance à attaquer un objet substitutif lorsque l'agent de la frustration est hors d'atteinte, les conséquences de l'inhibition ou de l'abréaction de la colère, l'angoisse liée au refoulement ou à la répression de l'agressivité, certaines formes d'altruisme comme défense contre une tendance sadique, l'agression comme expression de la lutte du sujet contre ses propres impulsions libidinales, la haine à l'endroit de l'individu qui enfreint les tabous et constitue ainsi une source de tentations, l'identification à l'agresseur, la frigidité vengeresse, les désobéissances provoquantes motivées par la culpabilité, etc.

Ainsi Freud fait ressaisir une série d'enchaînements — au double sens du terme — de la vie psychique. Faut-il en conclure que « nous avons gagné quelques recettes qui nous permettent de tout interpréter sans rien comprendre », comme le formule Blanchot [19] à propos d'une certaine psychanalyse ? Absolument pas. Quand Freud étudie le comportement, il tente de disséquer les règles du « travail » produit comme à l'insu de l'individu mais il cherche aussi à comprendre les significations refoulées par un sujet singulier. La psychanalyse, pour reprendre une dichotomie classique, s'occupe tout à la fois du versant du langage et de celui de la parole, des structures présubjectives et de l'engagement de la personne. Ce serait une erreur de méconnaître un aspect au profit de l'autre.

L'apport essentiel de Freud réside sans doute dans l'accentuation d'un nouveau type d'intelligibilité de la vie psychique. Qu'il soit question d'actes, de processus ou de pulsions, l'important devient désormais de comprendre les conduites à partir des *significations* (latentes ou manifestes) que les événements prennent *pour le sujet* en fonction de son passé et de ses projets. « Freud a découvert que le psychisme se définit par le sens, et que ce sens est dynamique et historique » [20]. A partir de lui — et de Husserl —, on ne peut plus se contenter d'invoquer un instinct ou des mécanismes pour rendre compte de l'agression. C'est là baptiser une difficulté mais non la résoudre. L'essentiel est, en fait, de ressaisir un sens : défense de soi, vengeance consécutive à une blessure narcissique, etc. Grâce à lui, il ne reste quasi plus de zones du comportement humain qui ne puissent relever d'une interprétation du sens. Sans doute le sujet est-il l'objet, à un certain niveau, d'impulsions qui semblent venir d'ailleurs, et qu'il n'a pas entièrement assumées. Il n'en reste pas moins que, avec Freud, nous comprenons mieux que le sens est la dimension propre de la vie psychique.

B. L'EVOLUTION DES CONCEPTIONS FREUDIENNES

Un motif supplémentaire pour étudier Freud réside en ce que son cheminement montre, de façon exemplaire, que l'approfondissement des questions angoissantes — la sexualité, la destruction, la mort — se heurte à des *résistances affectives* et reste étroitement lié aux refoulements de l'investigateur.

Il est, en effet, curieux de constater qu'alors même que Freud relève déjà très tôt une série de conduites agressives, il ne mesure pas d'emblée l'importance de l'agressivité dans la vie psychique de l'homme normal et du malade.

On pourrait excuser Freud en disant qu'il ne pouvait pas tout souligner à la fois. Pendant plusieurs années, il a exploité principalement ses deux premières découvertes :

le jeu des processus inconscients et l'importance de la sexualité. Ainsi nous le voyons écrire en 1894 que si la colère semble être l'état émotif auquel se rattachent diverses représentations obsédantes, un examen attentif montre néanmoins que c'est toujours une représentation de nature sexuelle qui se trouve à l'origine des symptômes (I, 345s). Dans une lettre à Fliess (A.A., p. 91), à propos d'un cas de névrose obsessionnelle où la sexualité non évidente à première vue a semblé être le facteur étiologique spécifique, Freud se qualifie de « monoïdéiste ». L'exemple suivant illustre bien cette polarisation de ses investigations. Il s'agit d'une jeune femme obsédée par l'idée de poignarder son enfant (I, 71). Freud n'évoque pas ici des haines inconscientes mais *uniquement* une perturbation de la vie sexuelle. La patiente, explique-t-il, se sentait à tel point troublée en présence des hommes que l'idée qu'elle était capable de tout s'était imposée à son esprit...

On pourrait également rappeler que les mots allemands « Aggression » et « Aggressivität » sont d'un usage très récent et qu'à l'époque où Freud entreprend ses investigations psychologiques, le problème n'est pas encore envisagé comme une question scientifique. Nous croyons même pouvoir ajouter que la psychanalyse a contribué à cette thématisation et à la vogue actuelle des termes « agression » et « agressivité ».

Freud aura plus de quarante années de pratique psychologique à son actif lorsqu'il se résoudra à déclarer, avec un certain étonnement : « Je ne comprends plus que nous puissions ignorer ou négliger l'ubiquité de l'agression et de la destruction » (1930, XIV 479). Il parlera alors de ses propres « résistances » à reconnaître l'importance de l'agressivité et ceci dans les termes mêmes qu'il avait utilisés pour stigmatiser le refus de l'inconscient et de la sexualité chez ses détracteurs [21].

Un bel exemple de cet aveuglement concerne ce que nous appelons le « *complexe de Laïos* », l'ambivalence affective d'un parent à l'égard de son enfant. Il est, par exemple, intéressant de noter que si Freud, dans *L'interprétation des rêves*, commence le paragraphe consacré au rêve de la mort de personnes aimées en énumérant comme victimes les parents, les frères et sœurs, et enfin les enfants (1900, II, 254), la suite du chapitre néglige la question du désir de la mort des enfants. Freud fait sans doute mention des mythes qui montrent « le pouvoir illimité du père et l'usage sans retenue qui en est fait » (p. 262) mais il ne développe nullement ce thème. Lui, qui tire parti de tant d'indications du mythe d'Œdipe, ne relève pas que Laïos a voulu faire disparaître son fils dès avant la naissance [22].

Lorsqu'une de ses patientes rêve que sa fille âgée de quinze ans est morte et étendue dans une boîte (p. 140), Freud néglige de faire un usage systématique de sa thèse selon laquelle tout rêve met en scène un désir refoulé. Il ramène le contenu latent du scénario à un événement survenu quinze ans plus tôt : étant enceinte, la patiente avait désiré la mort de l'enfant. Il fournit alors ce commentaire : « Comme tant de jeunes femmes, elle n'avait aucunement été heureuse lorsqu'elle s'était trouvée enceinte et, plus d'une fois, elle s'était permise de souhaiter que l'enfant puisse mourir dans son sein » (p. 160). Mais Freud ne conçoit pas que sa cliente, dont il se plaît à souligner la vivacité d'esprit et l'humeur joviale, puisse encore être responsable actuellement de pareils désirs. Le souhait serait vieux de quinze ans et, ajoute Freud comme pour l'excuser, la patiente, en agissant de la sorte, suivait l'exemple de sa mère, cette dernière ayant éprouvé de tels sentiments.

Il est assurément hasardeux de risquer une autre interprétation que celle donnée par Freud. Il faudrait peut-être
laisser celui-ci seul juge des paroles de ses patients. Nous
croyons cependant que notre hypothèse n'apparaît pas
trop risquée si l'on veut bien prendre en considération le
récit d'un songe inséré en 1919 dans le paragraphe consacré aux rêves de châtiment (p. 564s). Freud raconte
qu'il a rêvé que son fils, dont il est effectivement sans
nouvelles, a été tué à la guerre. Malgré la profusion des
significations que véhicule ce rêve, Freud a enfin le courage
d'explorer jusqu'au bout la perspective la moins honorable.
Il écrit cette fois : « L'approfondissement de l'analyse me
permet alors de découvrir la tendance cachée que pourrait
satisfaire la mort redoutée du fils. C'est l'envie à l'endroit de
la jeunesse (*der Neid gegen die Jugend*) que l'homme plus
âgé croit avoir complètement étouffée » (p. 566). Ceci est
une des seules allusions que Freud ait fait à ce type de
sentiment.

Nous voudrions à présent brosser, dans ses grandes
lignes, les étapes des conceptions freudiennes qui concer-
nent, de près ou de loin, le problème de l'agressivité [23].
Nous optons pour une approche historique, non seulement
parce que l'on sait, depuis le XIXe siècle, l'importance de
l'histoire mais surtout parce que Freud lui-même emprunte
volontiers cette démarche et en démontre la fécondité. Le
découpage de l'œuvre sera réalisé selon les indications de
J. Strachey [24]. Le traducteur anglais de Freud considère
qu'il y a eu deux remaniements essentiels : le recentrage
autour de la problématique du moi vers 1914 et la publication de *Jenseits* en 1920, qui introduit la dernière phase
de l'œuvre. On obtient ainsi des subdivisions qui mettent
en avant des fils conducteurs essentiels des travaux de

Freud (la doctrine des pulsions et la théorie des instances psychiques) : Freud I (1892-1913) : pulsions sexuelles, processus inconscients (*ça*); Freud II (1914-1919) : pulsions du moi, *moi* et narcissisme; Freud III (1920-1939) : pulsions de mort, *surmoi.*

1. *Première période (1892-1913)*

« *Tout ce bruit en train de devenir une parole, c'est peut-être intéressant après tout.* »

Paul Claudel.

1.1. *L'irritabilité et les résistances des névrosés*

Le premier article des *Gesammelte Werke, Ein Fall von hypnotischer Heilung...* (1892), présente déjà plusieurs données essentielles de la future psychanalyse. Freud recourt au concept de répression, qui annonce l'idée du refoulement. Les notions de conflit intrapsychique, d'ambivalence et d'inconscient dynamique se dessinent sous les développements consacrés à la « contre-volonté » (*Gegenwille*). Les rapports du normal et du pathologique sont évoqués en des termes auxquels Freud restera toujours fidèle : le processus qui aboutit au symptôme morbide se retrouve, mais avec une autre issue, chez l'individu normal.

Freud essaie d'expliquer la phobie et l'obsession. En fait, il esquisse une sorte de phénoménologie descriptive de ces formations psychiques. Il montre comment se développent, sur un fond d'anxiété, des représentations qui s'opposent à l'action visée consciemment (*Kontrastvorstellungen*). C'est l'éventail des possibilités qui angoisse l'individu, l'engage à fuir ou le paralyse. Chez le sujet normal, ces représentations contrastantes sont inhibées ou supprimées, tandis que chez l'hystérique elles s'imposent dans le champ de la conscience.

Parmi les exemples cités par Freud dans cet article, un cas intéresse directement notre thème : c'est celui d'une hystérique affligée d'un tic qui consiste en un claquement de la langue. A la faveur de l'hypnose, Freud découvre que la patiente a dû passer de longs moments à veiller sa fille cadette malade. Comme toute mère scrupuleuse, elle voulait éviter le moindre bruit perturbant. Malheureusement, la représentation de cette préoccupation a fini par s'imposer. En guise d'explication, Freud avance qu'une contre-volonté a provoqué une objectivation de la représentation perturbante.

Il est intéressant de comparer le court récit donné dans cette publication de 1892 et l'analyse plus détaillée du même symptôme relatée dans les *Etudes sur l'hystérie* (1895, I, 113-6). Freud fournit cette fois le matériel qui permet de *comprendre le sens* de ce tic. Nous apprenons que la patiente, Mme Emmy, avait beaucoup souffert lors de la mise au monde de sa dernière fille. Elle avait dû garder le lit et n'avait dès lors pu venir en aide à son époux mourant. L'enfant avait été en quelque sorte rendue responsable de tous ces malheurs. De plus, la fillette était handicapée, retardée et pleurnicheuse. Freud note d'ailleurs que Mme Emmy a reconnu détester sa fille cadette. Il se garde toutefois de développer cette idée. Nous croyons pouvoir dire qu'il « résiste » à reconnaître que cette mère, qu'il se plaît à décrire comme énergique, intelligente, sensible et d'une haute moralité (I, 161), puisse haïr son enfant ou avoir souhaité, dans un mouvement de vengeance, gâcher son sommeil au cours de la maladie... Notons, au passage, que l'exploration anamnestique s'avère autrement délicate et déconcertante qu'une explication en termes de processus généraux.

Dans l'ensemble, lorsqu'on parcourt les premiers textes psychologiques de Freud, on constate une sous-estimation du rôle des intentions hostiles. Toutefois, s'il est vrai que Freud reste, pour longtemps, centré sur ses premières découvertes — en particulier, la fonction pathogène de la sexualité refoulée —, des indications essentielles pour notre problématique apparaissent dès le début. Une des principales contributions de cette période concerne l'interprétation de la mauvaise humeur des névrosés et de ce que l'on pourrait appeler leur mauvaise foi.

L'irritabilité des hystériques, on le sait, est toujours déplorée par les personnes de leur entourage. Freud et son ami Breuer ont eu le mérite de ne pas se contenter de noter le fait ou de juger les personnes. Ils interprètent la susceptibilité comme un symptôme, comme la résultante d'une difficulté psychologique. Breuer signale que sa patiente — la célèbre Anna O. — oscille entre des états où elle est mélancolique et des états où elle est « méchante » (1895, S.E. 2, p. 24), mais il soutient que ce négativisme s'explique par la névrose. Dans la conclusion de l'exposé du cas (id., p. 46), il écrit qu'on serait tenté de parler d'une hystérique de type malveillant — « réfractaire, paresseuse, désagréable » — mais que sa méthode cathartique révèle un tout autre caractère. Freud s'exprime de façon identique, en particulier lorsqu'il analyse l'irritabilité dans la névrose d'angoisse, symptôme qui tient dans ce tableau une place prédominante (I, 317). En guise d'explication, il parle de l'impuissance à supporter l'accumulation d'excitations.

Cette analyse démontre que la suspension de tout jugement moral est une condition préalable pour progresser dans la compréhension proprement psychologique. Les fruits de cette neutralité sont plus manifestes encore dans l'exégèse freudienne des « résistances ». Voyons ceci d'un peu plus près.

Mme Emmy et Mlle Elisabeth von R., les premières patientes de Freud, apparaissent comme des malades indociles qui refusent de répondre à certaines questions du médecin et demeurent souvent insensibles aux tentatives de suggestion, opérées cependant à grands frais, en vue de leur bien. Ces attitudes d'opposition, ainsi que les invectives dont il leur arrive d'accabler le bienveillant thérapeute, pourraient être mises au compte d'un mauvais caractère ou, tout au moins, d'une certaine mauvaise foi. Freud, lui, affronte les agressions et l'apparente hypocrisie des névrosés sans recourir à une contre-agression. Il tente de comprendre des processus et non de jauger ou de classer des individus. Ceci lui permet d'opérer un renversement capital. Au lieu d'invoquer les résistances des patients à son égard, il émet l'hypothèse d'une résistance qui est à l'œuvre « en » eux et malgré eux; au lieu de lutter contre les malades, il lutte avec eux contre les défenses psychiques. C'est ce retournement qu'un Adler, malgré l'enseignement de son maître, refusera d'effectuer. Dans les réactions négatives, il ne verra qu'une opposition au médecin, une affirmation du moi à l'encontre des volontés du thérapeute.

Valery a dit quelque part que « l'objet de la psychologie est de nous donner une idée tout autre des choses que nous connaissons le mieux (…). Se faire du Moi un non-Moi; et rapporter à un Moi tout le non-Moi » [25]. Personne mieux que Freud n'a illustré cette proposition. Ainsi, la résistance du patient, que l'on tend spontanément à lui imputer, n'est pas, en vérité, l'acte d'un sujet pleinement responsable [26]. Il s'agit d'un refus dans lequel le sujet est sans doute impliqué, mais quasi à son insu.

1.2. Le manuscrit N

Les lettres de Freud à son ami Fliess permettent de situer en 1897 les intuitions qui fondent l'originalité de la psychanalyse. Voyons, pour commencer, le manuscrit N, qui accompagne la lettre du 31 mai.

Ce texte, très rarement cité, contient des observations essentielles pour la psychanalyse et, plus précisément, pour l'étude de l'agressivité. Les deux premiers paragraphes méritent d'être rappelés in extenso : « Les impulsions hostiles à l'endroit des parents (désir qu'ils meurent) sont également [27] une partie intégrante des névroses. Elles viennent consciemment au jour sous la forme d'idées obsessionnelles. Dans le cas de la paranoïa, leur correspond ce qu'il y a de plus grave dans le délire de persécution (méfiance pathologique à l'égard des seigneurs et des monarques). Ces impulsions sont refoulées aux périodes où surgit la pitié pour les parents, lors de leur maladie ou de leur mort. Une expression du deuil est alors de se faire des reproches au sujet de leur mort (ce qu'on appelle les mélancolies) ou bien de se punir sur le mode hystérique, en ayant les mêmes états qu'eux (idée de rachat) (...). Il semble que ces souhaits de mort se tournent chez les fils contre le père et chez les filles contre la mère [28]. Une servante fait de ceci le transfert, en ce qu'elle souhaite la mort de sa patronne et que le patron puisse dès lors l'épouser » (A.A., p. 221).

Selon nos recherches, ces lignes sont les premières où Freud envisage explicitement le rôle de l'agressivité. On voit qu'il ne mâche pas ses mots. Il parle de « désirs de mort » et fait ainsi entrevoir la violence et même la scélératesse de la vie affective inconsciente. Ces premières observations seront malheureusement négligées pendant longtemps. Ainsi, il faudra attendre une vingtaine d'années pour que Freud revienne sur les impulsions destructrices des mélancoliques (1917 a).

Il est encore remarquable que ce même manuscrit contienne les premières notes sur l'opposition entre les désirs et la culture. A la fin de son texte, Freud écrit que les impulsions incestueuses sont antisociales et que « la culture consiste dans leur renoncement progressif » (A.A., p. 223). A cette date du 31 mai 1897, Freud ne maîtrise pas encore tous les rapports qui lient les éléments qu'il rassemble. Néanmoins ce n'est pas un hasard si, dans le même texte, Freud parle, pour la première fois, de l'agressivité, de la structure œdipienne et de la loi qui fonde la culture. Ces trois thèmes se retrouveront, dans leur imbrication, tout au long de la tétralogie consacrée au fondement et à l'organisation de la société : *La morale sexuelle civilisée et la maladie nerveuse des temps modernes* (1908), *Totem et Tabou* (1913), *Malaise dans la civilisation* (1930), *L'Homme Moïse et le monothéisme* (1939).

1.3. *Les rivalités fraternelles et œdipiennes*

L'examen des *Etudes sur l'hystérie* montre que des jalons théoriques importants sont posés dès 1895 : le caractère symbolique des symptômes, la résistance et le refoulement, l'inconscient et le conflit intrapsychique, l'importance de la sexualité, le transfert. Nous croyons cependant pouvoir situer aux mois de septembre et octobre de l'an 1897 les découvertes essentielles de Freud. Trois lettres à Fliess — les lettres 69, 70 et 71 —, une dizaine de pages au total, contiennent les données primordiales d'une conception radicalement neuve.

Le 21 septembre, Freud écrit à son confident : « Je ne

crois plus à mes neurotica » (A.A., p. 229). La théorie selon laquelle un événement datable — généralement une agression sexuelle [29] — serait la cause spécifique de la névrose, cette théorie ne se confirme plus. En effet, Freud ne réussit guère à mettre le traumatisme en évidence chez tous les névrosés. Les psychotiques, chez lesquels l'inconscient apparaît pourtant plus grossièrement, n'évoquent pas ce souvenir. En outre, il est peu vraisemblable que tous les pères (ou oncles) des femmes hystériques soient d'odieux pervers. Enfin, et surtout, « il n'y a pas, dans l'inconscient, un indice de réalité, de telle sorte qu'on ne peut distinguer l'une de l'autre la vérité et la fiction investie d'affect » (id., p. 230). Ce dernier argument annonce une idée maîtresse de la pensée freudienne selon laquelle il faut se départir d'une conception positiviste des faits et accorder toute son attention à la « réalité psychique », au vécu subjectif de la perception et aux fantasmes suscités par la réalité extérieure.

La lettre suivante rapporte des éléments importants de l'auto-analyse de Freud. Parlant de sa propre « hystérie », il rappelle l'amour sensuel éprouvé pour sa mère durant son enfance. Immédiatement après cette évocation, dans la même phrase, Freud ramène le souvenir d'un frère plus jeune dont la venue au monde déclencha de « méchants désirs ». Il écrit que la mort de ce dernier, survenue quelques mois après la naissance, avait dû être le noyau de ses auto-reproches. Comme dans le manuscrit N, il évoque donc conjointement la passion incestueuse et le désir de la mort du rival.

Le 15 octobre 1897, Freud livre à Fliess le résultat essentiel de son auto-analyse. Il a découvert son propre penchant amoureux pour sa mère et la jalousie à l'endroit de son père. Lui qui — selon tous les témoignages de ses proches et de ses élèves — est un homme digne, scrupuleux et courageux, il constate, au fond de son âme, des sentiments épouvantables. Ne pouvant admettre que son cas est isolé, il imagine que tous les enfants vivent le même drame. Cette hypothèse permettrait d'expliquer l'effet saisissant d'Œdipe-Roi tel que Sophocle l'a mis en scène : chaque spectateur frémirait d'horreur en voyant la transposition d'un de ses propres rêves. Quant à l'Hamlet de Shakespeare, il offrirait le spectacle de la culpabilité suscitée par le fait d'avoir souhaité perpétrer le forfait accompli par l'oncle. Cette tragédie aurait la même structure que celle de Sophocle mais nettement mieux déguisée.

Freud a le courage de publier ces découvertes stupéfiantes dans le 5e chapitre de *L'interprétation des rêves* (1900, II, 254s).

Il commence par avancer une proposition qui doit « hérisser tous les lecteurs » : les rêves de mort de personnes aimées trahissent le souhait de la mort de ces personnes. Il semble soucieux d'apaiser ses lecteurs car il atténue par deux remarques le caractère troublant de son énoncé. Etant entendu que les rêves mettent en jeu des désirs infantiles, on peut considérer que les souhaits meurtriers sont les vestiges dépassés d'un moment de l'enfance. De plus, au niveau de la mentalité enfantine, comme au niveau des représentations inconscientes de l'adulte, la mort n'équivaut pas à une dramatique destruction mais seulement à un éloignement où à une disparition.

Néanmoins, si Freud tente, par ces correctifs, de rendre sa proposition acceptable, on ne peut manquer de noter la hardiesse de ses propos. Il décrit la vie mentale de l'enfant en des termes qui ont généralement servi à désigner des passions d'adulte. Parlant des enfants normaux entre deux et quatre ans, il souligne leur « égoïsme absolu » (pp. 256

et 274). Il soutient que les enfants de cet âge peuvent ressentir des désirs sexuels et éprouver de la jalousie de façon très nette et très forte. Il évoque l'inimitié et la haine de l'enfant à l'endroit des parents, des frères et des sœurs.

Freud présente d'abord les faits les plus acceptables, les rivalités fraternelles. Il insiste sur la haine de l'aîné vis-à-vis de l'enfant puîné, apparaissant comme concurrent. Au passage (p. 258), il note un petit fait dont Lacan (1938, p. 8s) montrera toute la signification lors de son analyse du « complexe de l'intrusion » : la jalousie éprouvée par l'aîné est d'autant plus violente que la différence d'âge est réduite.

L'évocation de la haine qui se rapporte électivement au parent de même sexe est une affaire beaucoup plus délicate. Freud commence par citer une première raison d'antagonisme : ce parent est un obstacle à la liberté de l'enfant et, plus particulièrement, à sa liberté sexuelle. Néanmoins, pour comprendre toute la violence de cette hostilité, on doit aller jusqu'à évoquer une concurrence au niveau de la passion amoureuse. Tout se passe, dit Freud, comme si le parent de même sexe était le rival en amour.

C'est en cet endroit de la *Traumdeutung* (p. 261s) que nous trouvons le premier exposé de ce qui sera désigné plus tard comme complexe d'Œdipe. Remarquons que le futur « complexe nucléaire » n'est pas d'abord évoqué comme une histoire d'amour ou une affaire sexuelle. Il apparaît sous la rubrique des « rêves de mort » et c'est avant tout le désir meurtrier qui en est souligné. Ainsi Freud reconnaît d'emblée la prépondérance de la dimension conflictuelle de l'Œdipe.

Notons enfin qu'ici, comme dans le manuscrit N, il n'est pas seulement question d'une attitude hostile mais de fantasmes meurtriers.

L'analyse des faits cliniques relatifs à la rivalité et à la vengeance est, dans *L'interprétation des rêves* assurément remarquable. Toutefois, Freud n'y accorde qu'une importance secondaire et semble à plusieurs reprises « résister » à sa propre découverte d'un désir de mort des personnes aimées. Le cas suivant (p. 158) pourrait en être un exemple. Une jeune fille rêve que son neveu Charles est mort. Elle voit le cercueil exactement comme lors du décès du petit Otto, premier enfant de sa sœur. Lors de sa consultation chez Freud, elle proteste en disant : « Vous me connaissez bien; suis-je une personne si mauvaise que je doive souhaiter à ma sœur la perte du seul enfant qu'elle possède encore ? » Freud la rassure et montre que le contenu latent de ce rêve a un sens tout différent de celui du récit. L'enterrement du neveu effectivement décédé avait été l'occasion de revoir l'homme qu'elle aime. Freud en conclut à la signification sexuelle du rêve : un nouvel enterrement permettrait de retrouver l'aimé.

Cette interprétation est sans doute justifiée mais ne pouvons-nous pas songer à accorder également de l'importance aux intentions hostiles ? Nous croyons même qu'il faut prendre en considération l'agressivité si l'on veut rendre compte de la forme particulière que présente le rêve. En effet, nous apprenons que la patiente assiste à toutes les conférences de celui qu'elle aime et qu'elle doit précisément le revoir le lendemain du rêve, à l'occasion d'un concert. Pourquoi alors le scénario du rêve, loin d'emprunter à ces représentations agréables, a-t-il pris une forme aussi macabre ? L'argument de Freud pour ne pas retenir l'interprétation en termes de souhait de mort réside dans le fait que la patiente n'éprouve guère de tristesse au réveil. Freud fait ainsi référence à sa thèse développée dans le paragraphe consacré aux affects dans le rêve (p. 462) : le récit rapporté par le rêveur est généralement mensonger; seuls les affects sont toujours vrais. Ne faudrait-il cependant pas s'interroger sur cette proposition à la lumière de l'étude métapsychologique sur l'inconscient (1915 c) ? Si Freud explique, dans ce dernier travail, que seul le représentant-représentation de la pulsion est susceptible d'être refoulé, il dit néanmoins que l'affect peut être totalement réprimé (*unterdrückt*) de sorte qu'on ne retrouve plus rien de lui. Il ajoute que l'affect peut également prendre une autre coloration ou encore être transformé en angoisse (X 255s). D'autre part, dans le texte sur les psychonévroses de défense (1894 a, I 72), Freud conçoit la possibilité du rejet (*Verwerfung*) de l'affect dans le cas de la psychose. Or, rêve et psychose apparaissent étroitement liés. Freud le souligne lui-même en maints endroits de la *Traumdeutung*.

Ce dernier raisonnement, discutable nous en convenons, risque de nous égarer. Néanmoins il nous semble que Freud a trop rapidement écarté l'hypothèse de l'intention agressive dans l'analyse du rêve de la mort du neveu Charles. Si nous examinons le contexte, nous apprenons que la patiente, orpheline dès l'enfance, avait été élevée par sa sœur. D'autre part, le mariage avec l'homme qu'elle aimait, un ami de la maison, fut empêché par cette sœur. Serait-il dès lors téméraire de songer à des haines œdipiennes (vis-à-vis de la sœur-mère) ou fraternelles (vis-à-vis du neveu) ? Si, pour reprendre une métaphore freudienne (II 567), le « capitaliste » du songe est invariablement un désir émanant de l'inconscient, on est en droit de se demander si le souhait de revoir « l'homme de ses rêves », motivation parfaitement consciente, est le principal moteur de cette représentation onirique...

1.4. *Les subtilités de l'expression hostile*

Dans l'ouvrage *Vers une psychopathologie de la vie quotidienne* (1901), Freud montre que les processus mis en œuvre dans la production de la névrose et du rêve fonctionnent également dans la vie psychique de l'homme normal éveillé. Tout au long de ce livre, comme dans les deux autres publications consacrées à la « logique » de l'inconscient — *L'interprétation des rêves* et *Le mot d'esprit* —, Freud s'applique à dépister les formes raffinées que peuvent prendre les passions sexuelles et les intentions agressives.

Les actes manqués, les lapsus, les inexactitudes, les hésitations, les inflexions, tous ces déchets de la conduite, où les psychologues de son époque ne voyaient qu'effets de fatigue et de distraction, sont reconnus comme signes de désir, d'angoisse, de revendication ou de vengeance. Freud écrit : « Chez les individus sains, il n'est pas rare qu'égoïsme, jalousie, hostilité — tous sentiments et impulsions sur lesquels s'exerce la pression de l'éducation morale — fassent usage de la possibilité des actes manqués pour exprimer leur puissance, puissance qui est un fait incontestable quoique non reconnu par les instances psychiques supérieures » (IV 306).

Ainsi, par exemple, les jeux de mots sur un nom propre *peuvent* être une marque de mépris. L'oubli du nom d'un rival *peut* témoigner du désir de le supprimer en tant que personne [30]. L'oubli d'un rendez-vous ou la destruction « accidentelle » d'un cadeau *peuvent* être des signes d'agressivité.

Un exemple (IV 276) illustre bien la « finesse » des formations de l'inconscient en la matière. Il s'agit d'un patient qui, pour plaisanter, lance « au hasard » la suite des chiffres 426718. Freud attire son attention sur le fait que les chiffres 3 et 5 manquent pour obtenir la série des chiffres de 1 à 8. L'association par laquelle réagit alors le patient porte sur le fait qu'il est issu d'une famille de sept enfants et que 3 et 5 sont précisément les numéros d'ordre des deux enfants qu'il déteste.

Le lecteur non psychanalyste pourrait, en présence de cette illustration — que nous avons peut-être le tort de trop résumer —, s'interroger sur la valeur scientifique des explications freudiennes. Les associations libres produites par l'analysant à partir de tel lapsus ou de tel rêve sont-elles effectivement révélatrices de l'origine ou de l'élaboration des ces formations psychologiques ? Les motifs « découverts » *a posteriori* ne sont-ils pas, tout simplement, induits par ce dont ils sont censés expliquer la genèse ? Freud n'est-il pas victime d'une illusion rétrospective ? N'est-ce pas, sans plus, le hasard qui se fait pseudo-raison ? Après tout, le jeu de la dérive associative n'arrive-t-il pas à prouver à peu près n'importe quoi ? Rappelons, au passage, que *les interprétations psychanalytiques sont toujours, par principe, discutables. On ne peut jamais que proposer des probabilités (fortes, faibles ou nulles) d'explications.* Sous ce rapport, la situation du psychanalyste est comparable à celle de l'historien, du détective ou du juge d'instruction... Dans ses conclusions, même lorsqu'il ne parle que de la « réalité psychique », il doit toujours soigneusement distinguer ce qui est de l'ordre du possible, du probable ou du quasi certain !

Laissant ici ces questions d'épistémologie, qui sont loin d'être résolues, nous pouvons malgré tout reconnaître que le fondateur de la psychanalyse a le mérite d'effectuer une série de *renversements spectaculaires dans l'appréciation des conduites.* Si Freud, dans les *Etudes sur l'hystérie,* refuse de concevoir l'irritabilité et l'attitude réticente des patients comme de simples expressions d'hostilité, il pointe cette fois le mouvement agressif dans des conduites où personne ne le reconnaissait. Il déchiffre, dans des rêves apparemment absurdes, dans les actes les plus spirituels comme dans les actions les plus anodines, tout ce qui vient de « l'autre » en nous. Sa psychologie se présente comme un art de dissoudre les fantasmagories et les masques du désir. Il opère ainsi une réévaluation des significations, il effectue une redistribution du sens qui, tout au moins, provoque à la réflexion.

1.5. Les pulsions sexuelles et le sadisme

Nous avons déjà indiqué que Freud abandonne dès 1897 la théorie selon laquelle un événement extérieur — plus précisément une séduction précoce — serait à lui seul la cause déterminante de l'hystérie. Freud opère une sorte d'intériorisation du problème de la névrose : l'entourage n'explique pas tout, le trouble n'est jamais déterminé totalement du dehors. Le sujet est impliqué, de l'une ou l'autre façon (consciemment ou inconsciemment), dans ce qui lui arrive; son symptôme trouve toujours des raisons d'être chez lui. Si les enfants vivent certaines expériences comme étant de nature sexuelle, on est en droit de postuler chez eux des émois, des intentions et des fantasmes sexuels. Les adultes ne peuvent être tenus pour seuls responsables de la recherche de jouissances.

Cette découverte de la relative autonomie de la sexualité infantile par rapport aux incitations venant du dehors justifie l'usage du terme de *pulsion* sexuelle.

Freud a maintes fois souligné le caractère problématique et confus de son concept de *Trieb* [31]. A partir de 1905 et jusqu'en ses derniers textes, il ne cessera cependant de faire usage de ce vocable. Nous devons donc l'examiner dans son rapport avec notre question.

Si, à la suite du fondateur de la psychanalyse, on prend comme référence la pulsion *sexuelle*, on peut définir le *Trieb* comme une force « spontanée », sans cesse agissante, liée à l'existence corporelle et susceptible de multiples métamorphoses.

a) Le terme allemand *Trieb* signifie : *force* végétative, pousse (d'arbre), rejeton; force d'impulsion; penchant, inclination. Ce mot du langage courant renvoie à l'expérience subjective d'être sous l'emprise d'une tension intérieure ou d'être contraint d'agir d'une façon déterminée. En accord avec ce sens courant, Freud définit la pulsion comme une poussée (*Drang*) : « le caractère " poussant " est une propriété générale des pulsions et même l'essence de celles-ci » (1915 a, X 214). Il s'agit d'une force primitive venant de l'« intérieur » et irréductible à d'autres tendances.

b) L'observation clinique tend à montrer que cette poussée est *sans cesse à l'œuvre*. Quoi qu'il fasse, l'être humain ne peut échapper *totalement* aux revendications pulsionnelles. Celles-ci l'ébranlent sans qu'il le veuille, elles l'attaquent du « dedans » sans désarmer. Freud souligne le caractère « compulsif » de la pulsion. Les tendances pulsionnelles sont des exigences internes impérieuses. Ce sont elles qui « donnent un caractère démoniaque à certains côtés de la vie psychique » (XII 251).

c) Freud a tout particulièrement insisté sur une troisième caractéristique, confirmée aussi bien par le tableau des perversions que par l'histoire des cultures : la *plasticité* étonnante des pulsions. Lorsqu'il utilise pour la première fois (1905 a, V 33) le terme de *Trieb*, il indique immédiatement l'aspect contingent de l'objet de la pulsion et le caractère interchangeable des buts. Ce trait distingue la pulsion de la notion éthologique d'instinct. La pulsion, poussée sans finalité prédéterminée, prend les formes les plus diverses et les plus aberrantes. Elle peut faire une irruption brutale, mais peut également agir de manière subtile jusque dans les plus hautes sublimations.

d) Un dernier point à rappeler pour caractériser la pulsion est sa source. On peut noter que la définition la plus précise que Freud donne de la pulsion insiste avant tout sur le *fondement biologique*. Nous lisons en effet dans *Triebe und Triebschicksale* (X 214) : « la " pulsion " nous apparaît comme un concept-limite entre le psychique et le somatique, comme le représentant psychique des excitations issues de l'intérieur du corps et parvenant au psychisme, comme une mesure de l'exigence de travail qui est imposée au psychisme en conséquence de sa liaison au corporel ». L'origine de la pulsion réside donc dans un processus somatique [32].

On ne peut toutefois conclure à une action mécanique du corporel sur le psychisme. Freud, le pourfendeur des illusions de l'idéalisme, ne sombre pas dans le biologisme. Il montre

justement que la pulsion, « représentant psychique du somatique » [33], s'individualise chez chacun selon les circonstances
particulières. La « prima natura » de la pulsion n'est pas
simplement une force « naturelle » brute : elle est, par essence,
pétrie de psychique. C'est pourquoi Merleau-Ponty (1945,
p. 184) a raison d'écrire : « la signification de la psychanalyse
n'est pas tant de rendre la psychologie biologique que de
découvrir dans des fonctions que l'on croyait " purement corporelles " un mouvement dialectique et de réintégrer la sexualité
à l'être humain ». Nous devrons, par la suite, revenir sur cette
importante question.

Le terme de *pulsion* apparaît dans les *Trois essais sur la
théorie de la sexualité* (1905), cette publication célèbre qui
a valu tant d'ennemis à Freud.

On connaît les thèses freudiennes sur les aberrations
sexuelles : a) chaque perversion est l'exagération d'une
composante normale de la sexualité aux dépens des autres;
et b) cette composante s'observe déjà, d'une certaine façon,
dans l'enfance.

Cette conception sort les perversions — et notamment
le sadisme — des ténèbres où elles se trouvaient rejetées.
Bien que reconnaissant encore une certaine distinction
entre le normal et le pathologique — il n'est pas superflu
aujourd'hui de le rappeler —, Freud élargit considérablement la notion de sadisme, en sorte que chacun se trouve
directement concerné. Il valorise même une certaine forme
de sadisme, celle qu'il considère comme une des dimensions
de la vie sexuelle « normale ». Il écrit : « La sexualité de
la plupart des hommes présente des éléments d'agression,
une tendance à dominer dont la signification biologique
semble résider dans la nécessité de vaincre la résistance de
l'objet sexuel autrement encore que par la séduction » [34].

Freud ne prend pas clairement position sur le sens et
l'origine de la tendance sadique. Tantôt il la considère

comme une simple expression libidinale, tantôt il la ramène à une source indépendante de la sexualité. Dans le premier cas, il considère la pulsion sadique comme une tendance au plaisir musculaire (V 104) et aux activités intrusives (VII 180); dans le second cas, il la voit comme un moyen et comme la recherche d'une emprise (*Bemächtigungstrieb*).

Quoi qu'il en soit, Freud décèle l'agressivité et le « sadisme » dès les premières relations de l'enfant avec son entourage. Il écrit notamment : « Nous pouvons admettre que la tendance à la cruauté dérive de la pulsion d'emprise et qu'elle fait son apparition dans la vie sexuelle à un moment où les organes génitaux n'ont pas encore pris leur rôle définitif. Elle domine alors une phase de vie sexuelle que nous décrirons comme organisation prégénitale » (V 93-4, ajout de 1915). Il évoque ainsi la phase « anale », phase qu'il qualifiera de « sadique » [35].

Ces observations seront le point de départ d'études psychogénétiques et caractérologiques. Qu'il nous suffise ici de renvoyer aux écrits de Karl Abraham et de M. Klein pour le sadisme oral, et au travail d'Erikson (1950, p. 61s) pour le mode intrusif, caractéristique du stade phallique.

Freud fait comprendre que le vécu corporel apparaît comme un vecteur qui oriente les attitudes de l'individu. Toutefois le sens particulier que prend finalement ce vécu se constitue selon l'histoire personnelle. Les impulsions servent de *support* à une fantasmatique qui est régie selon des règles qui lui sont propres. Le repérage anatomophysiologique ne peut suffire à expliquer le comportement. L'analyste doit d'ailleurs rechercher patiemment, à partir des situations concrètes, les *réseaux de significations*. Ainsi, il n'est pas sans importance que l'enfant perçoive *l'entourage* comme entrave au *plaisir* procuré par les organes d'excrétion. Ceci nous aide à comprendre, par exemple, que Schreber, dans son délire, imagine que Dieu intervient dans sa défécation (VIII 259). Le fantasme du président paranoïaque ne peut simplement s'expliquer comme la conséquence d'une structure corporelle ou comme le produit de l'augmentation endogène d'une énergie pulsionnelle.

En guise de conclusion provisoire, nous dirons que Freud montre que la compréhension d'un phénomène tel que le sadisme (au sens large ou au sens restreint du terme) implique tout à la fois une référence au corps érogène, à la structuration intrapsychique et aux relations interpersonnelles du sujet.

1.6. *L'importance de l'ambivalence affective*

Si les hommes rencontrent d'importantes difficultés en relation avec la sexualité, leurs problèmes ne se résument cependant pas, tout simplement, à la recherche d'occasions d'extérioriser celle-ci. Dans une de ses contributions à la psychologie de la vie amoureuse, Freud écrit cette phrase qui devrait faire hésiter les zélateurs de la « révolution sexuelle » : « Aussi étrange que cela paraisse, je crois que l'on devrait envisager la possibilité que quelque chose dans la nature même de la pulsion sexuelle n'est pas favorable à la réalisation de la pleine satisfaction (1912a, VIII 89).

Plusieurs faits rendent compte de la nature en soi insatisfaisante de la vie sexuelle. L'indication la plus simple concerne les interdits culturels. Certaines pulsions partielles ne peuvent, dans la majorité des sociétés, trouver satisfaction. Ainsi en va-t-il, par exemple, des composantes coprophiliques. Une seconde remarque concerne la liaison entre la sexualité et le monde des fantasmes, conséquence sans doute du décalage intervenant entre les premières impulsions libidinales et la maturité sexuelle (VIII 234). Une autre raison du destin malheureux de la sexualité humaine tient à la perte irrémédiable de l'objet originaire (la Mère de l'enfance). Enfin, et c'est là que nous voulions en venir, une dernière explication réside dans l'ambivalence interne de la pulsion sexuelle. Freud attire l'attention sur cette donnée lorsqu'il soutient que la pulsion à la cruauté est une composante de la sexualité. Il écrit à ce sujet : « Pour comprendre ce qu'il entre de souffrances dans les symptômes, il est essentiel de tenir compte de la part jouée par cette dernière pulsion. La pulsion à la cruauté régit presque toujours une partie du comportement social du malade. De par ce lien entre cruauté et libido, se produit aussi la transformation d'amour en haine, de motions tendres en motions hostiles, ce qui est caractéristique d'un grand nombre de cas de névroses et semble bien spécifier la paranoïa dans son ensemble » (V 66).

La conjonction de tendances à l'affection et à la cruauté ne spécifie pas seulement la vie psychique des malades. Ainsi, par exemple, les relations entre gendre et belle-mère, remarque Freud (IX 18s), sont généralement ambivalentes, « comportant à la fois des motions tendres et hostiles ». On peut rendre compte de ce fait habituel par des explications relativement logiques : la mère désire maintenir son autorité sur sa fille et se méfie de l'étranger auquel son enfant est livré; le gendre, lui, éprouve de la jalousie à l'égard des personnes auxquelles sa femme est attachée et, raison plus impérative, il voit en sa belle-mère l'image flétrie de sa femme. L'examen psychanalytique révèle, plus profondément, l'incidence de fantasmes œdipiens. Par suite d'une identification à sa fille, explique Freud, la mère tombe facilement amoureuse du mari de celle-ci. Elle peut alors, afin de réprimer la tendresse, s'accrocher à « la composante sadique de l'excitation amoureuse » (IX 23). Le gendre, lui, connaît un conflit analogue. Dans ses fantasmes, la belle-mère prend la place de la mère, et réveille ainsi la tentation incestueuse. Il se défend également par une mise en avant de l'élément sadique de la pulsion sexuelle.

A la faveur de cette analyse, Freud montre que l'irritation peut être l'expression d'un conflit psychique. Nous retrouvons ici les premières observations sur la mauvaise humeur et le mauvais caractère mais, cette fois, Freud va plus loin encore en ce qu'il démontre que *la cruauté peut apparaître, paradoxalement, comme le seul aspect directement visible d'une relation libidinale.*

Précisons que Freud utilise pour la première fois le terme « ambivalence » — qui désigne la présence simultanée de tendances opposées et inconciliables — dans l'article sur la dynamique du transfert (1912 b). Il reprend cette notion à E. Bleuler qui l'avait proposée deux ans plus tôt. Toutefois, si le mot a manqué à Freud avant cette date, l'idée est bien présente dès le début de ses travaux [36]. Dès 1892, il évoque les intentionalités antithétiques à l'œuvre chez l'être humain. Sa première grande découverte porte sur le conflit intrapsychique et les contradictions affectives liées au refoulement.

Pour rendre compte de l'ambivalence amour-haine qui n'est, après tout, qu'un cas particulier de conflit psychique, Freud fait tour à tour appel à la description de constellations psychologiques et à des spéculations sur les pulsions. Nous retrouvons ainsi l'« ambivalence » de la pensée freudienne partagée entre les explications de style biologique et la compréhension proprement psychologique. Par exemple, dans l'article sur la dynamique du transfert, Freud écrit que la force quasi irréductible de l'ambivalence, telle qu'elle se manifeste notamment dans la névrose obsessionnelle, appelle une explication en termes de racines pulsionnelles, d'oppositions inhérentes à la vie des pulsions. Néanmoins, l'année suivante, il conclut son ouvrage *Totem et Tabou* en rattachant l'ambivalence affective à la constellation œdipienne : « Nous avons souvent eu l'occasion de montrer que l'ambivalence affective, au sens propre du terme — c'est-à-dire la présence simultanée d'amour et de haine à l'égard d'un même objet — se trouve à la racine de formations culturelles très importantes. Nous ne savons rien de l'origine de cette ambivalence. On peut émettre l'hypothèse qu'elle est un phénomène fondamental de notre vie affective. Mais une autre possibilité me semble également pouvoir bien retenir l'attention, à savoir qu'elle était, à l'origine, étrangère à la vie affective et fut acquise par l'humanité à la faveur du complexe paternel, précisément là où l'exploration psychanalytique des individus d'aujourd'hui la révèle comme étant la plus forte » (IX 189).

L'insistance sur la place de l'ambivalence affective dans la vie psychique est une des acquisitions les plus solides de la psychanalyse. Tout en sachant que notre formule est tout à fait insuffisante et même caricaturale, nous aimerions dire que le chiffre « deux » est en quelque sorte un des fils conducteurs de la pensée freudienne, de la même façon que le chiffre « un » caractérise les systèmes d'Adler ou de Carl Rogers et le chiffre « trois » la dialectique hégélienne. Que l'on songe aux notions suivantes : le clivage conscient (préconscient)/inconscient; les « couples d'opposés » (sadisme/masochisme, p. ex.); l'antagonisme des désirs et des interdits; les dualismes pulsionnels (pulsions sexuelles/pulsions du moi; pulsions de vie/pulsions de mort); les conflits entre les instances psychiques; le principe de plaisir et le principe de réalité; la tension entre régression et élaboration; la présence simultanée de tendances actives et passives, masculines et féminines; la tendresse et la sensualité, etc. Chez Freud, les choses sont en tension et ne finissent pas forcément par s'arranger. Il n'y a pas d'harmonie préétablie et l'équilibre semble même à tout jamais exclu. Le conflit est au cœur de l'existence; l'humain est condamné à vivre une situation dramatique.

1.7. *Quelques processus révélés par la clinique*

Les textes cliniques de Freud sont d'une richesse telle qu'il ne peut être question de les détailler dans le présent ouvrage. Nous voudrions cependant y faire allusion car Freud a réalisé ses principales découvertes, non à partir de lectures ou de spéculations, mais à la faveur d'observations cliniques. Dans une lettre au Pasteur Pfister (12 juillet 1909), il écrit d'ailleurs (à propos des livres consacrés au rêve) : « c'est un tel plaisir d'interroger la chose elle-même [37] au lieu de la littérature qui s'y rapporte ».

L'analyse d'une jeune fille hystérique, appelée Dora, permet à Freud (1905b) de reconnaître que *la jalousie amoureuse peut masquer un intérêt homosexuel pour le rival*. La patiente, en effet, essaie de détourner son père d'une maîtresse, non seulement parce qu'elle aime son père mais aussi, ou plutôt surtout, parce qu'elle est elle-même attirée par cette femme.

Dora aide encore Freud à découvrir que la conduite agressive durant une psychothérapie peut être la répétition masquée, vis-à-vis d'un nouvel « objet », de l'agressivité éprouvée à l'égard d'une figure parentale. Freud appelle ce phénomène un *transfert négatif*. On se rappellera, à ce sujet, que le transfert (et ses diverses formes) n'apparaît pas seulement dans une cure psychanalytique, mais qu'il pointe dans toute relation interpersonnelle et même, comme en témoigne, par exemple, le petit Hans, dans la relation de l'être humain aux animaux.

Le traitement de l'Homme aux rats (1909b) donne à Freud l'occasion de reconnaître *l'importance des fantasmes agressifs chez les obsessionnels*. Ces malades tuent, en imagination, les individus qui les gênent. Freud parle d'un « complexe de mort » (VII 453) pour désigner cette façon de résoudre des conflits par l'élimination des gens déplaisants ou gênants.

La psychanalyse de ce jeune juriste montre que l'ambivalence amour-haine, problème humain universel, prend une forme véritablement dramatique chez l'obsessionnel. Nous voyons ce malheureux patient osciller sans cesse entre l'auto- et l'hétéro-agression. Un exemple (p. 410) en est donné par l'impulsion à se trancher la gorge qui, dans l'esprit du malade, est suivie du commandement intérieur d'assassiner une vieille femme, cause indirecte de l'éloignement de son amie. (En réalité, l'enchaînement des représentations est tout juste l'inverse de celui qui apparaît à la conscience : éliminer l'obstacle puis se châtier.) La biographie de l'Homme aux rats permet enfin d'illustrer la thèse freudienne selon laquelle le doute, l'aboulie et le marasme psychique de l'obsessionnel ne sont pas de simples expressions d'une faiblesse congénitale de l'activité psychique — comme le croyait Janet — mais le produit des ravages intérieurs de la haine et des impulsions sadiques réprimées.

L'analyse que mène Freud des *Mémoires* du Président Schreber (1911b) est un document exceptionnel pour l'étude de la psychose mais aussi pour la compréhension des difficultés propres à l'être humain. Cette étude démontre, en particulier, que *la violence à l'égard d'autrui peut n'être que le reflet de combats intérieurs*. Schreber lutte contre des tendances homosexuelles. Il réagit à une dépendance affective, qu'il ressent comme mortelle, en attaquant l'objet de sa passion (une figure paternelle). Notons que la haine ne prend pas ici le même sens que chez Dora. Tandis que la jeune fille est agressive vis-à-vis du rival de son amour, Schreber se défend violemment contre ses propres impulsions et s'emporte contre le personnage qui est une occasion de tentation. Le combat que mène le paranoïaque vise, en dernier ressort, ses propres fixations narcissiques [88].

Nous voudrions enfin nous arrêter à l'*Analyse d'une phobie d'un garçon de cinq ans* (1909a) parce que ce texte livre un tableau relativement complet des conceptions freudiennes sur l'agressivité vers 1909 [89].

a) Le point généralement souligné dans l'histoire du cas est le complexe d'Œdipe. Les différents axes du complexe nucléaire sont faciles à repérer : amour de la mère, ambivalence à l'égard du père, angoisse de castration, résolution du conflit par identification au père.

Freud met en évidence l'ambivalence de Hans. Le garçon aime le père qui le protège et qui lui permet de constituer son idéal du moi (VII 365). Seulement, du fait de l'amour pour la mère, il voudrait prendre la place du père et souhaite sa disparition. Cette constellation psychologique explique une série de phénomènes : *la compensation des impulsions hostiles sous la forme d'une tendresse excessive* (p. 317); la crainte de représailles, c'est-à-dire d'une castration qui, dans ce cas particulier, prend la forme de la peur d'être mordu par un cheval (preuve de l'efficacité de la loi du talion au niveau imaginaire); enfin — phénomène très intéressant — *les désobéissances provoquantes* (p. 277), qui ne sont pas seulement des expressions agressives mais se comprennent surtout comme la recherche d'une punition en vue d'apaiser la culpabilité.

b) Autre source d'agressivité : la rivalité fraternelle.

Les difficultés de Hans commencent vers trois ans et demi avec la naissance de sa sœur. C'est le grand événement de sa vie (p. 247). A travers les fantasmes et les symptômes, nous voyons que le petit garçon ne peut se départir de l'intense jalousie qu'il éprouve pour Hanna. Freud nous en donne des exemples : la peur de se noyer, qui traduit le souhait de la noyade de la sœur, ou le fait d'imaginer qu'Hanna est tombée du balcon.

Une des phobies de Hans est tout particulièrement instructive. Il s'agit de la peur des voitures lourdement chargées, les voitures de déménagement ou de charbon. Hans craint que les chevaux qui les tirent ne tombent. Or l'analyse révèle que le petit garçon imagine que les enfants sortent d'une grande caisse. D'autre part, le double sens du mot allemand *niederkommen* (descente - mise bas) suggère que la chute d'un cheval peut être l'image d'un accouchement, événement redouté par Hans. Freud retrouvera, quelques années plus tard, l'image du camion représentant la mère enceinte chez une patiente âgée de plus de cinquante ans qui évoque des souvenirs d'enfance (XII 25).

Au cours de l'analyse de Hans, Freud met donc en évidence le *rôle de l'agressivité dans les névroses phobiques*. Il indique ainsi un phénomène que les cliniciens connaissent bien aujourd'hui : la peur qu'éprouvent les phobiques de se retrouver dans une situation qui risque de les mener à l'attaque et de les exposer ainsi à des représailles.

c) Un dernier objet de l'agressivité de Hans est la mère. Il éprouve de l'hostilité à son égard car elle a mis au monde sa rivale et parce qu'elle ne le reconnaît pas comme l'égal du père. Les déceptions et la vengeance ne sont cependant pas seules en question. L'analyse permet à Freud de retrouver un autre versant de l'agressivité : les impulsions libidinales « sadiques ». Freud parle des obscurs désirs sadiques de Hans, d'une « pulsion sadiquement tendre » (p. 366) ainsi que d'une sorte de prémonition du rapport sexuel (p. 370). Des exemples en sont donnés par ces fantasmes dans lesquels Hans franchit une clôture ou brise la vitre du train (p. 276). Freud imagine pouvoir interpréter de la même façon le fait de sauter en tout sens et de crier « je suis un jeune cheval ». « Ce plaisir de se mouvoir, déclare-t-il, inclut l'impulsion au coït » (p. 370).

Le cas de Hans illustre le fait que, durant la première période de son œuvre, Freud distingue déjà les impulsions sadiques (*sadistische Antriebe*) — de nature pulsionnelle libidinale — et les sentiments de jalousie hostile (*feindselig-eifersüchtige Gefühle*), qui sont des réactions à des déconvenues blessantes. Toutefois si, dans ses descriptions, Freud différencie clairement les deux dimensions, il les ramène, en fin de compte, à des aspects ou à des conséquences de la pulsion sexuelle. A cette époque, la sexualité est l'axe essentiel de toutes ses explications.

1.8. *L'autorité coercitive*

Freud s'intéresse aux conflits intrapsychiques, à la censure intérieure et à ce que nous pourrions nommer, d'un pléonasme, l'« auto-refoulement ». Progressivement il se voit contraint, pour rendre compte des rapports du sujet avec lui-même, d'explorer les relations de l'individu avec la société. Il croit que la culture, en ce qu'elle spécifie le genre humain, dépend intrinsèquement de la structure psychique des individus (la prématuration de la naissance et la dépendance qui en résulte, les pulsions originaires, etc.) mais il réalise également que l'homme ne devient humain que dans et par la société. Il essaie donc de ressaisir la société dans l'individu et l'individu dans la société. Il veut montrer comment la subjectivité s'exprime, de façon détournée et déformée, dans le social et comment le social pénètre et façonne le sujet.

L'analyse de névrosés, menée dans l'intimité des consultations psychothérapeutiques, avait surtout souligné le rôle des fantasmes sexuels. Une réflexion sur les productions culturelles et l'organisation sociale conduit Freud à mieux reconnaître la part des impulsions hostiles. Il est d'ailleurs remarquable que Freud évoque une « pulsion agressive » précisément dans son principal travail sur la société, *Le malaise dans la civilisation* (1930). Tous ses écrits qui touchent à la psychologie sociale et à la sociologie parlent d'agressivité. Examinons-les donc d'un peu plus près.

a) Le premier ouvrage de Freud qui intéresse directement la psychologie sociale est *Le mot d'esprit dans ses rapports avec l'inconscient* (1905c), livre généralement méconnu et qui témoigne pourtant de façon exemplaire du génie freudien [40].

Un grand nombre de mots d'esprit mettent en jeu des tendances sexuelles. La situation originaire du *Witz*, selon Freud (VI 105), met en scène un homme qui essaie de séduire une femme gênée et sur la défensive. La situation idéale de l'esprit grivois est toutefois plus complexe que ce scénario de départ. La scène typique, en effet, comporte un tiers-témoin, rival possible, trouble-fête évident, dont le producteur du bon mot tente de faire un allié dans son viol symbolique. Le mot obscène présente donc un caractère

« ad-gressif ». Plus exactement, selon Freud, il exprime, de façon subtile, la composante sadique de la pulsion sexuelle.

L'examen des histoires typiquement hostiles (p. 111s) peut suivre un même schéma d'analyse. La structure originaire est celle où un individu veut agresser un personnage privilégié tandis que la situation idéale du rire est conditionnée par la présence de ce tiers que le producteur du mot d'esprit met dans son jeu, contre l'adversaire.

Freud souligne à l'occasion de cette analyse que les impulsions hostiles subissent, dès l'enfance du sujet, des restrictions et des refoulements identiques à ceux qui se produisent pour les motions sexuelles. Il relève alors la corrélation entre trois variables : la culture, la répression, l'inhibition. Plus les gens sont cultivés, plus ils se maîtrisent et plus ils sont privés du plaisir de la franche agression. Le trait d'esprit permet précisément d'accéder à ces plaisirs condamnés de l'extérieur (par les autorités) et de l'intérieur (par le refoulement, les objections morales et esthétiques). On comprend dès lors que la verve ne s'attaque pas seulement à des personnages, mais à tout ce qui entrave les jouissances élémentaires : les institutions, les valeurs admises, les principes moraux et religieux.

Dans le comique et dans l'humour, on retrouve également des tendances sexuelles et des impulsions hostiles. Le rire du comique exprime le sentiment d'une dépréciation d'autrui ou d'une victoire sur lui. Quant à l'humour, « le plus élevé parmi les procédés de défense » (p. 266), il permet de faire l'économie des affects pénibles, ceux qui sont liés, par exemple, à la frustration, à l'indignation, à la colère.

Toutefois, le mot d'esprit, pas plus que le comique ou l'humour, ne peuvent être entièrement réduits à ces tendances affectives. Toute expression sexuelle ou hostile n'est pas risible et il y a bien des plaisanteries qui apparaissent innocentes. Il faut donc poursuivre la recherche dans une autre direction si l'on veut cerner l'« essence » de ces phénomènes.

Freud démontre avec rigueur que la saillie spirituelle consiste dans un jeu de mots, dans une technique verbale. Cependant, s'il est vrai que l'esprit réside dans la façon dont fonctionne le langage, il demeure qu'on retrouve toujours une nuance de transgression. Tout mot d'esprit, soutient Freud dans sa conclusion, est une tentative de contourner des obstacles, de revenir à des plaisirs défendus et de s'épargner ainsi l'effort pénible réclamé par l'observance des règles et des interdits. *Le mot d'esprit est une protestation* contre les règles morales, les institutions et le pouvoir en place, mais également contre la Raison, le jugement critique et le code du langage. C'est une des manifestations les plus subtiles et les plus sociales de la revanche de l'être éduqué, mutilé dans certaines de ses dimensions, contré dans sa recherche infatiguable du plaisir.

b) Freud illustre dans l'ouvrage sur le *Witz* un des détours par lesquels l'être humain s'exprime à l'encontre des normes éthiques et culturelles. Trois ans plus tard, dans l'article incendiaire *La morale sexuelle civilisée et la maladie nerveuse des temps modernes* (1908a), il s'élève contre les exigences démesurées des prohibitions sociales. Il prolonge ainsi les propos de von Ehrenfels [41] dénonçant les hypocrisies de la morale sexuelle dite civilisée.

Freud développe l'idée que la culture repose sur la répression (*Unterdrückung*) des pulsions, des pulsions sexuelles surtout, mais également des tendances agressives et vindicatives (*die aggressiven und vindikativen Neigungen*). Depuis longtemps, il est conscient du rapport entre refoulement et progrès culturel mais, cette fois, il s'interroge sur la disproportion entre les sacrifices et les bénéfices. Sa position se résume à dire que les systèmes sociaux ne peuvent fonctionner sans contraintes mais que la rigidité des lois (de son temps) est dévastatrice.

Un des exemples nous intéresse directement. Il s'agit de la répression de la tendance « constitutionnelle » à la dureté et à la cruauté (VII 166). L'hyperbonté développée pour contre-balancer ces motions hostiles à la civilisation entraîne, selon Freud, une perte d'énergie telle que l'individu ne peut plus accomplir ce qui correspond à la tendance compensatrice et qu'il apparaît, finalement, moins bon encore que s'il n'avait pas étouffé aussi sévèrement ses pulsions. Les interdits sont donc une forme de violence qui peut, dans certains cas, engendrer des maux pires que ceux qu'ils visent à supprimer.

Freud croit qu'il n'est guère possible de sublimer toutes les tendances pulsionnelles. Un minimum de satisfactions directes reste nécessaire sous peine de troubles plus graves que ceux occasionnés par un certain degré d'actualisation des pulsions. La morale freudienne est celle de la résignation mesurée à l'égard de la « réalité psychique » (structure psychique, exigences pulsionnelles, etc.). L'angélisme est un mode d'être hypocrite et, en fin de compte, ennemi de la véritable humanité [42].

c) Faisons enfin allusion à *Totem et Tabou* (1913), l'ouvrage consacré à l'Œdipe et à l'avènement des lois fondamentales du règne humain (prohibition de l'inceste, interdiction du meurtre).

Freud fournit ici deux explications de la genèse des commandements qui fondent l'humanité. La première revient à supposer qu'ils ont été mis en place par des événements de la phylogénèse. Freud considère, d'une part, que les tabous seraient des prohibitions archaïques imposées par les premiers hommes et transmises tout au long de l'histoire (IX 14). Il soutient par ailleurs que l'instauration de ces lois trouverait son origine dans la culpabilité consécutive à l'assasinat du père archaïque et dans l'identification au patriarche survenant au cours de sa dévoration. Cette dernière thèse relève de la transposition au plan social d'une observation de la psychopathologie. En effet, l'expression *nachträglichen Gehorsam* (obéissance après-coup), qui se trouve au centre de la démonstration (p. 173), explique le comportement d'un patient qui, à la suite de la mort de son père, était passé d'une rébellion ouverte à une soumission servile [43].

Quant à la seconde explication de la genèse des lois, elle n'a rien d'original. Elle suppose un contrat entre des frères rivaux qui se craignent mutuellement (p. 174). Cette thèse rappelle — et c'est sans doute son principal mérite — que le souci de l'égalité dérive moins de l'amour que de la suspicion.

L'explication que Freud fournit de l'hominisation n'a sans doute que très peu de rapports avec l'histoire réelle. Son ouvrage apparaît, du point de vue de l'ethnologie et de l'anthropologie, comme un tissu d'extrapolations fantaisistes. Il contient néanmoins une grande part de vérité *psychologique* concernant les fantasmes qui hantent généralement l'esprit des humains.

Quelles que soient les réserves que l'on émette à l'égard des spéculations freudiennes sur le passage du groupement animal à l'organisation humaine, force est de reconnaître que *Totem et Tabou* invite à réfléchir au fait que la violence n'est pas nécessairement morbide et qu'elle se trouve sans doute à la base de la vie sociale. Plus précisément, en soutenant que les tabous et les rites ont la fonction de protéger la communauté contre les pulsions sexuelles, contre la valorisation de soi et la tendance à la violence (p. 90), cet ouvrage contribue à élucider le sens de la politesse et de toute une série de règles culturelles. Enfin, l'histoire du parricide primitif, que Freud invente pour expliquer les tabous primordiaux, thématise assez bien deux autres idées capitales pour l'anthropologie, à savoir que : a) l'avènement de la culture est conditionné par un arrachement par rapport à la nature, à l'adhérence primitive; b) l'agent de ce procès est généralement un personnage autre que la mère (le père, l'oncle, ...). Ce dernier n'exerce pas seulement une fonction prohibitrice. Il est aussi, en quelque sorte, le sauveur, celui qui fait accéder à la réalité et annonce l'avenir [44].

2. Deuxième période (1914-1919)

« Sa Majesté le Moi... »

Freud, VII 220.

2.1. Les pulsions du moi

Freud s'est progressivement interrogé sur les dynamismes non sexuels de la vie psychique. Dans le premier paragraphe des *Trois essais*, il cite la pulsion à la nutrition comme modèle de sa nouvelle notion clé, la pulsion sexuelle. Mais la question demeure en suspens pendant plusieurs années.

En 1907, il évoque à deux reprises l'importance des motions non sexuelles. Lors de son étude des productions imaginatives des poètes, il distingue deux types de désirs : les désirs érotiques et « les désirs ambitieux, qui servent l'exaltation de la personnalité » (VII 217). Par ailleurs, l'analyse de certains rites qui fonctionnent en tant que mécanisme de défense (VII 137) l'amène à parler de pulsions égoïstes, distinctes des pulsions sexuelles.

En 1910, Freud propose la notion de « pulsion du moi ». Le terme apparaît pour la première fois dans un article intitulé

Le trouble psychogène de la vision dans la conception psychanalytique. Freud considère que, du fait que les pulsions du moi et les pulsions sexuelles disposent des mêmes organes — bouche, bras, yeux, etc. — les tensions entre les deux types de tendances entraînent des perturbations au niveau de ces organes. Ainsi, l'œil entaché de jouissances voyeuristes peut être privé de vision (cécité psychique) et la main coupable de masturbation peut se trouver paralysée (chez un sujet prédisposé à l'hystérie). La vie psychique, et plus particulièrement le corps vécu et expressif, apparaissent donc comme le lieu d'une lutte. Citons le passage où Freud développe cette idée pour la première fois : « Nous sommes devenus attentifs à l'importance des pulsions pour la vie des représentations (...). Ces pulsions ne sont pas toujours compatibles; leurs intérêts entrent souvent en conflit; les oppositions entre les représentations ne sont que l'expression du combat livré entre les diverses pulsions. D'une importance toute particulière pour notre tentative d'explication est l'opposition indéniable existant entre les pulsions qui servent à la sexualité, à l'obtention du plaisir sexuel, et les autres, qui ont pour but l'autoconservation de l'individu, les pulsions du moi. Toutes les pulsions organiques qui œuvrent dans notre âme peuvent être classées, selon les termes du poète, en " faim " ou en " amour " » (VIII 97-8).

Lorsqu'on tente de cerner de près la nature des pulsions du moi, on s'aperçoit que Freud reste imprécis. Dans une note de *Jenseits* (1920 a), il reconnaîtra qu'il s'agit d'un fourre-tout de dynamismes non sexuels : « Primitivement nous appelions " pulsions du moi " toutes les tendances pulsionnelles qui nous *étaient peu connues et qui se laissaient distinguer des pulsions* sexuelles dirigées vers l'objet... » (XIII 66).

Une première dimension de ce dynamisme est la tendance à l'autoconservation. Freud utilise d'ailleurs souvent le terme *Selbsterhaltungstrieb* comme synonyme de pulsion du moi. Le concept d'*Ichtriebe* désigne encore l'énergie pulsionnelle au service du moi. Il veut également rendre compte des réactions de défense contre le déplaisir engendré par la privation de satisfactions sexuelles ou par l'atteinte aux fonctions de conservation (1915 a). Freud dit enfin que les pulsions du moi visent à l'affirmation du moi (X 108), à la volonté de puissance (XII 4) et à l'expansion de la personne (XV 102). Ainsi donc, certaines conduites que l'on pourrait qualifier d'agressives (défense ou affirmation du moi) sont en rapport avec les pulsions du moi mais Freud n'insiste pas de façon particulière sur ce lien.

Freud accordera finalement peu d'importance à sa notion d'*Ichtriebe*. Nous avons cependant cru pouvoir introduire avec elle la seconde période analytique car elle constitue un point de départ de conceptions qui tranchent avec les premiers développements. Cette notion, en effet, renouvelle la question du conflit psychique, centre l'intérêt sur les rapports du moi aux pulsions et problématise l'idée même du moi. *Le moi apparaît désormais comme une instance passionnelle, source de dangers pour le sujet, d'illusions et de méconnaissances pathogènes.*

A vrai dire, le terme de « pulsions du moi » évoque des problèmes qui ne trouvent un début de solution qu'avec l'introduction de la notion de narcissisme [45], pièce centrale de la seconde période analytique.

2.2. *La blessure narcissique*

Dans l'ouvrage *Psychanalyse, science de l'homme*, A. Vergote commence le chapitre sur le narcissisme en disant : « Nous voici parvenus à la question ultime, celle qui a toujours été présente à l'horizon des recherches et de la technique de Freud, et qu'en 1914 il met au centre de la psychanalyse : la question du moi » (1964a, p. 77). Nous devons nous introduire à ce thème pour deux raisons : il est au cœur de la doctrine analytique et il est absolument capital pour la compréhension de l'agressivité humaine.

L'essai théorique *Pulsions et destins des pulsions* (1915a) est ici de première importance car Freud y présente une analyse de l'amour et de la haine.

a) Il rappelle d'abord que *la haine est une relation d'objet* : « l'on ne peut contester que le sens originaire de la haine désigne la relation au monde extérieur étranger qui apporte les excitations » (X 228). L'hostilité n'est pas une absence de rapport mais bien un certain type de *lien*. Cette idée est mieux affirmée dans un autre texte de la même époque : « les sentiments hostiles sont, comme les sentiments tendres, un signe d'attachement affectif (*Gefühlsbindung*), de même que l'obéissance et le défi expriment, avec des signes contraires, la dépendance » (XI 461).

b) Freud précise ensuite un point capital, à savoir que *la haine implique le moi* : « dire qu'une pulsion " hait " un objet, cela nous choque, et nous fait par là même saisir que les termes d'amour et de haine ne doivent pas être utilisés pour les relations des pulsions à leurs objets mais réservés pour les relations du moi-total (*Gesamt-Ich*) aux objets » (X 229).

Rappelons que le sentiment de haine ne se confond pas entièrement avec l'attitude agressive. La haine implique une intention destructrice tandis que l'agression indique seulement une défense ou une affirmation de soi aux dépens d'autrui. Toutefois, l'absence de ces distinctions dans le texte de Freud nous semble instructive. En effet, « Sa Majesté le Moi » ne se contente généralement pas de se défendre ou de s'affirmer. Dans la vie quotidienne, la disposition agressive et l'affect de haine sont très souvent liés. Dès que le moi s'imagine, de quelque manière, mis en question, il souhaite généralement l'élimination ou même la destruction de ce qui le gêne. Peu de victoires peuvent satisfaire le moi qui se sent blessé. Il est toujours disposé à haïr à mort. Freud écrit, à ce propos, dans un texte contemporain de *Triebe* : « Notre inconscient tue même pour des détails; comme l'ancienne législation athénienne de Dracon, il ne connaît pas d'autre châtiment pour les crimes que la mort, en quoi il est assez logique, puisque tout tort infligé à notre moi tout-puissant et souverain est fondamentalement un *crimen laesae majestatis* » (1915d, X 351).

c) Avec cette dernière citation, nous abordons le problème de l'origine de l'agressivité et de la haine. Freud dit encore : « Le moi hait, déteste, poursuit avec l'intention de détruire tous les objets qui sont pour lui source de sensations de déplaisir, qu'ils signifient une frustration (*Versagung*) de la satisfaction sexuelle ou de la satisfaction des besoins de conservation. On peut même soutenir que les prototypes véritables de la relation de haine ne proviennent pas de la vie sexuelle mais de la lutte du moi pour sa conservation et son affirmation (…). La haine provient du refus originaire que le moi narcissique oppose au monde extérieur prodiguant des excitations » (X 230s).

L'expression freudienne la plus typique pour désigner l'atteinte du « moi narcissique » (*das narzisstische Ich*) est sans doute celle de « *narzisstische Kränkung* », la blessure narcissique, expression qu'il nous semble légitime de rendre en français par le mot « frustration » [46].

Dans le texte que nous citons, Freud parle, en fait, d'une « *Versagung* » des satisfactions. Ce terme, souvent traduit par « frustration », mais qu'il vaudrait mieux rendre par « refus, privation », n'est en fait quasi jamais employé par Freud pour désigner le motif de la haine ou de l'agression [47]. Freud signifie généralement par ce mot qu'une pulsion n'est pas satisfaite. Les conséquences qu'il se plaît à en souligner sont, selon les cas, l'angoisse, le fantasme, le refoulement, la névrose ou la psychose. Nous pouvons retenir de ceci l'idée que *la non-satisfaction d'une pulsion ne produit pas par elle-même une réaction agressive. L'agression n'apparaît que lorsque le moi se sent blessé par l'obstacle, la privation ou le refus.*

On peut également remarquer que lorsque Freud utilise
le terme de *Versagung*, il ne précise pas l'agent du refus,
à telle enseigne qu'il parle d'*äusserliche* et d'*innere Versagung* (X 372). Il joue de cette indétermination pour
indiquer que le sujet a partie liée avec la situation d'insatisfaction et qu'il est même parfois le principal responsable
du refus à son propre désir. Cette remarque, pensons-nous,
vaut également pour la *narzisstische Kränkung*. On trouve
d'ailleurs en français l'expression « se frustrer » et le
dictionnaire Robert en donne comme exemple : « je me
suis frustré par ma propre faute d'un grand plaisir ».

Un exemple de blessure narcissique est le cas des individus qui se prennent pour des exceptions pouvant déroger
aux normes habituelles, que ce soient les lois sociales ou
les règles de la cure analytique (X 365s). Freud découvre
que ces personnes ont souvent subi de grands dommages
alors qu'elles étaient innocentes et sans défense. Cette
profonde mortification du narcissisme appelle des com-
pensations tout au long de l'existence. Freud ajoute que la
prétention des femmes à certains privilèges peut se comprendre à la lumière du comportement des patients qui
se prennent pour des exceptions. Les femmes estiment
avoir subi dans leur enfance un grave préjudice, la
« castration », et elles ne peuvent que fort difficilement
l'accepter [48]. Leur condition anatomique ainsi que leur
situation au cours de la défloration et du rapport sexuel
apparaissent comme autant de blessures narcissiques auxquelles elles réagissent parfois par une franche hostilité et,
plus souvent, par une frigidité vengeresse (1917d).

Les résistances à la psychanalyse peuvent être considérées comme une autre illustration de la réaction à une
blessure narcissique.

Une première frustration tient sans doute au fait même

de la découverte. Freud écrit, déjà en 1895 (I 359), qu'on doit être prêt à rencontrer une résistance chaque fois que l'on tente de rendre vraisemblable pour les autres quelque chose qu'ils auraient pu découvrir par eux-mêmes. On sait d'ailleurs que Freud a lui-même plusieurs fois été pris au piège du narcissisme de la découverte, notamment lorsqu'il a présenté comme siennes des idées de Fliess sur la bisexualité.

La psychanalyse, toutefois, subit des attaques à ce point passionnées qu'il faut chercher d'autres explications. Freud croit pouvoir comprendre ces manifestations hostiles comme l'effet d'une profonde blessure narcissique (1917c; 1925). En montrant que « le moi n'est pas maître dans sa propre maison », il bouscule la mégalomanie des hommes et s'expose aux mêmes haines que celles que suscitèrent Galilée et Darwin [49].

d) Le texte métapsychologique sur les pulsions (1915a) indique encore que le sadisme — tout comme la haine et l'agression — implique le moi. Après avoir distingué entre le « sadisme originaire », qui consiste en une « manifestation de puissance à l'encontre d'une autre personne » — ce que nous appellerions tout simplement une agression —, et le sadisme véritable, qui vise à infliger une douleur à autrui en vue de produire une excitation sexuelle, Freud explique que la jouissance ne peut être éprouvée que par une identification avec l'objet souffrant (X 221).

Le fondateur de la psychanalyse laisse entendre que *ni la physiologie ni même l'existence de zones érogènes ne peuvent expliquer convenablement le sadisme,* au sens propre du terme. Il parle d'identification, processus qui implique le moi ainsi que des relations inter- et intra-subjectives. Dès lors, l'expression « pulsion sadique » ne peut en aucun cas nous faire oublier que, chez l'être humain, il est toujours question d'intentions et de rapport au monde. Le sadique criminel, bien qu'on puisse le qualifier d'« inhumain », n'est pas une espèce de sous-homme désinhibé, retombé au niveau animal et chez lequel déferlent les « instincts ». Il s'agit d'un homme chez qui prédomine, de façon monstrueuse, des modes de relation infantiles liés à la structure du moi.

2.3. *La guerre et la mort*

La première guerre mondiale a été pour Freud l'occasion d'une méditation sur les phénomènes de caractère haineux (*Gehässigkeiten*) ainsi que sur les résonances affectives de la mort des êtres aimés et des ennemis.

Le texte *Considérations actuelles sur la guerre et la mort* (1915d) résume l'essentiel de ses réflexions. Il apparaît comme l'équivalent, pour l'agression, de l'article de 1908 consacré à la sexualité dans son rapport avec la société. Dans l'un et l'autre texte, Freud déclare que la civilisation repose sur la répression des pulsions (VII 149; X 333), que la capacité de renoncer aux satisfactions pulsionnelles varie selon les individus (VII 150; X 334) [50], que ce renoncement ne peut être total et qu'une certaine dose de satisfaction doit être tolérée (VII 151; X 326). Une dernière indication fournie par la confrontation des deux articles concerne le type de troubles liés à la non-satisfaction des pulsions en cause. Freud soutient que le contrôle excessif de la sexualité produit les névroses proprement dites — psychonévroses et névroses actuelles — tandis que la répression de l'agressivité occasionne plutôt des troubles du caractère. Voici un passage qui résume ces conceptions : « Dans le domaine de la sexualité, là où une telle répression est le moins facile à obtenir, nous assistons aux phénomènes réactionnels que sont les maladies névrotiques. Ailleurs, la pression de la culture n'engendre pas réellement des phénomènes pathologiques mais se manifeste par des déformations du caractère et par la disposition constante des pulsions inhibées à faire irruption pour se satisfaire à la moindre occasion » (X 335).

a) Freud n'ambitionne pas de fournir une explication définitive de la *guerre*. Il indique seulement quelques pistes.

Une des origines des conflits réside sans doute dans l'existence de *différences individuelles*, de particularismes nationaux. Freud croit devoir se résigner à écrire : « La guerre ne se laisse pas abolir. Aussi longtemps que les conditions d'existence des peuples seront si différentes et que la répulsion des uns pour les autres sera aussi violente, les guerres seront inévitables » (X 354). La conception de l'apparition de l'agressivité comme conséquence des différences interindividuelles sera reprise dans *Massenpsychologie*. Evoquons un instant ce texte car Freud y donne une version plus proprement psychanalytique de sa constatation. Les différences, explique-t-il, irritent car elles mettent le moi en question. Il précise : « Dans les antipathies et aversions qui apparaissent franchement à l'égard des étrangers avec lesquels on se trouve en contact, nous pouvons reconnaître l'expression d'un amour de soi, d'un narcissisme qui tend à une affirmation de soi et qui se comporte comme si l'apparition d'un écart par rapport à ses propres particularités impliquait une critique de celles-ci et une obligation de les modifier » (XIII 111). Nous ne pouvons évoquer ce thème de la différence comme blessure narcissique sans rappeler l'expression freudienne de « narcissisme des petites différences ». Dans *Unbehagen* (XIV 473s), au moment où il s'interroge sur l'animosité entre Espagnols et Portugais, entre Anglais et Ecossais, Freud écrira que cette formule — *Narzissmus der kleinen Differenzen* — n'apporte, en définitive, pas beaucoup de clarté. En fait, pour comprendre la virulence, la constance et l'ubiquité de la violence, il faudrait, pense Freud, s'en référer à des processus pulsionnels. Une telle conception se trouve également dans le texte sur la guerre auquel nous revenons à présent.

Pour rendre compte de la barbarie des conflits armés, Freud évoque, comme explication dernière, les *tendances pulsionnelles* qui demeurent latentes chez tous les humains en dépit de l'emprise de la civilisation. Notons cependant que Freud, tout en s'affligeant, ne parle pas comme un moraliste manichéen. Il dit que les « motions pulsionnelles de nature élémentaire ne sont, par elles-mêmes, ni bonnes ni mauvaises ». En définitive, c'est la société et ses lois qui déterminent les valeurs (X 331s).

b) Laissons ici la guerre, phénomène complexe de nature psycho-socio-économique pour lequel le psychologue n'a en réalité, pas d'explication exhaustive, et considérons plutôt l'agressivité telle qu'elle se manifeste dans la vie quotidienne.

Les « civilisés » craignent d'évoquer la mort des amis et même celle des ennemis. Il n'en reste pas moins vrai qu'au niveau inconscient ils « tuent » facilement, avec plaisir, même pour des détails. « Nous descendons, écrit Freud, d'une série infiniment longue de générations de meurtriers qui, comme nous-mêmes peut-être, avaient la passion du meurtre dans le sang » (X 350).

On comprend sans difficulté le désir de mort à l'endroit des ennemis, mais comment concevoir des désirs mortifères à l'égard des parents et des amis ? Freud revient ici à un thème capital de la psychanalyse, l'ambivalence, et il ne craint pas d'écrire : « A l'exception de très peu de situations, nos relations amoureuses les plus tendres et les plus intimes comportent une part d'hostilité qui peut éveiller le désir de mort (*Todeswunsch*) inconscient » [51].

Freud fait une autre remarque intéressante. Au risque de lasser notre lecteur par des citations, nous le traduisons encore une fois textuellement : « On peut dire que nous sommes redevables des plus beaux épanouissements de notre vie amoureuse à la *réaction* contre l'impulsion hostile que nous ressentons dans notre for intérieur » (X 354). Bien des années plus tard, des éthologues — un Lorenz, par exemple, (1963, p. 231s) — confirmeront ce point de vue pour les relations entre certains animaux. Les plus agressifs (les loups, p. ex.) sont souvent ceux-là qui développent les liens « personnels » les plus durables [52].

L'article sur la guerre et la mort signale enfin que l'homme « primitif » projette la haine sur des figures démoniaques, qui ensuite le tourmentent, tandis que le civilisé intériorise les impulsions hostiles et se trouve dès lors miné par les auto-reproches (p. 353).

Nous avons déjà noté que Freud a très tôt (dans un manuscrit de 1897) relevé l'incidence de l'agressivité dans la genèse de divers troubles (compulsion, paranoïa, mélancolie, etc.) mais n'a reconnu l'importance décisive de ce phénomène qu'à la faveur d'une réflexion sur la vie sociale — la guerre et les conflits qui ont déchiré le groupe naissant des premiers psychanalystes —, sur les réactions de deuil et d'auto-destruction. Il nous reste à parler de ces observations qui se trouvent d'ailleurs au centre de la pensée du dernier Freud.

c) Dans *Deuil et mélancolie* (1917a), Freud soutient que le tableau clinique de la mélancolie ne devient compréhensible que si l'on voit, dans les auto-reproches, des reproches à l'endroit de l'objet d'amour, des reproches retournés secondairement sur le moi propre (X 434). Le malade réagit à la perte de l'objet aimé en adoptant la forme la plus archaïque de relation, l'identification. Il agresse l'être responsable de sa souffrance mais, ce faisant, il s'acharne sur lui-même puisqu'il a en quelque sorte incorporé cet être à la fois aimé et détesté.

Le mélancolique estime avoir subi un préjudice et une déception. La haine qu'il éprouve découle de la non-acceptation de cette douloureuse blessure narcissique. Le sadisme fait également partie du tableau. Karl Abraham a attiré l'attention sur cet aspect, notamment dans son étude comparative de la mélancolie et de la névrose obsession-nelle. Freud confirme le fait et l'explique par une régression aux stades prégénitaux (X 438).

Le texte sur la mélancolie présente plus d'un paradoxe. Quoi de plus contraire à l'opinion courante que l'idée selon laquelle ce pauvre mélancolique, en proie au désespoir, illustre de façon exemplaire l'agressivité dissimulée dans toute relation amoureuse ? Le fondateur de la psychanalyse, pourtant, nous assure que le malade qui se décrit comme égoïste et mesquin ne fait que révéler le fond de la nature humaine (X 432).

Freud développe encore une autre conception qui con-tredit le sens commun : le « travail du deuil » doit se faire *activement*. L'étude de l'hystérie lui avait révélé que l'amnésie n'est pas une fonction linéaire du temps. De même ici, il conçoit que l'« oubli » du mort n'est pas simplement — pour le dire dans les termes de la théorie du conditionnement — une extinction spontanée des con-nexions. Si le survivant veut se dégager de la tendance à l'identification avec le disparu, il doit accepter le verdict de la réalité [53], abandonner l'objet perdu et constituer de nouveaux rapports avec le monde. Plus encore, il doit déclarer l'objet mort (*tot erklären*) et le frapper à mort (*erschlagen*). Ainsi, l'agression, qui se trouve régulièrement au départ de perturbations psychiques, peut également s'avérer *conduite salutaire*, voie de détachement libidinal, moyen de combattre la culpabilité et de sauver l'existence. Pour employer une expression qui n'apparaîtra que plus tard chez Freud, disons que l'agression peut être une expression de la pulsion de vie.

3. *Troisième période (1920-1939)*

« *L'homme est le pire des animaux sauvages.* »
L. de Vinci, cité par Freud (VIII 135).

3.1. *Les pulsions de mort*

L'introduction, en 1920, des pulsions de mort constitue, dans l'histoire de la doctrine freudienne, le second grand remaniement qui se répercute sur l'ensemble. Alors que la psychanalyse semblait trouver son accomplissement théorique dans les écrits métapsychologiques de 1915, Freud se résoud, quelques années plus tard, à modifier les coordonnées majeures du système. En effet, les cadres précédemment mis en place ne réussissent plus à expliquer de façon satisfaisante un certain nombre de phénomènes importants. Ainsi, par exemple, la répétition compulsive d'expériences pénibles contredit la primauté absolue du principe de plaisir; certaines régressions ne sont visiblement pas le produit de simples dévitalisations; les formes violentes que peuvent prendre les auto-reproches ainsi que la cruauté de la guerre s'expliquent difficilement par la pulsion sexuelle ou par la pulsion du moi. Ce résidu d'expériences exige davantage qu'une annexe à la théorie constituée ou un recours à des hypothèses auxiliaires : selon Freud, il réclame l'introduction d'un point de vue tout à fait neuf, restructurant la totalité du champ de l'expérience [54].

Après s'être interrogé sur le sens du non-sens et après avoir proclamé les exigences d'Eros et de la Vie, Freud se penche sur le non-vivre, sur la mystérieuse aspiration à l'anéantissement. Il a déjà battu en brèche deux grands tabous : la sexualité et l'autonomie de la conscience. Il veut enfin s'attaquer à un troisième, en comparaison duquel le sexe n'est qu'un divertissement, au sens pascalien du terme : la mortalité, la mort en troisième personne — la disparition des ennemis et des inconnus — mais également la mort en seconde et en première personne, la destruction des êtres qui nous sont chers et notre propre anéantissement.

Freud tente de rendre compte des répétitions morbides, de l'appétit de la mort et des phénomènes de destruction en postulant une sorte de dynamisme interne qu'il appelle « pulsion de mort », *Todestrieb*.

a) La première figure de la pulsion mortifère est la compulsion de répétition (*Wiederholungszwang*, 1920, XII 17). En fait, Freud s'est trouvé confronté aux phénomènes itératifs dès le début de ses investigations et ce thème traverse l'ensemble de son œuvre, depuis la célèbre formule « les hystériques souffrent de réminiscences » (1893a, I 86) jusqu'à ses dernières tentatives, dans le *Moïse*, d'expliquer l'histoire de l'humanité (XVI 195). En 1920, il se croit acculé à devoir postuler une tendance autonome pour expliquer la réitération d'expériences *douloureuses*, d'échecs, de rêves traumatiques et de situations sans issue.

b) La régression apparaît comme la seconde figure de

la pulsion de mort. Ce phénomène est d'ailleurs lié au précédent : on tend à répéter les premières expériences, les modes de relation constitués durant l'enfance.

Le lecteur se souviendra ici que, dans sa première présentation des pulsions, Freud insistait sur leur caractère « poussant ». Cependant, il écrivait déjà dans le texte même où le concept est introduit : « la mère est devenue le prototype de toute relation amoureuse. Trouver l'objet sexuel n'est, en somme, que le retrouver » (1905a, V 123). Ainsi, dès le début, Freud indique que l'avenir de la pulsion reste en rapport étroit avec l'origine et l'originaire. Selon lui, l'homme est toujours tenté de revenir en arrière (régression temporelle), de glisser vers des comportements moins élaborés (régression formelle), de rêver ou de fantasmer au lieu d'agir rationnellement (régression topique). L'hypothèse de l'*Au-delà du principe de plaisir* essaie de rendre compte de cette tendance qui n'est pas simplement l'inertie psychique dont parle Jung.

c) Le troisième « visage » de la pulsion de mort est la destruction.

On sait que certains psychanalystes, des américains notamment, comprennent par « pulsion de mort » la tendance agressive. Hartmann, Kris et Loewenstein, par exemple, parlent couramment de l'opposition libido-agression. Un examen sommaire des écrits de Freud révèle que cette simplification est abusive. Les données cruciales qui amènent Freud à reformuler sa théorie sont la résistance au travail analytique, la répétition et le retour aux origines. Le problème de la destruction vient seulement en second lieu et se trouve d'abord envisagé dans le cadre de ces premières questions, soit comme auto-destruction.

Le fait clinique qui constitue l'argument péremptoire en

faveur du remaniement des années vingt tient dans la résistance à guérir et dans la réaction thérapeutique négative (aggravation des troubles en cours de traitement) [55]. Le mystère du masochisme moral, bien plus que celui du masochisme érogène, voilà ce qui a mené à des reformulations. En effet, le masochisme érogène s'explique dans le cadre du premier dualisme. Dès 1905 (V 104s), Freud notait que tout processus affectif intense — la douleur en l'occurrence — retentit sur la sexualité et peut ainsi devenir une source de jouissance. Les nouveaux développements tentent plutôt de rendre compte de ce qu'Octave Mannoni appelle « le scandale de la culpabilité de l'innocent » [56]. Pour asseoir la théorie de la pulsion de mort, Freud fait moins appel à Polemos qu'à Thanatos. Le personnage représentatif de l'*Au-delà du principe de plaisir* n'est pas tant le pervers sadique ou le tyran, que le malheureux mélancolique, écrasé par un « surmoi » implacable. C'est chez ce dernier que l'on retrouve « comme une culture pure de la pulsion de mort » (XIII 283).

La culpabilité est sans doute la question essentielle des dernières œuvres. Freud dit explicitement, dans un de ses textes les plus élaborés sur la pulsion de mort, la *32ᵉ Conférence*, que la culpabilité a été progressivement placée au centre du champ analytique et, plus précisément, au centre des préoccupations thérapeutiques. Il écrit : « Les problèmes engendrés par le sentiment de culpabilité inconscient, ses rapports à la morale, à la pédagogie, à la criminalité et à la délinquance constituent aujourd'hui le champ de travail que la psychanalyse fait passer au premier plan » (XV 117).

Nous évoquons la tendance à la destruction d'autrui en dernier lieu car ce n'est que petit à petit que Freud reconnaît en cette tendance une composante importante de la pulsion de mort.

Au cours des années qui suivent la parution de *Jenseits*, on voit s'opérer une série de glissements dans la conception de la pulsion de mort. Du point de vue méthodologique, l'accent est mis davantage sur les faits cliniques que sur la spéculation. Pour ce qui est des thèmes de réflexion, l'intérêt porté à la biologie cède le pas à l'étude des expressions culturelles. On constate enfin que le père de la psychanalyse s'occupe finalement plus de la destruction que de la répétition et de la régression.

En 1921 Freud écrit déjà : « il est indéniable que l'ambivalence révèle une disposition à la haine, une agressivité dont l'origine est inconnue et à laquelle on peut attribuer un caractère élémentaire » (XIII 111). Toutefois, le tournant décisif apparaît dans *Unbehagen*. Freud y défend l'idée de l'existence d'une pulsion d'agression autonome (1930, XIV 476s). Il écrit : « La tendance à l'agression est une disposition pulsionnelle originaire, autonome de l'être humain » (p. 481). Cette « hostilité primaire » constitue le danger principal pour la civilisation (p. 471) et même pour l'ensemble de l'espèce humaine (p. 506). Aussi le premier sacrifice réclamé par la société est-il de contrôler et d'intérioriser l'agressivité.

Dans les textes ultérieurs, la « pulsion de destruction » et la « pulsion de mort » passent au premier plan de la réflexion. C'est ainsi que nous lisons, dans l'article sur l'analyse indéfinie (1937b, XIV 92) : « Les deux principes fondamentaux d'Empédocle, *Philia* (Amour) et *Neikos* (Discorde), sont, par le nom comme par la fonction, des équivalents de nos pulsions originaires, Eros et Destruction ».

Cette accentuation n'aboutit cependant pas à négliger

la notion de la pulsion de mort au profit de la thèse d'une pulsion d'agression. Freud, après 1930, ne va en fait guère au-delà de cette proposition de *Unbehagen* : « La pulsion d'agression est la descendante et la principale représentante de la pulsion de mort » (XIV 481).

On ne peut donc identifier simplement pulsion d'agression et pulsion de mort. Toute l'agressivité ne se ramène pas à la pulsion de mort, pas plus que la pulsion de mort n'est réductible à l'agression. Pour reprendre une expression que Freud n'a utilisée que dans le cadre de la première théorie pulsionnelle, nous dirons que la « pulsion d'agression » apparaît en quelque sorte comme une « pulsion partielle » de la pulsion de mort.

On est en droit de se demander s'il est légitime et avantageux de subsumer sous un même concept des choses aussi différentes que la répétition d'expériences infantiles et la tendance à attaquer ses semblables. Ne vaut-il pas mieux suivre l'exemple des éthologues lorsqu'ils s'appliquent, dans leurs analyses motivationnelles, à distinguer soigneusement toutes les composantes ?

La question de la délimitation des concepts est souvent débattue dans diverses disciplines et elles se montre particulièrement importante en psychanalyse. Constatons que lorsque Freud parle des pulsions de mort, il totalise au maximum. Non seulement il met en rapport plusieurs dimensions de l'existence humaine, mais il évoque aussi le processus culturel de l'humanité (XIV 499), les animaux [57], les processus vitaux (assimilation-désassimilation) et même des lois de la matière inorganique (le couple attraction-répulsion; XVII 71).

On peut soutenir que la science progresse à la faveur de distinctions sans cesse plus fines mais qu'elle avance aussi grâce à de nouvelles généralisations. Freud travaille dans l'une et l'autre de ces directions [58]. Il s'efforce de délimiter de nouvelles entités cliniques — la neurasthénie et la névrose d'angoisse, par exemple — et de différencier les modes d'expression pathologique, notamment le langage hystérique et le langage obsessionnel. Il montre également la fécondité de points de vue capables d'englober la diversité des phénomènes. Ainsi, par exemple, il progresse résolument dans la compréhension des conduites hystériques lorsqu'il ramène leurs divers types au schéma de l'hystérie de défense (1895). Il ne craint pas d'élargir le sens du terme « sexualité » de façon à mettre en lumière les liaisons secrètes entre des comportements infantiles, les névroses, les perversions et la genèse de certaines œuvres d'art.

Disons qu'il est un temps pour la totalisation et un temps pour la différenciation, tout comme il y a un temps pour la réflexion — fût-elle poétique et mythique — et un temps pour l'opérationalisation des concepts et la vérification empirique des hypothèses. L'important est d'éviter la confusion entre les domaines de l'étude ainsi qu'entre les étapes de la recherche.

Pour revenir au fond du problème, demandons-nous quel est l'avantage de l'homogénéisation opérée par l'usage de l'expression « pulsion de mort ». Nous croyons que Freud, ce faisant, enseigne que l'homme est habité par une puissance négative et négatrice. Plus précisément, nous croyons qu'il veut attirer l'attention sur les rapports existant entre ces divers aspects de la négativité humaine que sont la compulsion de répétition, la tentation de la régression, la tendance à l'auto-destruction et à l'agression. Ainsi, la pulsion de mort se présente comme un « concept articulant ».

a) La notion de pulsion de mort permet d'insister notamment sur la relation entre fixation et (auto-)destruction. L'expérience clinique prouve, en effet, que l'agressivité tend à simplifier, à figer les représentations, et que, inversement, les fixations psychiques suscitent la violence. Une grande part de la destructivité du délinquant, du névrosé ou du psychotique découle de la pétrification de leur existence, du sentiment d'emprisonnement et de la perte du sens de la vie.

b) La théorie des *Todestriebe* attire également l'attention sur le lien entre régression et (auto-)destruction. Les déstructurations sociales ou psychiques s'accompagnent souvent de violences. D'autre part, l'agression apparaît fréquemment comme une solution de facilité et la colère équivaut, dans la majorité des cas, à une régression.

c) Le concept de pulsion de mort rappelle enfin les relations qui s'établissent entre l'agression et l'auto-destruction. Freud, depuis toujours, a souligné le parallélisme qui existe entre le rapport à soi-même et le rapport avec autrui. Les conduites agressives illustrent particulièrement bien cette réciprocité. L'Homme aux rats, par exemple, en témoigne lorsqu'il oscille entre le désir du meurtre et la tentation du suicide (VII 410). Dans le cadre de la théorie de la pulsion de mort, on peut considérer ce rapport comme une loi générale. L'agression peut n'être que le masque d'une auto-agression : l'individu attaque l'autre pour ne pas se détruire ou encore pour se faire violence à travers lui. Mais l'inverse se présente également : l'auto-destruction comme agression déplacée sur soi-même. Freud constate, en effet, que plus un homme inhibe son agressivité — consciemment ou non —, plus il se sent coupable et se mortifie [59]. Ainsi, selon la psychanalyse, l'individu est le lieu d'une dialectique aussi dangereuse pour lui-même que pour les autres. Il serait comme piégé par les pulsions mortifères et se verrait souvent obligé de choisir entre la violence à l'égard d'autrui et l'auto-destruction, entre la délinquance et la névrose, entre Polemos et Thanatos.

Le point qui paraissait acquis dès 1915 — à savoir que l'hostilité et la haine sont coextensives au moi — semble, à première vue, négligé dans la dernière partie de l'œuvre freudienne. Il est vrai que Freud ne s'est pas longuement interrogé sur la question des rapports du moi et des pulsions de mort. Toutefois, les quelques réflexions qu'il livre à ce sujet ne manquent pas d'intérêt. Ainsi nous lisons dans *Unbehagen* : « C'est dans le sadisme, là où elle (la pulsion de mort) détourne le but érotique à son profit tout en satisfaisant pleinement la tendance sexuelle, que nous réussissons à percevoir le plus nettement son essence et sa relation à Eros. Mais également lorsqu'elle surgit sans intention sexuelle, même dans l'accès le plus aveugle de rage destructrice, on ne peut méconnaître que son assouvissement ne soit lié à une jouissance narcissique extrêmement élevée, due au fait qu'elle donne au moi le spectacle de la réalisation de ses anciens désirs de toute-puissance. Modérée et domptée, son but étant comme inhibé, la pulsion de destruction, dirigée vers les objets, doit procurer au moi la satisfaction de ses besoins vitaux et la maîtrise de la nature » (XIV 480). Freud distingue donc trois formes de violence en rapport avec la pulsion de mort : la jouissance sadique, la rage destructrice et la violence à l'œuvre dans les activités de maîtrise, en particulier dans le travail. L'agressivité, au sens qualifié du terme, correspond manifestement au second cas. Remarquons que Freud parle explicitement de narcissisme à son sujet.

Durant la troisième période de l'œuvre freudienne, le rapport de l'agressivité au moi se trouve encore éclairé par le biais de certains développements consacrés à *l'identification*, c'est-à-dire au processus de constitution de l'identité du moi.

L'exposé le plus complet sur cette question se trouve au chapitre VII de *Massenpsychologie* (1921). Freud y rappelle que l'identification est une forme de lien affectif à l'objet. Il estime même qu'il s'agit du lien le plus primitif (XIII 115). L'identification, poursuit Freud, peut aider à comprendre autrui (p. 119) et à réduire l'agressivité à son égard (p. 121n). La psychologie des foules montre fort bien que les individus ne manifestent guère d'agressivité vis-à-vis de ceux auxquels ils s'identifient — le chef et les autres membres du groupe — et que toute leur agressivité se reporte sur des objets extérieurs. Freud souligne encore, dans un autre texte, l'importance du rôle de l'identification pour le dépassement de l'agressivité, en particulier pour la réduction des rivalités fraternelles. Il écrit : « L'hostilité ne pouvant être satisfaite, il se produit à sa place une identification avec celui qui était primitivement un rival. Des observations faites sur des homosexuels peu caractérisés appuient l'hypothèse d'un choix objectal de tendresse, lequel a pris la place de l'attitude hostile-agressive » (XIII 226).

Toutefois, Freud reconnaît que *l'identification est ambivalente*, dès le départ, et qu'elle peut s'orienter aussi bien vers l'expression de la tendresse que vers le désir de prendre la place de l'objet (XIII 116).

Le meilleur exemple de ce processus reste sans doute le cheminement œdipien. L'enfant s'identifie au parent de même sexe bien avant l'acmé de la crise œdipienne (p. 115s). Cette identification ne lui fait pas reconnaître immédiatement le parent comme un concurrent. La situation évolue cependant dans le sens de la rivalité. Ainsi le garçon, qui considère le père comme son idéal, finit par vouloir occuper sa place et le supplanter. Notons au passage que l'agressivité surgissant dans ces circonstances devient la voie du salut : pour autant qu'elle ne mène pas à l'(auto-)destruction, elle rompt le cercle aliénant de l'identification et promeut la différenciation et l'individuation.

En ce qui concerne le problème de l'agressivité, nous croyons pouvoir dire que *Freud, malgré l'intérêt qu'il*

porte aux « pulsions de mort », ne remet pas en question
l'importance du narcissisme. Les deux dimensions — le
rapport du sujet à son *moi* et à ses *pulsions* — apparaissent
d'ailleurs complémentaires. C'est la nature même des faits
psychiques qui semble obliger la psychanalyse à opérer
cette double approche : l'étude de la visée du moi et
l'analyse des dynamismes pulsionnels. Nous pensons que
Freud a le mérite de réduire l'écart qui sépare ces deux
perspectives. Son œuvre montre qu'il n'y a pas davantage
d'intentions pures qu'il n'y a de mécanismes aveugles. Les
motions pulsionnelles sont déjà porteuses d'un sens pré-
personnel tandis que le sens assumé, le sens assignable à
un moi et qui s'offre à la compréhension, demeure tributaire de certains processus intrapersonnels de la vie psychique... La question qui demeure cependant ici en suspens
est de savoir s'il est justifié de parler d'une pulsion de
mort ou d'une pulsion d'*agression.* Dans la suite, nous
devrons réexaminer cette thèse à la lumière des données
contemporaines de l'investigation scientifique.

3.2. *Le surmoi*

La culpabilité inconsciente et la résistance à guérir sont
les phénomènes à partir desquels Freud élabore deux de
ses plus importantes conceptions : celle de la pulsion de
mort et celle du surmoi. Ces théories semblent complémentaires. En effet, la vie pulsionnelle ne peut expliquer
par elle-même ses formes particulières de manifestations
tandis que la simple notion de surmoi ne peut rendre
compte, selon Freud, du caractère « démoniaque » des
résistances et de l'autopunition.

L'analyse du thème freudien du surmoi se justifie ici
non seulement parce qu'il complète la théorie des pulsions

de mort mais surtout parce qu'il met l'accent sur les rapports entre la censure intérieure et la violence. Les conceptions freudiennes qui nous importent se résument à trois propositions : a) le surmoi sert principalement à contrer l'agression; b) il est un agent d'autodestruction; et c) peut même devenir une source de conduites agressives.

a) L'idée d'un combat intérieur entre la conscience et les passions remonte à l'Antiquité. Freud apporte cependant des vues nouvelles sur ce vieux problème et son originalité se marque dès la première allusion à la question. Dans une lettre à Fliess datant de 1897 — cette année extraordinairement féconde pour Freud —, nous lisons qu'une censure analogue à celle des journaux russes s'exerce dans les psychoses et est responsable de l'absurdité apparente des délires (A.A., p. 255). Un des apports essentiels du freudisme est d'avoir mis en évidence que l'homme assimile des normes à un point tel qu'une censure opère même dans le rêve et dans la folie. Freud montre que l'individu — étymologiquement : ce qui est indivisible — est, dès lors, toujours divisé intérieurement.

Freud a longtemps considéré la sexualité comme l'objet privilégié de la censure psychique. Ensuite il a reconnu, progressivement, l'importance de la lutte contre les impulsions hostiles, la haine, le désir destructeur. Le texte le plus explicite sur cette question est sans doute *Malaise dans la Civilisation*. Freud y développe l'idée que le surmoi, constitué précisément avec l'aide de l'agressivité du sujet retournée sur lui-même, contrôle durement les tendances à l'agression.

L'originalité de Freud ne se limite pas à souligner que des barrières intérieures contre la sexualité et l'agression font intimement partie de la vie psychique. Il insiste encore sur l'aspect dynamique de la censure. Le surmoi fonctionne comme un rôle que le sujet joue à l'égard de lui-même et par lequel il peut se piéger, voire même se détruire. Le surmoi n'est pas seulement un frein : il est aussi parfois agent d'autodestruction.

b) Sans doute n'a-t-on pas dû attendre la « psychologie des profondeurs » pour savoir que l'homme doit, en vue de devenir humain, se faire violence à lui-même. Mais l'enseignement de Freud va au-delà de cette évidence première. Dès 1901 (IV 207), il parle du « déchaînement contre la propre intégrité », des automutilations et des suicides non conscients. Il proclame que la violence de l'homme à l'égard de lui-même peut devenir véritablement « inhumaine ». Le surmoi, mentor indispensable durant les premières années de la vie, devient facilement un traître.

La théorie des instances psychiques permet à Freud de reformuler son vieux problème de la résistance des malades aux efforts psychothérapeutiques. Dans les pages qu'il consacre aux états de dépendance du moi — le dernier chapitre de *Le moi et le ça* —, il déclare, tout comme dans ses premières publications, qu'on ne peut pas trop vite interpréter les réactions négatives des patients dans le sens de la mauvaise volonté ou de l'orgueil. En fait, les patients, qui semblent devenir mécontents lorsque l'analyste se réjouit des progrès réalisés, souffrent d'un sentiment de culpabilité non reconnu comme tel. Ces personnes sont les victimes d'un surmoi implacable.

Durant la dernière période de son œuvre, alors même qu'il se consacre davantage à l'étude de la société, Freud insiste de plus en plus sur *l'agressivité et le sadisme que le sujet déploie à son propre égard*. Sans doute le surmoi est-il, en partie, imposé par les parents, inculqué à la faveur de punitions et de récompenses. Mais il y a également chez le sujet, une autoconstitution de l'instance critique [60]. L'individu est finalement, s'il n'y prend garde, un ennemi pour lui-même.

c) Erikson exprime fort bien une idée maîtresse de la pensée du dernier Freud lorsqu'il écrit : « Le fait que la conscience humaine reste particulièrement infantile pendant toute la vie est le centre de la tragédie humaine » (1950, p. 174). Le surmoi, en effet, apparaît à la fois comme source possible d'autodestruction et d'agression d'autrui.

Nous avions déjà dit, à plusieurs reprises, que certaines conduites agressives ne sont que le reflet d'un conflit intrapsychique, d'une opposition à des pulsions. Freud apporte un complément précieux à cette idée. Il montre non seulement que l'individu peut détruire ce qui le tente et risque de le rendre coupable mais encore que *l'individu peut devenir agressif précisément parce qu'il se sent déjà coupable*. C'est au cours de l'analyse du petit Hans que Freud découvre que des enfants peuvent se montrer méchants afin d'être punis et de se débarrasser ainsi d'une culpabilité liée à des fantasmes (VII 277). Freud observe ensuite que des actes délictueux s'accompagnent parfois d'un soulagement de tension psychique. Il interprète ce fait surprenant comme une façon de donner un contenu objectif à des fantasmes et à une culpabilité (œdipienne) oppressante (X 389s). Ainsi donc on constate l'effet de la rigueur du surmoi chez le délinquant, là où l'on s'attendait le moins à la retrouver.

Notons encore, à l'occasion de cette contribution capitale pour la criminologie, l'étonnante capacité de Freud à renverser les conceptions courantes de la causalité psychique. Il montre que des conduites anodines peuvent dissimuler des fantasmes meurtriers et que les agressions manifestes ne sont parfois que le reflet de la lutte menée par le sujet contre ses propres motions psychiques.

3.3. *La culture*

« Et Yahvé Dieu le renvoya du jardin d'Eden pour cultiver le sol d'où il avait été tiré. »
Genèse, III 23.

Pour terminer, nous envisageons la conception freudienne du « processus culturel » parce que Freud, depuis le manuscrit N de 1897 jusqu'en ses derniers écrits, parle toujours conjointement de l'agressivité et de la culture [61].

Commençons par rappeler l'idée, chère à Freud, que *l'accession à la culture est un processus lent et ardu*. La civilisation est une conquête fragile, jamais définitive et son maintien exige des efforts constants. Freud n'utilise pas souvent l'expression de « travail culturel » (*Kulturarbeit*, [62]) mais toute son œuvre montre que cette expression résume parfaitement sa conception.

Il soutient que, tout au long de la phylogénèse comme au cours de l'ontogénèse, le processus culturel tire son « énergie » de la pulsion sexuelle et de la pulsion d'agression. Ces pulsions ne peuvent cependant s'exprimer de façon anarchique. En effet, l'humanité ne se constitue que par une certaine sublimation des pulsions primitives. Freud explique, dans le *Moïse*, que le progrès dans la voie de la spiritualité suppose un renoncement pulsionnel (*Triebverzicht*). Le développement de valeurs culturelles, comme l'éthique et la religion, se fonde sur une limitation de la sensualité et de la décharge directe (XVI 219s). Les

épigones de Freud useront et abuseront du mot de
« répression », expression que le fondateur de la psychanalyse a lui-même quelquefois employée dans ce contexte.
Pour notre part, nous croyons que le terme « compres-
sion », utilisé par R. Ruyer, ne contredit pas l'idée freudienne tout en prêtant à moins d'équivoques.

Un autre aspect de la condition humaine impose à
l'homme ce rude « travail » en vue de la culture : les
pulsions sexuelles, les tendances à l'affirmation du moi et
à la violence, ces « moteurs » de la civilisation, apparaissent
également comme les principaux dangers qui menacent la
société. Au cours de la première partie de son œuvre, Freud
parle surtout de l'antagonisme de la pulsion sexuelle et de
la civilisation mais, dans la suite, il reconnaît l'importance
de la tension entre les impulsions agressives et la société.
En guise d'illustration, nous citons quelques passages de
trois ouvrages essentiels.

Dans *L'Avenir d'une Illusion*, Freud explique que la con-
trainte et le renoncement pulsionnel (*Triebverzicht*) ne peuvent
se relâcher du fait que le travail est une nécessité vitale et que
« chez tous les hommes existent des tendances destructrices,
donc antisociales et anticulturelles » (XIV 328).

Cette idée constitue un des thèmes majeurs de l'ouvrage
Le Malaise dans la Civilisation. Freud y écrit notamment :
« L'existence de cette tendance à l'agression, que nous pouvons
déceler en nous-même et supposer à bon droit chez les autres,
constitue le facteur qui perturbe notre relation avec le prochain
et impose à la culture ses dépenses d'efforts. Par suite de cette
hostilité primaire des hommes entre eux, la société civilisée est
constamment menacée de ruine (...). La culture doit tout mettre
en œuvre pour imposer des barrières aux pulsions agressives
des hommes, pour en contenir les manifestations à l'aide de
formations psychiques réactionnelles » (XIV 471).

Dans les *Nouvelles Conférences*, Freud défend la même
thèse au moment où il expose sa conception de la pulsion de

mort et, plus précisément, ses observations sur la culpabilité. Nous lisons : « Il nous est devenu coutumier de dire que la culture est élevée aux frais des pulsions sexuelles qui, inhibées par la société, ont été, pour une part, effectivement refoulées et, pour une autre part, rendues utilisables en vue de nouveaux buts (...). Ce que nous avons reconnu pour les pulsions sexuelles est également valable, si pas davantage, pour les autres, les pulsions agressives. Ce sont celles-ci qui, plus que les autres, rendent la vie en commun pénible et la menacent même de façon constante. Le premier sacrifice, peut-être le plus lourd, que la société doit exiger de l'individu, c'est la limitation de son agressivité » (XV 118).

La conception freudienne de l'homme est donc une conception austère, tragique. L'être humain oscille entre des mouvements qui le portent vers autrui et des retournements sur lui-même, et il ne trouve pas de solution harmonieuse à ce dilemme. L'amour des autres l'expose à de cruelles désillusions tandis que l'absence d'amour et le narcissisme aboutissent à la maladie, au désespoir et à la mort. On ne peut laisser libre cours à ses impulsions agressives mais la crainte ou le refus pur et simple de la violence mènent à l'autodestruction. Ainsi la névrose ou la souffrance psychique n'est pas un accident mais un état anthropologique.

Parmi les trois principales sources de douleur — troubles physiologiques, déchaînements de la nature, difficultés de la vie sociale —, l'insatisfaction liée à l'organisation collective est peut-être la plus éprouvante. *La culture, qui spécifie et honore le genre humain, est cause de souffrances.* Ce thème, dont les résonances rousseauistes sont évidentes, est l'objet du livre *Das Unbehagen in der Kultur.* Freud y analyse les facteurs de malaise de notre société et se demande si la culture et le progrès de la civilisation sont des entreprises qui justifient le montant des souffrances actuelles.

a) Une première cause de mécontentement imputable à la culture réside dans le conflit inextinguible entre les pulsions de l'individu et les exigences de la vie en commun. Freud ne dénonce pas seulement les normes en vigueur et leur sévérité excessive — ce que Marcuse appellera la « sur-répression » — mais encore l'essence même de la culture et le conflit structural qui en résulte.

Nous avons déjà insisté sur ce point et nous nous contentons à présent d'ajouter que les lois de la société, qui sont déjà par elles-mêmes une certaine forme de violence, ne peuvent s'exercer sans le secours de la violence (XVI 15s). Bien plus, le pouvoir établi ne se contente pas d'interdire certaines satisfactions pulsionnelles, il tente encore d'opérer une véritable transformation à l'intérieur même de l'individu.

b) Le reproche principal que Freud adresse à l'organisation sociale — en particulier à la société dite civilisée — a trait au fait qu'elle manipule le sentiment de culpabilité. Dans *Totem et Tabou*, Freud déclarait que l'ordre social se fonde sur la culpabilité consécutive au parricide originel. Cette fois, il reconnaît encore le bien-fondé de l'intériorisation de la loi mais conteste cependant la forme tyrannique que prend le surmoi par suite des renforcements sociaux.

Durant toute sa vie, le père de la psychanalyse a proclamé deux principes apparemment antinomiques mais qu'on peut tenir pour complémentaires : le renoncement et la sublimation des pulsions sont des conditions *sine qua non* de l'humanisation — on ne peut néanmoins faire fi d'une certaine satisfaction (tout particulièrement dans le domaine sexuel) sous peine de provoquer des troubles et de favoriser la névrose et la destructivité.

c) Dans *Unbehagen*, Freud mentionne encore une autre source d'insatisfaction et d'angoisse : le risque d'une extermination de l'humanité par elle-même. On peut s'étonner de la clairvoyance de Freud écrivant, quinze années avant Hiroshima, les lignes que voici : « A présent les hommes ont poussé si loin la maîtrise des forces de la nature qu'il leur est devenu facile, avec son aide, de s'exterminer mutuellement jusqu'au dernier. Ils le savent et c'est de là que provient une bonne part de leur agitation présente, de leur malheur et de leur angoisse » (XIV 506).

Freud croit que le destin de l'homme est dramatique et qu'aucun ordre politique ne peut apporter une pleine satisfaction et le bonheur à tous. Aussi dénonce-t-il les postulats du marxisme comme « des illusions sans aucune consistance » (XIV 473). Il se refuse à croire, par exemple, que la suppression de la propriété privée puisse par elle-même résoudre le problème de la violence. C'est un changement à l'égard de l'envie de la possession qui constituerait la solution radicale [68]. Mais tout ceci reste, pour lui, fort utopique car la pulsion d'agression et les tendances « anales » à la conservation et à l'emprise apparaissent indéracinables.

On est en droit de se demander si Freud, en soutenant que les souffrances de la vie sociale découlent de l'essence de la culture (XIV 475) et, en fin de compte, de « la nature invincible de notre constitution psychique » (p. 445), ne désamorce pas le sens politique et historique des événements sociaux. Plus précisément, la doctrine des « pulsions de mort » ne fonctionne-t-elle pas comme une idéologie réactionnaire qui annule la question de savoir quelles structures sociales secrètent le plus de violence et d'injustice ?

Plusieurs auteurs ont tenté de montrer que les théories de Freud sont empreintes de l'idéologie dominante de son époque, celle de la société capitaliste industrielle. Un bel exemple de cette sociologie de la connaissance est donné par l'étude de David Riesman sur les catégories du travail et du jeu dans la vie et la pensée de Freud. Ce sociologue américain montre combien le culte du travail transparaît dans toute l'œuvre freudienne et combien la dimension ludique est arbitrairement dévalorisée [64].

On retiendra, plus particulièrement, la critique de Fromm [65] dénonçant l'équation que Freud établit entre le « principe de réalité » et les normes d'une société « patricentrique et exploiteuse ». Il est exact que Freud a pu écrire que le but de la psychanalyse, et d'ailleurs de l'éducation, est d'aider l'individu à vivre le plus sainement possible et de le rendre apte au travail (*leistungsfähig*, XV 162). Son *insistance* sur la Nécessité, sur la *Not des Lebens*, et son scepticisme à l'égard des tentatives révolutionnaires pourraient laisser croire qu'il a été influencé par les idéaux d'une société où prévaut ce que Marcuse appelle le « principe de rendement » [66].

Pour notre part, s'il fallait mettre en question la *Weltanschauung* implicite de Freud, nous commencerions par emprunter ses propres concepts. En effet, il y a place, en psychanalyse, pour *une psychanalyse de la doctrine psychanalytique*. Ainsi, par exemple, les notions d'*Anankê* et de *Nécessité* peuvent être mises en rapport avec le « complexe paternel » de Freud. Lui-même fournit la possibilité d'une telle interprétation lorsqu'il soutient que le destin est une projection de l'imago paternelle (XIV 408) ou une matérialisation du surmoi (XVI 253). Nous ne tenons cependant pas à nous lancer ici sur cette piste difficile.

Nous croyons que la théorie de Freud, bien qu'incomplète et ouverte à des révisions — *open to revision*, comme il le répète (XIV 221, 303) — est d'une force suffisante que pour opérer déjà par elle-même une sérieuse purification de ses thèses. Les concepts freudiens mènent, en fin de compte, à des remises en question radicales. Freud livre une méthode dont l'objet est précisément la dénonciation des illusions et des aliénations, et l'histoire de son œuvre montre un souci constant d'une reprise critique. Ceci dit, nous reconnaissons que l'analyse marxiste (comme d'ailleurs, à un autre niveau, les mises en question de la part de la psychologie scientifique) se justifie et aide l'adepte de la psychanalyse à un surcroît de vigilance [67].

C. CONCLUSION

« Nous ne nous sommes jamais targués, vous le savez, de posséder des connaissances et un pouvoir achevés, complets. »
Freud, XII 183.

1. Au soir de sa vie, Freud écrit à Marie Bonaparte : « Je vais tenter de répondre à votre question concernant l'agression. Ce sujet tout entier n'a pas encore été considéré avec soin et ce que j'ai pu en dire dans des écrits antérieurs, de façon si prématurée et si peu approfondie, ne mérite guère l'attention » [68]. Au terme de notre repérage de ce thème dans son œuvre, le jugement de Freud sur sa propre contribution à l'étude de l'agressivité paraît sans doute trop sévère.

Le fondateur de la psychanalyse s'est appliqué à mettre au point une herméneutique capable de réduire les illusions de la raison et de faire sauter les masques du désir. Il a surtout dépisté les ruses d'Eros mais sa méthode d'interrogation permet tout aussi bien de reconnaître l'œuvre de « Thanatos » qui opère « en silence ».

Sa démarche montre comment le désir peut subjuger l'intelligence; elle met en lumière les formes les plus subtiles de la violence et permet même de ressaisir, sous un jour nouveau, le rapport de l'individu à la communauté. Freud se situe ainsi dans la lignée des penseurs qui ont fait l'herméneutique du XXᵉ siècle : Marx et Nietzsche. Comme ses deux prédécesseurs, il invente une nouvelle façon d'interpréter ce qui est communément admis. Il fait surgir les réalités exclues. Il montre que les prétendues données de fait et les explications cohérentes ne sont, bien souvent, que bévues ou mensonges.

Comme Marx et Nietzsche, Freud démasque, non sans agressivité, la violence méconnue de la « bonne conscience » et de la « belle âme ». Nietzsche fait comprendre comment les « esclaves » font de leur impuissance vertu et tentent d'imposer leur image du bon et du bien. Marx apprend à repérer, à travers les discours rassurants de l'économie libérale, les rapports d'intérêt et de domination. Freud enseigne la façon de se mettre à l'écoute des subterfuges de la libido et de la haine. Sans doute pourrait-on trouver de nombreuses réflexions allant déjà en ce sens chez un Pascal [69], chez La Rochefoucauld, Voltaire ou Diderot. Mais on peut dire que ce n'est qu'à partir du XXᵉ siècle qu'une herméneutique résolument démystificatrice s'est constituée et est devenue opérante. Le fondateur de la psychanalyse est, sans conteste, un de ses principaux artisans.

Mais Freud n'a pas seulement déchiffré la violence autour de lui. Il a souligné, en une démarche qui reste exemplaire, *la possibilité de violence que recèle sa propre technique*. Il écrit (XVI 95), au sujet de l'exercice de la psychanalyse, qu'il faut donner raison à Anatole France quand celui-ci déclare qu'il est difficile, pour un homme qui a acquis du pouvoir, de ne pas abuser de celui-ci. Si on peut rappeler que Freud a défini le travail analytique comme un travail d'éducation (*Erziehungsarbeit*, V 25) et qu'il a dit qu'une cure « n'est pas une recherche scientifique neutre mais au contraire une intervention thérapeutique » (VII 339), on notera cependant qu'au fil des années, il s'est de plus en plus méfié de la « fureur thérapeutique » (X 320) et qu'il écrit en 1923 que l'analyste se doit de respecter la personnalité propre du patient et ne pas cher-cher à la transformer sur le modèle de ses idéaux (XIII 227).

Dans le texte consacré à la psychanalyse dite sauvage (VIII 118s), Freud explique que le thérapeute commet une grave erreur lorsqu'il brusque le patient par la communi-cation soudaine de ce qu'il a deviné. Ainsi, il ouvre la voie à une *psychanalyse de la pratique analytique*. Il convie ses élèves à s'interroger psychanalytiquement sur leurs propres façons d'agir et sur les motifs inconscients qui les animent.

La psychanalyse, qui nous apprend qu'il faut entendre les mots à la lettre et que le moindre geste est un signe qui parle, n'en dénonce pas moins la violence de l'objectivation comme la perversion la plus subtile du dialogue. H. Mal-diney exprime ce principe de base en disant que « le psy-chanalyste se garde de *prendre* l'autre au mot, au geste, à une expression quelconque, parce que son propos n'est pas de prendre, mais de comprendre » [70]. Dès lors, une certaine stratégie triomphante, armée d'une scolastique implacable, qui se réclamerait de la psychanalyse — terrorisme psy-chologique infiniment plus pernicieux que l'ignorance et la résignation du vieux psychiatre — n'a rien à voir avec l'attitude inaugurée par Freud. La rencontre analytique est, en principe, entièrement vouée à l'écoute, au patient recueil de significations, à l'éclosion de nouvelles directions de sens, à l'introduction du sujet à sa propre vérité...

Freud a promu un modèle thérapeutique qui « nous apprend à répondre au discours violent non par une contre-violence, mais par le respect, l'écoute et une tentative de dialogue salutaire » (Bertherat, 1967, p. 58). Le psychologue qui s'inspire de lui sait que l'agressivité et la violence sont des pièges auxquels il ne peut réagir selon ses impulsions premières. Il écoute sans idée préconçue et sans passion. Face à la violence d'un patient, il abandonne le discours édifiant et le pouvoir interventionniste. Il voit le jeu de la violence mais, contrairement à l'opinion courante, il sait que la violence est signe. Il croit que la haine et l'agressivité peuvent s'estomper lorsque le sujet trouve enfin les mots justes pour s'exprimer et se faire entendre.

2. Ainsi nous avons essayé de rendre compte des apports essentiels de Freud sur la question de l'agressivité. Nous n'avons pas voulu nous essouffler à faire un exposé absolument littéral et « objectif ». Pareille entreprise est d'ailleurs, a priori, vouée à l'échec. Si quelqu'un veut savoir « ce que Freud a vraiment dit », il n'a d'autre recours que de lire d'un bout à l'autre les *Gesammelte Werke* et à s'y tenir. Il sera toutefois obligé de reconnaître que, du seul fait qu'il rapproche ou confronte deux passages, il commence à interpréter. Or ceci est inévitable avec une œuvre comme celle de Freud qui a subi de multiples et profonds remaniements. D'autre part, une distance demeure, irrémédiablement, entre les intentions de l'auteur et la compréhension du lecteur. Enfin, toute grande œuvre déborde ce que l'auteur a voulu dire ou se figurait avoir

dit; on peut multiplier les points de vue sur elle en sorte qu'elle apparaît, en fin de compte, comme inépuisable. Dès lors, *toute lecture est immanquablement une interprétation.*

Nous avons lu et écouté longuement avant de prendre position et de remettre en question. Notre attitude à l'égard des textes freudiens a voulu être celle du dialogue tel que l'a défini Dominique Pire : « pour chacun, mettre provisoirement entre parenthèses ce qu'il est, ce qu'il pense, pour essayer de comprendre et d'apprécier positivement, même sans le partager, le point de vue de l'Autre » (1969, p. 50).

Nous ne voulons toutefois pas nous ranger parmi ces disciples acharnés qui répètent obsessionnellement ce que le Maître a dit une fois pour toutes. A fréquenter ces scoliastes, pour lesquels les *Gesammelte Werke* — et, bien sûr, les *Écrits* de Lacan — apparaissent comme des textes sacrés qui révèlent, aux initiés, le Savoir absolu, on finirait par croire que la recherche psychanalytique contemporaine est régie par l'adage « Je suis, donc je pense ». On sait que Freud, qui a passé sa vie à s'interroger, nous invite à l'attitude opposée : dépasser les premières acquisitions, reformuler, reconstruire...

Nous ne voulons donc pas sauver, à n'importe quel prix, la totalité de la théorie freudienne. Nous croyons en sa fécondité mais nous sommes bien convaincu de la nécessité de confronter ses trouvailles et ses conclusions aux progrès de la psychologie phénoménologique et des sciences empiriques (psychophysiologie, psychologie animale, etc.). Une des questions essentielles qui va, maintenant, nous retenir est celle de la *pertinence empirique de la doctrine freudienne des pulsions.* Dans quelle mesure cette théorie peut-elle être mise en rapport avec des faits *vérifiables* ?

Quelles hypothèses *falsifiables* permet-elle de formuler ? Nous savons que *tous* les éléments d'une théorie valable ne doivent pas *absolument* être démontrés et que la fécondité d'une théorie dépend notamment de son abstraction et de sa cohérence logique. Elle doit toutefois présenter un *minimum* de liens avec des termes observables et avec des lois contrôlables (c'est-à-dire permettant des prédictions précises), sous peine de ne relever que de la mythologie ou de la rhétorique...

CHAPITRE II

DIGRESSION SUR LES COMBATS CHEZ LES ANIMAUX

« Il est dangereux de trop faire voir à l'homme combien il est égal aux bêtes, sans lui montrer sa grandeur. Il est encore dangereux de lui trop faire voir sa grandeur sans sa bassesse. Il est encore plus dangereux de lui laisser ignorer l'un et l'autre. Mais il est très avantageux de lui représenter l'un et l'autre. »

Pascal, Pensées, § 418.

Les ressemblances entre l'homme et l'animal ont, depuis longtemps, suscité la curiosité et la réflexion. Aristote, par exemple, dans son traité *De l'Ame*, s'est interrogé sur les aptitudes respectives de l'être humain et de l'animal. L'histoire de la psychologie scientifique a été marquée, dès l'origine, par des études effectuées sur les animaux. Qu'il nous suffise ici de citer les noms de Thorndike, Pavlov, Watson, Tolman, Köhler, Skinner. Les recherches en psychologie animale et en psychologie comparée (l'étude des analogies et différences entre l'animalité et l'humanité) n'ont rien perdu de leur élan, bien au contraire. Ces dernières années, les publications d'un Konrad Lorenz ou d'un Desmond Morris ont passionné un large public. Les occidentaux du XXᵉ siècle, tout comme les peuples dits primitifs, croient qu'il y a des leçons à tirer de l'observation de la nature. Lorenz et Julian Huxley (1971), par exemple, pensent que si les hommes ne réussissent pas à produire des rites d'apaisement comparables à ceux qui existent chez les animaux, l'espèce humaine risque de s'exterminer elle-même. Ces idées ne peuvent être écartées trop rapidement au nom de valeurs philosophiques ou religieuses car l'être humain, avec ses caractères spécifiques — organisation cérébrale, station debout, libération des mains, capacité de parler —, est le produit d'une évolution biologique. On a le droit d'aborder l'homme dans une perspective naturaliste, même si celle-ci reste, par elle-même, insuffisante.

Nous voudrions évoquer quelques résultats de la psychologie animale et, plus précisément, de l'éthologie, cet important mouvement de recherches qui s'est développé, depuis les années trente, grâce à la collaboration de zoologistes et de psychologues.

L'éthologie — étymologiquement : la science des mœurs — se définit comme l'étude objective du comportement des animaux (plus particulièrement de ses composantes instinctives) en *milieu naturel*. Le programme éthologique a été présenté, en termes clairs et didactiques, par le hollandais Niko Tinbergen dans son ouvrage *The Study of Instinct* (1951). Le célèbre éthologue insiste sur la nécessité de commencer toute étude par une observation minutieuse et met en garde contre un passage trop rapide à la quantification et à l'expérimentation. La première démarche doit consister à observer l'animal en vue de « *comprendre* » ses conduites. La question essentielle, à l'horizon de l'investigation, est dès lors : « pourquoi l'animal se comporte-t-il comme il le fait » ?

L'*explication* du comportement emprunte trois voies.

a) L'étude du développement des organismes (*ontogénèse*).

b) La reconstitution de l'évolution des espèces à travers le temps (*phylogénèse*). La nature, on le sait, n'est pas immuable. Les mutations et la pression de la sélection modifient la physiologie et les instincts. L'interrogation de l'éthologue moderne rejoint ici la vieille question de Darwin sur les fonctions des différents organes et comportements pour la survie de l'espèce.

c) Troisième voie d'investigation : l'analyse de la *structure causale* de cycles de comportements (tels que les activités alimentaires, reproductrices, etc.), analyse qui, selon Tinbergen, devrait toujours tendre vers une explication en termes physiologiques (rôle des récepteurs sensoriels, des stimuli internes et du système nerveux). Les éthologues n'hésitent d'ailleurs pas à définir leur discipline comme la physiologie ou la « biologie du comportement » [71].

Notons que les éthologues sous-estiment généralement l'importance des possibilités d'apprentissage. Ils privilégient les structures instinctuelles fixes et leurs soubassements physiologiques. Cette accentuation est peut-être imputable au matériel choisi par les premiers éthologues : les poissons, les insectes et les oiseaux, animaux qui présentent un grand nombre de comportements stéréotypés.

A. LES FONCTIONS DES LUTTES

1. *Luttes interspécifiques*

Pourquoi les animaux se battent-ils ? Quel est en définitive l'intérêt de leurs combats ?

La fonction conservatrice de la combativité est évidente dans les luttes entre des espèces différentes.

1.1. Des animaux tuent d'autres types d'animaux afin de se nourrir. Les éthologues ne parlent habituellement pas d'agressivité dans le cas de ces activités prédatrices ou alimentaires. Sans doute le mouvement d'un lion qui saisit sa proie avec la patte ressemble-t-il à celui que ce fauve effectue lorsqu'il bouscule un rival, mais la motivation et l'état émotionnel ne sont pas du tout comparables. Les photos de lions bondissant sur leur proie montrent qu'ils ne sont guère en colère (Lorenz, 1963, p. 35). Les expressions de ces carnivores déchirant leurs victimes ne manifestent pas davantage d'irritation que celles d'une cuisinière qui découpe le rôti...

1.2. La contre-offensive de la proie contre « l'ennemi consommateur » se rapproche de la véritable agression. Des animaux peuvent se grouper pour harceler le prédateur (phénomène que les Anglais appellent *mobbing*). Les corneilles, par exemple, agissent de la sorte envers les chats.

1.3. Un troisième type de comportement, proche du précédent, est la « réaction critique » [72], attaque déclenchée quand un objet, perçu comme menaçant, se rapproche en deçà d'une certaine « distance critique ». Chez diverses espèces, l'animal apeuré, qui n'a plus la possibilité de détaler, lutte avec la rage du désespoir. L'expression « fighting like a cornered rat » (combattre comme un rat coincé) évoque la virulence de cette lutte désespérée.

2. *Luttes intraspécifiques*

La plupart des éthologues considèrent que la véritable agression est celle qui s'adresse à un animal de même espèce. Ce genre de lutte est généralement plus fréquent que la défense contre un assaillant.

La réponse au pourquoi darwinien devient cette fois moins évidente. Elle va cependant dans le même sens car, comme nous allons voir, l'agressivité intraspécifique apparaît finalement avantageuse pour la survivance du groupe.

2.1. Une première fonction de cette agressivité, déjà notée par Darwin, est *la répartition optimale dans l'espace disponible* (« *spacing out* »). Le lecteur compte peut-être parmi ses petits chagrins d'enfance la mort de plusieurs poissons aux couleurs bariolées. Il aura sans doute appris, à cette occasion, que le phénomène est d'autant plus fréquent que l'aquarium est exigu. Des espèces qui se nourrissent différemment cohabitent sans problème dans un même espace (biotope) réduit. Au contraire, des animaux qui ont des besoins alimentaires identiques et ne disposent que de ressources limitées peuvent se combattre. Chez les mésanges, par exemple, les luttes croissent en fonction de la rareté des aliments.

Depuis la publication de l'ouvrage de H. E. Howard *Territory in Bird Life* (Londres, 1920) jusqu'à celui de l'essayiste Robert Ardey *The Territorial Imperative* (New York, 1966), des dizaines de recherches — et des spéculations — ont été publiées sur la façon dont les animaux se répartissent à travers l'espace.

Tinbergen (1953, p. 86), par exemple, a étudié expérimentalement chez les épinoches l'instauration d'une préséance territoriale. Au printemps, un mâle attaque sans hésitation tout autre mâle qui fait intrusion dans sa zone mais il fuit cet adversaire s'il s'est aventuré lui-même sur un terrain qui ne lui revient pas. Chez plusieurs espèces on observe la réduction de l'ardeur selon la distance qui sépare l'individu du centre de l'espace de son habitation.

Une des descriptions les plus impressionnantes de l'agressivité animale est le compte rendu que fait Lorenz (1963, ch. X) d'une expérience de Steiniger. La réunion, dans un enclos, de surmulots capturés en différents endroits donne lieu à de farouches combats qui ne s'arrêtent que lorsqu'un couple a fini par exterminer tous les autres occupants. Un autre chercheur, John B. Calhoun (cité par Carrighar, 1970, p. 43) a reproduit cette expérience (même nombre d'animaux de provenances diverses) mais avec un enclos seize fois plus vaste que celui de Steiniger et offrant des « refuges » semblables à ceux qui existent dans la nature. Après quelques affrontements, les rats se séparent en deux clans mais ne cherchent nullement à s'exterminer. Au contraire, certains animaux — que l'expérimentateur a surnommé « les messagers » — effectuent sans difficulté de fréquentes allées et venues entre les groupes.

On constate que *des environnements différents suscitent des comportements différents* et, en particulier, que l'espace disponible est une variable très importante pour le comportement agressif.

Lorenz souligne par ailleurs qu'on ne doit pas se figurer l'espace vital comme une propriété foncière, limitée par des frontières géographiques fixes, inscrites pour ainsi dire au cadastre. « Le territoire qu'un animal possède n'existe qu'en fonction de sa combativité, qui varie d'un lieu à un autre suivant les facteurs locaux qui peuvent l'inhiber » (1963, p. 45s).

La territorialité n'apparaît donc *pas* comme *une propriété innée strictement définie,* analogue à la couleur de la peau ou à la configuration du squelette. C'est bien plutôt une caractéristique sociale dépendante de l'interaction de l'individu avec les autres et avec son environnement.

La portée des observations sur la territorialité est limitée par les faits suivants :

a) L'attachement à une zone géographique délimitée n'implique pas *ipso facto* la combativité. Certains oiseaux font régulièrement usage des mêmes lieux pour la nidification sans les défendre en cas de menace.

b) La répartition d'animaux semblables sur un espace peut s'effectuer sans agressivité. Ainsi certaines espèces de grenouilles s'évitent uniquement par leurs croassements.

c) Plusieurs espèces n'ont pas de territoire, par exemple, les loutres marines, les caribous, les zèbres, les éléphants. Chez le chimpanzé — notre proche parent ! —, le comportement territorial semble quasi inexistant, sauf dans des conditions écologiques très spéciales (J. H. Crook, 1968).

d) Chez beaucoup d'animaux « territoriaux », la lutte pour un espace propre est saisonnière et dépend de l'état hormonal. Les querelles de frontières apparaissent durant la période d'accouplement et d'élevage des petits.

2.2. Cette dernière observation nous amène à une autre source d'agression : *l'attaque d'un rival sur le plan sexuel.* Tout le monde sait que des chiens mâles, qui cohabitent ordinairement de façon paisible, se battent en présence d'une femelle réceptive. On pourrait ici encore utiliser le terme de « territoire » pour désigner l'espace qui entoure la femelle. En effet, un mâle ne permet pas à un autre d'approcher l'objet convoité en deçà d'une certaine distance.

Généralement ce sont les mâles qui combattent les mâles mais il arrive également, chez certaines espèces d'oiseaux, par exemple, que les femelles se battent entre elles. La fonction de pareille agression est de sélectionner les meilleurs reproducteurs. Les disciples modernes de Darwin voient dans cette « reproduction différentielle » le principal levier de l'évolution. Ils mettent l'accent sur la fertilité compétitive plutôt que sur la mortalité sélective.

2.3. En rapport avec le précédent mécanisme, nous pouvons noter que l'animal le plus fort est aussi, probablement, le plus apte à défendre le groupe. Ceci nous conduit à une autre fonction de l'agressivité : *la défense de la progéniture*. Il est remarquable que chez les espèces où un seul sexe s'occupe des petits, c'est celui-là qui se montre le plus agressif (au moins durant la période des soins). Chez les gallinacés, il s'agit de la femelle; chez les épinoches, du mâle.

2.4. Comme la détention d'un territoire et le respect d'une « distance individuelle », l'instauration d'une *hiérarchie sociale* relativement permanente donne également lieu à des comportements agressifs tout en réduisant, en fin de compte, la probabilité de conflits ouverts et destructeurs.

Chez. divers animaux, des combats permettent d'établir un principe d'ordre. Chaque individu fait l'expérience de sa force et ainsi de sa place. Il connaît les compagnons avec lesquels il peut entrer en compétition et ceux qu'il doit craindre.

Ce phénomène, qui rappelle le principe de la vie des militaires, est facile à vérifier chez les singes — surtout les moins évolués — et chez les poules. C'est d'ailleurs chez les gallinacés que Schjelderup-Ebbe [78] a, le premier, mis en évidence ce qu'il appelle le *pecking order* (l'ordre des coups de bec, le système hiérarchique défini en fonction des coups de bec donnés et reçus). Notons toutefois que la suprématie de rang n'implique pas des comportements fréquents ou violents. L'animal qui domine est généralement le plus fort, mais il peut s'avérer, en fait, peu enclin à l'attaque. Chez les chimpanzés, par exemple, le mâle dominant, à mesure que sa suprématie se consolide, devient de moins en moins agressif à l'égard des subordonnés (van Lawick, 1971).

Tous les spécialistes s'accordent à dire que *l'agression*

intraspécifique n'aboutit quasi jamais à l'extermination d'un individu. Jane van Lawick, qui a observé pendant plusieurs années une centaine de chimpanzés sauvages dans une réserve naturelle de Tanzanie, déclare qu'on n'a jamais vu un chimpanzé en tuer un autre. Généralement, nos plus proches parents du monde animal règlent leurs conflits par des menaces plutôt que par des combats effectifs. Lorsque ceux-ci surviennent malgré tout, ils ne durent guère plus d'une demi-minute et se limitent habituellement à une égratignure ou à une poignée de poils arrachés.

Toutefois, dans des circonstances « artificielles », le comportement agressif peut avoir, à l'occasion, un effet destructeur. Ceci est souvent le cas dans les cages du zoo ou du laboratoire, là où les animaux s'ennuient, subissent de fortes contraintes et sont tantôt entassés, tantôt isolés.

Les combats rituels de certains poissons, par exemple, donnent une *impression* d'esprit chevaleresque et de « fair play ». Le rival le plus faible peut fuir sans difficulté. Il peut également se comporter de façon à réduire l'agressivité du congénère ou à la réorienter dans une autre direction. Il peut enfin, par une « attitude de soumission », déclencher une inhibition du mouvement d'agression qui lui aurait été fatal. Parmi les mammifères, un exemple bien connu est celui du loup. Chez cet animal particulièrement sanguinaire, le plus fort épargne le vaincu dès que ce dernier lui offre l'endroit le plus vulnérable : le cou. A ce moment, le loup vainqueur exécute pour ainsi dire « symboliquement » son rival en secouant sa geule fermée près de la gorge de la victime. Contrairement à l'adage séculaire — *homo homini lupus* —, on pourrait dire que le loup n'est pas un homme pour le loup...

L'animalité ne peut donc être tenue pour synonyme d'expression « sauvage » de sexualité ou d'agressivité. Les animaux obéissent à des rituels, à des sortes de « conventions » rigides, qui suscitent, canalisent ou inhibent les impulsions.

De façon générale, un comportement ne s'explique pas par un schéma simple (connexion stimulus-réponse, modèle hydraulique, etc.). Comme nous allons le voir, il faut tenir compte de la constitution génétique de l'organisme, des expériences antérieures (apprentissage), des motivations présentes (qui peuvent être complexes) et de l'ensemble de l'environnement actuel.

B. LES STIMULI DES LUTTES

1. *Douleur*

Chacun sait qu'un animal souffrant ou « frustré » peut réagir de façon agressive. Lorsqu'un chimpanzé, animal ordinairement paisible, n'obtient pas ce qu'il veut — des bananes, par exemple — ou s'il est menacé par un individu de rang supérieur auquel il n'ose riposter, il devient parfois agressif et peut s'attaquer à un animal de statut inférieur. Jane van Lawick a ainsi relaté le comportement d'un mâle venant de se casser un orteil. Cet animal fonce, à plusieurs reprises, sur un groupe de jeunes singes qui jouent à proximité lorsque leurs jeux deviennent trop bruyants.

De façon générale, la douleur est le stimulus le plus efficace pour déclencher une attaque (par exemple, chez le rat ou la souris). Aussi la stimulation douloureuse est-elle fréquemment utilisée dans des recherches pharmacologiques portant sur l'effet de drogues psychotropes (Scott et Fredericson). Il faut cependant noter que l'agressivité induite par la douleur dépend, pour une large part, du contexte ou des contingences expérimentales. De jeunes rats soumis à des chocs électriques s'attaquent les uns les autres mais n'attaquent pas leur mère. Si l'on inflige un choc violent à un poisson combattant siamois au moment où il commence ses postures de menace, le comportement agressif est supprimé; mais si le choc est d'une intensité modérée, la combativité se trouve renforcée (Johnson, 1972, p. 39).

2. Déclencheurs d'origine externe

Les éthologues ont montré qu'un animal ne doit pas nécessairement être malmené pour attaquer. Les animaux réagissent de façon typique, par de l'hostilité, par exemple, à toute une gamme de configuration de stimuli sensoriels relativement simples.

Les réactions face à différents leurres ont permis aux éthologues d'isoler une série de mécanismes innés de déclenchement [74]. Ainsi les batailles livrées, au printemps, par les mâles d'épinoches sont dirigées principalement contre d'autres mâles en robe nuptiale. Etant donné que les mâles se distinguent avant tout par la teinte rouge de la gorge et de l'abdomen, on peut supposer que cette couleur est le déclencheur essentiel. Les hollandais Ter Pelkwijk et Tinbergen [75] ont vérifié cette hypothèse en présentant des épinoches factices à des mâles. Quelques-unes de ces attrapes ressemblaient fort peu à des poissons mais elles avaient le ventre rouge. D'autres étaient des imitations minutieuses d'épinoches mais sans la couleur en question. Les mâles ont attaqué avec plus de vigueur le premier groupe, montrant ainsi que le rouge est bien le stimulussignal du combat. Notons, entre parenthèses, que, du point de vue physiologique, les épinoches sont cependant capables de voir les autres détails. De façon générale, les animaux ne réagissent pas à toutes les modifications que leurs organes sensoriels pourraient percevoir mais sélectionnent un petit nombre de celles-ci. Jakob von Uexküll a proposé l'expression d'« *Umwelt* » pour désigner cet environnement propre à une espèce.

3. *Facteurs internes*

Les stimuli n'ont pas toujours la même valeur déclenchante. Un « évocateur » qui provoque, à un moment donné, une réaction maximale, peut n'avoir plus tard qu'un effet minime. Cette variation du seuil est imputable à un changement dans les données externes ou à une variation de l'intensité des facteurs internes, ou encore à l'une et à l'autre cause.

Si le déclencheur optimal d'une réponse « instinctive » apparaît de façon répétée, le seuil de réponse s'élève et les réactions deviennent moins intenses. On a l'impression, dit Tinbergen, que la réserve d'impulsions nerveuses s'épuise. Par contre, la réponse instinctive se produit d'autant plus facilement qu'elle n'a plus été mise en œuvre depuis longtemps. Tout se passe comme si, en l'absence du stimulus-cible, l'impulsion se renforce et l'énergie potentielle s'accumule. Trois phénomènes semblent plaider en faveur d'une telle conception énergétique des conduites instinctives.

Le premier est le *comportement d'appétence*. Wallace Craig [76] a observé qu'un animal présente parfois un état d'agitation généralisé (phase appétitive) et s'oriente vers la recherche d'une situation de décharge adéquate (phase consommatoire).

Ce processus, évident dans le cas des *pulsions vitales cycliques* (faim, sexualité), joue-t-il de la même façon pour l'agression ? Craig lui-même le conteste. Il écrit : « Fondamentalement, la lutte chez les animaux n'est pas recherchée ou valorisée pour elle-même; elle apparaît bien plutôt comme un moyen de défendre les intérêts de l'agent » [77]. La plupart des spécialistes contemporains [78] ne croient pas en une appétence pour les situations de combat. Ils affirment que l'animal ne recherche jamais activement un autre pour se battre et ne manifeste son hostilité que lorsqu'il se trouve en présence d'un adversaire. Travis Thompson a cependant appris, à des poissons combattants siamois, à traverser un dispositif au-delà duquel se trouve un miroir ou un modèle capable de déclencher leur propre comportement agressif. Ces stimuli (miroir ou modèle) réussissent d'autant mieux à faire traverser les poissons qu'ils excitent davantage leur agressivité [79]. Notons toutefois que le *siamese fighting fish*, comme le nom l'indique, est un poisson particulièrement agressif et qu'on ne peut jamais tirer des conclusions générales d'une expérience isolée.

Un second phénomène, proche du précédent, est *l'activité à vide* [80], sorte de débordement instinctif ou d'« explosion » se produisant en l'absence de tout stimulus extérieur. Lorenz raconte, dans plusieurs ouvrages, comment un étourneau captif exécutait, sans aucun stimulus discernable, les mouvements caractéristiques de la « chasse aux insectes », commençant par épier une proie pour ensuite la saisir, la tuer et enfin l'avaler. Soulignons que Lorenz est cependant beaucoup plus discret en ce qui concerne des *exemples précis* d'activités à vide de nature *agressive*.

Un troisième fait qui pourrait éventuellement corroborer une conception énergétique de l'instinct est *l'activité de déplacement* ou de substitution. En 1940, Tinbergen et Kortlandt ont clairement mis en évidence que des animaux exécutent, parfois brusquement, des activités étrangères à la séquence des conduites instinctives du moment. Ainsi, des coqs domestiques en train de se battre peuvent tout à coup becqueter le sol. De même, des étourneaux occupés à combattre se mettent à lisser vigoureusement leurs plumes (Tinbergen, 1951, p. 161s). On pourrait dès lors soutenir que le surplus de motivation, dont la décharge, pour l'une ou l'autre raison, n'a pas réussi à se faire « normalement », se résorbe en empruntant une voie dérivée.

Quelle serait la source exacte de la production interne d'excitations ? On peut, aujourd'hui, citer trois facteurs : des hormones, des stimuli sensoriels internes (par exemple, dans le cas de la faim : la contraction des muscles de l'estomac) et des facteurs nerveux centraux. Le rôle respectif de ces éléments est encore à l'étude.

Beach a clairement démontré, grâce à des expériences de castration et d'ovariectomie effectuées sur des rats, que les hormones sont responsables, dans une large mesure, de la variabilité des comportements sexuels et de l'agressivité qui s'y rattache. C'est une question que nous développerons dans le prochain chapitre.

D'autre part, Lorenz a cru pouvoir supposer que le système nerveux central engendre par lui-même des influx agissant comme une cause spécifique de manifestations instinctives. Un argument en faveur de cette conception résiderait dans la mise en évidence, par Adrian et Buytendijk [81], de l'activité intrinsèque du système respiratoire du poisson rouge, recherche qui a marqué le commencement d'études sur la « spontanéité » du comportement et les fonctions « autonomes » du S.N.C. Sans compter que ces travaux sont aujourd'hui remis en question, nous devons souligner, dès à présent, que les chercheurs n'ont jamais réussi à démontrer l'existence d'un centre émetteur de stimulations « *spontanées* » à l'*attaque*. C'est un point capital sur lequel nous allons revenir.

C. PEUT-ON PARLER D'UN INSTINCT D'AGRESSION ?

« Ce qui trouble les hommes, ce ne sont pas les faits, mais les théories sur les faits. »
    Maxime gravée dans la tour où travaillait Montaigne.

1. *Le concept d'instinct*

Les faits précédemment évoqués permettent de dire que les batailles du monde animal présentent, *au moins partiellement*, une *composante* instinctive. Pouvons-nous dès lors expliquer les comportements agressifs par *un* instinct agressif ?

Reconnaissons d'abord que l'unanimité n'est toujours pas réalisée sur la notion même d'instinct. Dans un article paru en 1937, Lorenz écrivait : « Actuellement, quand deux biologistes tentent de discuter du problème de l'instinct, on est étonné de constater qu'ils ne se comprennent pas : chacun associe au mot d'instinct un concept différent. Le fait de concevoir différemment une même chose, qui complique considérablement les échanges entre savants, s'explique probablement en grande partie par le fait qu'il est fondamentalement impossible de donner une définition absolue d'un phénomène biologique et, également, par la conscience imparfaite qu'on a de ce phénomène (cit. in

1965, p. 193). Aujourd'hui, malgré un matériel d'observation impressionnant, les chercheurs n'ont pas encore pu mettre un point final à cette question. Il suffit de parcourir les discussions récentes — par exemple, l'article de G. Richard dans l'*Encyclopédie Universalis* (1970) — pour constater la confusion qui règne en ce domaine.

On peut définir *grosso modo* une conduite instinctive comme : a) une séquence d'activités relativement complexe; b) stéréotypée; c) déclenchée par des stimuli spécifiques; d) assurant le maintien de l'espèce; et e) transmise génétiquement. Autrement dit, il s'agit d'un comportement inné, non appris — encore que la maturation de l'organisme et l'environnement ne soient pas sans incidence — et tendant à se manifester chez tous les individus de l'espèce même si les conditions de vie deviennent difficiles.

Les éthologues européens insistent sur les caractères de fixité et d'innéité tandis que les spécialistes américains de la psychologie animale soulignent le rôle de l'environnement et de l'apprentissage. Pour ces derniers, le terme d'instinct renvoie à un modèle de comportement qui résulte toujours de l'interaction entre un code héréditaire et l'expérience.

Une autre différence majeure dans les conceptions de l'instinct concerne l'importance des déclencheurs. Pour la majorité des éthologues, la conduite instinctive est une réponse à un stimulus extérieur, encore que l'effet de ce stimulus dépende du codage génétique et des dispositions internes. Pour quelques auteurs — Lorenz en particulier —, le comportement instinctif est une activité héréditaire, invariable, qui se déclenche inévitablement, même en l'absence de stimuli extérieurs. L'argument péremptoire serait ici l'« activité à vide » dont nous avons parlé plus haut.

Il n'y a pas actuellement de faits qui plaident de façon

décisive en faveur d'une agressivité « spontanée » chez l'animal, une agressivité produite *uniquement* par des facteurs internes. Citons, à ce sujet, l'opinion de J. P. Scott qui, au terme d'une revue des travaux sur la physiologie de l'agression, conclut :

« Il n'y a aucun argument physiologique en faveur de la conception d'une stimulation spontanée au combat qui naîtrait à l'intérieur du corps. Ceci signifie qu'il n'y a pas un besoin de combat, agressif ou défensif, indépendant du milieu externe. Nous pouvons conclure qu'un individu ayant suffisamment de chance que pour vivre dans un environnement qui ne suscite pas l'agression ne subira aucun dommage physiologique ou nerveux du fait qu'il ne se bat jamais. Ceci est une situation tout à fait différente de la physiologie de la nutrition où des processus internes du métabolisme mènent à des changements physiologiques définis produisant éventuellement la faim et l'appétit sans qu'aucun changement n'apparaisse dans le milieu extérieur.
Nous pouvons également conclure qu'il n'y a pas une chose aussi simple qu'un " instinct de combat " au sens d'une force pulsionnelle interne exigeant une satisfaction. Il y a toutefois un mécanisme physiologique interne qui provoque l'agression dès qu'on le stimule » [82].

Si les auteurs se querellent sur les différentes caractéristiques de l'instinct, ils s'accordent généralement pour le distinguer de la *pulsion*, poussée engendrée par un état interne et qui met l'organisme en situation de recherche, sans toutefois lui dicter des actions précises. Ce dernier terme désigne une impulsion *vague* alors que celui d'« instinct » fait référence à des structures *organisées* produisant des actions *spécifiques automatiques*.

Un deuxième point qui fait aujourd'hui l'unanimité, et qui se situe d'ailleurs dans le prolongement du premier, c'est la nécessité de différencier clairement les motivations en jeu. Dans ce contexte, on peut soutenir que le fait de postuler *une* pulsion ou *un* instinct agressif apparaît comme un obstacle à la recherche des variables dont dépendent effectivement les comportements dits agressifs. Niko Tinbergen écrit à ce sujet : « Il n'y a pas d'instinct de combat; il existe plusieurs sous-instincts de bataille. Le type de bataille le plus commun est la bataille sexuelle qui fait partie du comportement reproducteur. La bataille sexuelle doit être distinguée de la défense contre un prédateur, car elle a un mécanisme inné de déclenchement différent et s'extériorise souvent par des manifestations motrices différentes » [83].

Résumons-nous. Les données actuelles de la psychologie animale ne permettent pas d'affirmer l'existence d'*un instinct agressif autonome* ni même d'*une « pulsion » à l'agression*. Par contre, on a pu mettre en évidence *différents types de réactions* combatives se déclenchant dans des *situations déterminées* (douleur, menace, rivalité, etc.). Il est donc légitime de parler, *en ce sens*, de *réponses agressives instinctives*.

2. *L'inexistence d'un instinct d'agression chez l'homme*

F. A. Beach, célèbre pour ses recherches relatives à l'influence des hormones, écrit :

« Le degré d'assurance avec lequel on attribue des instincts à une espèce donnée est inversement proportionnel à la mesure dans laquelle on a étudié cette espèce, en particulier du point de vue développemental. A l'époque où l'on n'avait pas encore analysé avec précision le développement du comportement complexe des enfants, il était courant de décrire un grand nombre d'instincts humains. Des études longitudinales du comportement ont réduit les composantes " non apprises " à trois ou quatre réponses simples, pas beaucoup plus complexes que des réflexes » (1955, p. 405).

Qu'en est-il de l'agressivité ? Fait-elle partie de notre bagage constitutionnel ? Est-elle une nécessité impérieuse, un réflexe inné ou, tout simplement, une possibilité qui se met en œuvre selon les situations et les types de personnalités en présence ? Peut-on parler d'un instinct ou d'une pulsion d'agression chez l'homme ?

Le problème, dont la solution relève essentiellement de la recherche scientifique, présente des prolongements politiques évidents. En effet, si l'agression n'est qu'une réaction à une frustration, on peut imaginer plus aisément une société non répressive [84]. Au contraire, si la tendance à l'agression est de nature instinctuelle, on est sans doute tenu de répéter après Freud que « la croyance en la " bonté " de la nature humaine est une de ces illusions pernicieuses dont les hommes attendent un embellissement et une facilitation de la vie alors qu'en réalité elles ne font que nuire » (XV 110). On sait que les psychologues américains optent généralement pour la première thèse alors qu'un certain nombre d'européens soulignent le caractère inévitable de l'agression.

Notons encore que le problème de l'inné et de l'acquis éveille de nettes réactions affectives. C'est la raison pour laquelle on trouve dans le questionnaire d'Eysenck [85] sur les attitudes politiques des propositions telles que : les peuples de couleur sont, par hérédité, inférieurs aux Blancs; la guerre est inhérente à la nature humaine; les femmes ne sont pas, du point de vue intellectuel, les égales des hommes; etc. Les individus qui répondent affirmativement à ces questions obtiennent généralement des scores élevés aux dimensions « conservatisme » et « esprit dur » (though-mindedness). Ces notes définissent le type dit « autoritaire ». Au contraire, des réponses négatives aux questions précitées sont caractéristiques de ce que Eysenck appelle, à la suite de L. Ferguson, l'« humanitarisme » (attitude qui n'est pas à confondre avec l'humanisme).

Les éthologues font usage de la notion d'*instinct* quand ils parlent des trois phénomènes suivants : a) les mécanismes innés de réaction à des déclencheurs; b) l'émission de signaux innés; c) les excitations endogènes menant à des conduites d'appétence et, finalement, à des réponses consommatoires *spécifiques*.

Lorenz, qui défend avec passion une conception zoomorphiste de l'homme, nous avertit cependant, dans un de ses textes scientifiques, du peu d'activités humaines proprement instinctives : « le rôle que les éléments innés jouent dans le comportement humain est incomparablement plus restreint que chez n'importe quel animal, et ils sont liés chez lui d'une manière compliquée aux activités supérieures du cerveau, à l'apprentissage et à l'intelligence qui les dissimulent largement » (1950, p. 354). Lorenz croit cependant que l'agressivité humaine s'explique par les trois types de phénomènes de nature instinctuelle que nous venons de citer (réactions innées, signaux innés, excitations endogènes). Voyons ceci de plus près.

a) Concernant les réponses innées complexes à des stimuli déterminés, l'auteur de « *L'histoire naturelle du mal* » affectionne de citer l'impression de « mignon » déclenchant la réaction de soin aux petits. Les stimuli seraient : une tête relativement importante, un crâne disproportionné, de grands yeux situés bien au-dessus, le devant des joues fortement bombé, des membres épais et courts, une consistance ferme et élastique, des gestes gauches (1950, p. 354). En rapport avec l'agression, Lorenz évoque la « réaction d'enthousiasme militant ». Ce comportement qui rappellerait celui du chimpanzé mâle défendant sa bande, présenterait les caractéristiques suivantes : « le tonus de toute la musculature striée s'accroît, l'attitude du corps devient plus tendue, les bras s'écartent légèrement du corps et se tournent vers l'extérieur; fièrement la tête se dresse, le menton s'avance » (1963, p. 284). Lorenz cite quatre conditions déclenchantes de ce processus : une menace pour le groupe, un ennemi détestable, la figure inspirante d'un chef, d'autres individus soulevés par la même émotion.

Nous reviendrons (ch. 5 : D) sur la question de la défense de l'idéal. Notons, pour l'instant, que Solly Zuckerman (1966), célèbre spécialiste du comportement des singes, se demande qui a déjà pu observer réellement un chimpanzé en pareil état. Disons ensuite que la fréquence d'un comportement n'est pas un argument décisif pour postuler un instinct. Sinon pourquoi ne pas invoquer également un instinct pour expliquer la jalousie, la station debout, l'usage des outils, l'art culinaire, l'enterrement des morts...

Selon les éthologues eux-mêmes, le concept d'instinct renvoie à un modèle de réaction rigide, monté d'avance et quasi immuable par rapport à l'expérience. Or, tous les hommes ne dressent pas fièrement la tête lorsqu'une menace pèse sur le groupe. Certains s'effondrent ou s'enfuient, d'autres gardent la tête « froide » et développent des solutions rationnelles. Les miliciens qui refusent de se faire tuer à la guerre ou qui ne montent au combat que par crainte de terribles sanctions ne sont pas, selon nous, des dégénérés...

En fait, l'être humain ne présente quasi pas de réactions instinctuelles. Cette situation est à la fois la meilleure et la pire des choses. En effet, l'homme, dans son comportement, n'est pas rivé à un programme génétique strict mais il ne bénéficie pas des *inhibitions innées* que l'on observe chez le loup et le corbeau. Cette absence de « verrous » instinctifs explique qu'il soit le seul être à pouvoir tuer son semblable de façon systématique.

b) D'autre part, on peut se demander si les humains émettent des signaux constants, réglés de façon innée.

On a noté chez les animaux des déclencheurs auxquels les congénères réagissent de façon prédéterminée. Il faut rappeler ici qu'on ne peut pas trop vite extrapoler d'une espèce à une autre la signification d'un mouvement. L'agitation de la queue chez le chien n'a pas la même signification que chez le chat.

Concernant l'homme, Lorenz (1950, p. 344) cite l'exemple classique de Darwin : l'acte de montrer les dents en relevant la lèvre supérieure exprimerait la colère. Il s'agirait de la survivance d'un comportement autrefois utile : la préparation à la morsure. En fait, les « déclencheurs » sont, chez l'homme, des symboles changeants définis de façon culturelle si pas personnelle. Il est très difficile, si pas impossible, de mettre en évidence des signes « naturels » chez l'homme. Même si quelques expressions, comme le rire ou les larmes, apparaissent comme une espèce de langage universel, on peut remarquer, avec Merleau-Ponty, que la mimique de la colère ou celle de l'amour n'est pas la même chez un Japonais et chez un occidental. « Le Japonais en colère sourit, l'occidental rougit et frappe du pied ou bien pâlit et parle d'une voix sifflante. »

Le célèbre phénoménologue ajoute : « Il ne suffit pas que deux sujets conscients aient les mêmes organes et le même système nerveux pour que les mêmes émotions se donnent chez tous deux les mêmes signes. Ce qui importe c'est la manière dont ils font usage de leur corps, c'est la mise en forme simultanée de leur corps et de leur monde dans l'émotion. L'équipement psychophysiologique laisse ouvertes quantités de possibilités et il n'y a pas plus ici que dans le domaine des instincts une nature humaine donnée une fois pour toutes. L'usage qu'un homme fera de son corps est transcendant à l'égard de ce corps comme être simplement biologique. Il n'est pas plus naturel ou pas moins conventionnel de crier dans la colère ou d'embrasser dans l'amour [86] que d'appeler table une table. Les sentiments et les conduites passionnelles sont inventés comme les mots. Même ceux qui, comme la paternité, paraissent inscrits dans le corps humain sont en réalité des institutions. Il est impossible de superposer chez l'homme une première couche de comportements que l'on appellerait « naturels » et un monde culturel ou spirituel fabriqué. Tout est fabriqué et tout est naturel chez l'homme, comme on voudra dire, en ce sens qu'il n'est pas un mot, pas une conduite qui ne doive quelque chose à l'être simplement biologique — et qui en même temps ne se dérobe à la simplicité de la vie animale, ne détourne de leur sens les conduites vitales, par une sorte d'*échappement* et par un génie de l'équivoque qui pourraient servir à définir l'homme » (1945, p. 220s).

c) Quant au troisième type de phénomène, l'automatisme endogène menant à l'agression, aucun argument sérieux ne permet d'affirmer son existence chez l'animal et a fortiori chez l'homme.

L'exemple préféré de Lorenz semble être celui d'une vieille tante qui, tous les huit à dix mois, devenait très irritable et renvoyait sa servante après une scène terrible [87]. Une autre démonstration, qui se veut moins naïve, est l'histoire des Indiens de la tribu Ute. Lorenz (1963, p. 259) raconte que, chez ces êtres combatifs, la sélection naturelle a entraîné le développement d'une pulsion agressive exceptionnelle qui, dans les conditions de vie actuelle aux Etats-Unis, ne peut plus être abréagie. En conséquence, les Utes souffriraient de nombreux troubles, névroses et accidents. Malheureusement la source bibliographique de Lorenz (un certain Margolin) est très peu fiable. Les comptes rendus de plusieurs anthropologues [88] qui ont vécu avec les Utes prouvent que les assertions de Lorenz sont fausses ou, au mieux, exagérément simplistes.

Reconnaissons tout de même à Lorenz la sagesse d'avoir écrit que « l'homme adulte ne semble avoir pour ainsi dire aucun type de mouvement reposant sur un automatisme endogène et coordonné au niveau central » (1950, p. 364).

Certes il y a chez l'être humain des stimulations endogènes — la faim, la soif, la sexualité, le besoin de mouvement et de sommeil — mais elles ne produisent pas invariablement et automatiquement telle ou telle action déterminée.

L'homme est assurément tributaire de son évolution biologique. Il hérite de gènes spécifiques qui lui ouvrent des possibilités étonnantes mais qui, aussi, limitent ses capacités d'apprentissage et l'incitent à répondre d'une façon relativement typique à l'environnement. Une altération chromosomique, telle qu'elle s'observe dans le cas du mongolisme, par exemple, réduit considérablement la marge des possibilités et des choix. En ce sens, la conduite est « prédéterminée ». Toutefois, le milieu exerce une influence régulatrice ou perturbatrice dès le tout premier stade du développement. Ce que Yerkes dit du chimpanzé : « *Un chimpanzé n'est pas un chimpanzé* » est bien plus vrai encore pour l'homme. Sans doute ne pouvons-nous prendre à la lettre la célèbre phrase de Merleau-Ponty « L'homme est une idée historique et non une espèce naturelle » (1945, p. 199), mais nous avons à reconnaître que l'humain se présente comme un être dont la nature est d'émerger de la nature en prenant appui sur elle, un être bio-sociologique, alliage indissociable de nature et de culture.

Les ressemblances entre les phénomènes, par exemple, des réactions animales et humaines, induisent facilement en erreur. Alexander Alland, professeur d'anthropologie à l'Université Columbia, l'a bien montré dans un ouvrage qui répond à Lorenz et à R. Ardrey. Il y écrit notamment : « Certaines conditions devaient produire des analogies entre les comportements tels que la territorialité chez les animaux inférieurs qui ont une origine génétique, et des comportements culturels chez l'homme. Dans les deux cas, l'environnement a favorisé un comportement d'un certain type mais dans le premier cas, la forme qui émerge se trouve directement sous le contrôle de mécanismes biologiques. Dans l'autre cas, le comportement adaptatif est sélectionné parmi une large gamme de comportements possibles, dont aucun n'est spécifiquement contrôlé par le système génétique » (1972, p. 32).

L'homme, « l'être de réduction de l'instinct » (A. Gehlen), n'obéit pas de façon stéréotypée aux stimuli provenant de son organisme ou de son milieu. Max Scheler a dit que l'animal vit comme en état d'extase. L'homme, au contraire, sait se reprendre; il est capable d'établir une distance par rapport à ce qui lui advient. Il peut varier les points de vue sur les événements et, à moins de souffrir d'une grave perturbation somatique, il garde toujours le pouvoir de se dérober à son corps et aux provocations de l'ambiance.

3. Critique de la théorie de Lorenz sur l'agression

Konrad Lorenz a fort malheureusement contribué à faire régner des idées simplistes et fausses sur l'agressivité. Dans son ouvrage de vulgarisation paru en 1963 — livre, *à première vue*, captivant et bien documenté — il se complaît dans les explications hâtives et les généralités. Sans doute est-il parti de quelques observations précises mais la plupart de ses extrapolations sont injustifiées.

a) Très peu de chercheurs souscriraient à sa déclaration : « Dans la nature, la guerre est omniprésente » (p. 32). L'agression, en effet, n'est pas un comportement constant et universel dans le monde animal. Les animaux les plus proches de l'homme sont très peu agressifs (sauf lorsque les hommes les mettent en cage). A l'exception du gibbon, les singes anthropoïdes (chimpanzé, gorille, orang-outang) sont des animaux extrêmement paisibles, surtout si on les compare aux singes inférieurs (p. ex., le babouin et le macaque rhésus). Ils règlent le plus souvent leurs conflits avec les congénères par des menaces et non par des combats réels. A vrai dire, lorsqu'un singe prend une banane à un autre, ce dernier cherche souvent à la reprendre en manifestant quelque hostilité, mais il ne songe pas vraiment à se venger. Le ressentiment ainsi que le narcissisme qui le sous-tend sont des spécialités humaines qu'il faut se garder de projeter sur les frères « inférieurs ».

b) Lorenz, qui a sans doute le mérite de nous faire aimer davantage les bêtes, naturalise les hommes et — ce que ses lecteurs aperçoivent parfois moins rapidement — il anthropomorphise les animaux. A le suivre, on a l'impression que le psychisme humain *rassemble* quelques mécanismes déjà présents chez tel poisson, tel rongeur et tel volatile. Nous serions semblables aux rats, en ce qui concerne la concurrence ou la férocité guerrière, aux oies, pour l'affection et les réactions de deuil, aux singes, pour l'intelligence et l'enthousiasme militant.

Ne vaudrait-il pas mieux, si l'on souhaite s'interroger sur

les fondements biologiques du comportement humain, s'en tenir à nos parents phylogénétiques les plus proches, à savoir les anthropoïdes ? J. van Lawick souligne que, même en ce cas, il faut rester extrêmement prudent car, dit-elle, « si les origines biologiques de l'agression ne diffèrent pas fondamentalement chez l'homme et chez le chimpanzé, l'expression et les causes du malaise ou de la colère ont été considérablement compliquées chez le premier par l'apparition de la vanité et de l'orgueil, l'acquisition de valeurs morales, la soif de possessions matérielles et le développement d'un langage parlé » (1971, p. 109).

L'homme n'est pas simplement un animal auquel *s'ajoute* une raison ou une culture. Comme les travaux de Buytendijk le démontrent, tous les comportements — perceptions, mouvements, émotions, etc. — présentent un style et même un sens spécifiquement humains.

L'*homo sapiens* n'est pas plus un rat compliqué que l'animal n'est une ébauche déficitaire de l'humain. Les processus de mutation et de sélection qui ont fonctionné pendant des millions d'années ont produit des êtres qui présentent, en définitive, une complexité et une originalité propres. On ne peut généraliser des observations de l'animal à l'homme ni même d'un animal à un autre. C'est une vérité à ce point importante que Tinbergen en déduit un principe méthodologique capital : « Considérant les différences qui existent entre une espèce et une autre, la seule chose qu'on puisse affirmer est qu'il ne faut *pas* recourir à des techniques expérimentales identiques pour comparer deux espèces (...). Soumettre des espèces différentes à des épreuves expérimentales exactement semblables est une sorte de standardisation anthropomorphiste » (1951, p. 29).

c) Un grand nombre de conclusions de Lorenz sont hautement fantaisistes. Les principes biologiques par lesquels il prétend expliquer le comportement social et culturel de l'homme ne sont que des raisonnements par analogie. Mais revenons à son matériel de départ. Sans compter que Lorenz, comme tout chercheur, sélectionne « ses » faits — ce qui est inévitable mais doit être rappelé —, l'examen des publications scientifiques de ces dernières années prouve que plusieurs spécialistes contestent la valeur même de certaines de ses observations sur le terrain.

Carrighar, qui a consacré plus de trente ans à l'observation d'animaux dans leur habitat naturel, écrit : « Il a effectué la plupart de ses recherches sur des animaux apprivoisés, par exemple sur des oies astreintes, par un système de clôtures et par la nourriture qu'elles reçoivent, à vivre dans un environnement humain, ou sur des poissons cichlidés restés captifs en aquarium. Chaque fois que des êtres vivants sont confinés, leur agressivité s'accroît considérablement » (1970, p. 43).

Le lecteur se rappellera ce que nous avons déjà dit concernant les rats de Steiniger et de Calhoun. Lorenz se plaît à raconter les ‹ guerres » qui se déroulent dans l'enclos du premier mais il ignore la vie pacifique des rats réunis dans le domaine, seize fois plus grand, de Calhoun...

d) L'auteur de *L'Agression* écrit à un certain moment : ‹ Des concepts comme ″instinct de reproduction ″ ou ″ instinct de conservation ″ ont aussi peu de valeur explicative que l'aurait le concept de la ″ force automobile ″ pour expliquer le fait que ma bonne vieille voiture marche toujours » [89]. Il a aussi la bonne idée de comparer les instincts à un parlement. N'empêche que l'impression générale que bon nombre de lecteurs retirent de son ouvrage est que les comportements agressifs s'expliquent par *un* instinct primitif semblable à la force de la vapeur sous pression dans une chaudière. Ces lecteurs s'imaginent alors que l'agression doit pouvoir s'extérioriser sous peine de provoquer des explosions dangereuses et que la grande question est dès lors de canaliser l'instinct dans les voies les moins périlleuses (un match de football, p. ex.). D'après notre expérience, c'est souvent cette idée que des étudiants de l'enseignement supérieur retiennent du best-seller de Lorenz.

e) De nombreux zoologistes et psychologues considèrent que la « synthèse » de Lorenz est extrêmement discutable. Il suffit de parcourir le recueil *Man and Aggression* (1968) d'Ashley Montagu, réunissant les contributions d'une dizaine de spécialistes de grand renom (J. P. Scott, J. H. Crook, S. Zuckerman, e.a.), pour constater combien les arguments de Lorenz sont faibles au regard des données scientifiques actuelles. Ajoutons que, du point de vue politique, cette espèce de néo-darwinisme social, agrémenté de l'une ou l'autre thèse freudienne simplifiée, n'est pas sans dangers. La démonstration du caractère instinctif ou « spontané » de l'agression permet, en effet, de justifier la compétition et même la violence comme des conduites naturelles, saines et viriles. Elle rationalise à bon compte l'idéologie libérale capitaliste qui prône le droit du plus fort, quand elle ne renforce pas le culte de la puissance chez des individus de mentalité fasciste. Les pages où Lorenz explique que « l'enthousiasme militant est une forme particulière de l'agression en commun, nettement distincte des formes plus primitives de la mesquine agression individuelle » (1963, p. 283) sont sans aucun doute appréciées par un certain nombre de dirigeants... Dans ce contexte, il n'est pas inutile de rappeler que le même Lorenz écrivait en 1940, dans la *Zeitschrift für angewandte Psychologie und Charakterkunde* [90] : « Il faudrait, pour la préservation de la race, être attentif à une élimination des êtres moralement inférieurs encore plus sévère qu'elle ne l'est aujourd'hui (...). Nous devons — et nous en avons le droit — nous fier aux meilleurs d'entre nous et les charger de faire la sélection qui déterminera la prospérité ou l'anéantissement de notre peuple... »

CHAPITRE III

QUELQUES CORRELATIONS PSYCHOPHYSIOLOGIQUES

Quelle que soit la position adoptée sur le problème de l'instinct, on est bien obligé de reconnaître que certains processus physiologiques rendent possibles des conduites dites agressives et qu'ils peuvent même les favoriser. Nous ne pouvons présenter ici toutes les données psychophysiologiques auxquelles de volumineux ouvrages ont été consacrés [91] car cette littérature scientifique est fort étendue et, de plus, les résultats se présentent, encore actuellement, comme une mosaïque d'expérimentations parcellaires.

A. HORMONES SEXUELLES

On sait, depuis des siècles, qu'un taureau châtré produit un paisible animal de trait, raison pour laquelle bien des taureaux ont dû subir une petite opération...

La sexualité se distingue de l'agressivité mais de profondes interrelations existent entre ces deux domaines. Chez de nombreux animaux, l'apparition d'une combativité conquérante est un des premiers symptômes de l'approche de la saison des amours. Tinbergen (1953) va même jusqu'à considérer la plupart des combats comme étant de nature reproductive (luttes pour un partenaire sexuel, pour un territoire, pour la domination, pour la défense des petits). Dans l'espèce humaine, on observe, par exemple, que les guerriers ne manquent jamais les occasions d'assouvissement sexuel, bien au contraire... Commençons donc par envisager l'influence des hormones sexuelles sur le degré d'agressivité.

L'injection de testostérone (hormone mâle) à des poules les rend plus agressives et leur permet une ascension dans la hiérarchie du becquetage. Au contraire, les volatiles traités aux œstrogènes deviennent plus timides et descendent dans le « pecking order » [92].

Les effets des hormones ne sont cependant pas aussi simples qu'il n'apparaît à première vue. Ainsi, dans la précédente expérience, on s'aperçoit que les poules qui ont grimpé dans la hiérarchie à la suite d'injections conservent leur nouveau statut même lorsque les injections ont cessé.

De façon générale, on constate que les réactions varient selon les espèces, le type d'hormone, le moment de l'injection, l'apprentissage antérieur à l'intervention, le contexte physique et social.

On observe fréquemment que les hormones ont surtout une influence au début de la vie. Seymour Levine [93] et d'autres ont prouvé que des rates auxquelles on a injecté de fortes doses de testostérone lorsqu'elles étaient nouveau-nées tendent à présenter certains traits du comportement agressif mâle (femelles « androgénisées »). Parallèlement, des rats mâles castrés à la naissance manifestent au combat un comportement semblable à celui des femelles. La propension à se battre n'augmente pas chez ces mâles si l'on injecte de la testostérone à l'âge adulte. Notons enfin qu'une castration plus tardive (au moment du sevrage, p. ex.) n'a pas cet effet inhibiteur sur l'agressivité. Il y a donc une « période critique » de sensibilisation.

Des résultats analogues se retrouvent chez les primates. Si l'on administre de fortes doses de testostérone à des guenons (macaque rhésus) gravides pendant tout le deuxième quart de la gestation, les femelles à naître présenteront, dans leur anatomie et dans leur comportement, des caractéristiques du mâle. Ces femelles masculinisées se montrent menaçantes et ont des jeux plus violents que des femelles normales. On peut néanmoins remarquer que cet effet ne se manifeste pas jusqu'à la fin de leur vie.

Qu'en est-il alors chez l'être humain ? Parmi des fillettes exposées *in utero* à l'effet d'androgènes (du fait que la mère suivait un traitement médical), plusieurs ont manifesté des traits de comportement masculin. Toutefois D. Hamburg, qui rapporte ces résultats et bien d'autres, conclut par ces mots : « Si l'on songe à l'extraordinaire capacité d'apprentissage qui caractérise l'espèce humaine, il semble peu probable que l'exposition précoce des cellules du cerveau à l'action des hormones sexuelles mâles puisse établir pour la vie entière certaines formes complexes fixes du comportement agressif. Ce qui est plus vraisemblable, c'est que les hormones mâles déterminent sans doute très tôt une orientation générale ou une inclination naturelle qui font que l'individu se sent attiré par certains comportements agressifs et les acquiert facilement » (1971, p. 44).

D'autre part, on sait depuis longtemps que les femmes sont souvent plus vite déprimées ou irritées pendant les jours qui précèdent l'apparition des menstrues. Plusieurs études montrent que les hospitalisations psychiatriques et les délits sont significativement plus élevés durant cette période. Hamburg et ses collaborateurs ont essayé de préciser les corrélations entre le cycle menstruel et les fluctuations d'humeur. Ils ont mené une enquête portant sur 1.100 épouses d'étudiants universitaires et ont constaté que 52 % des femmes interrogées signalent une irritabilité plus forte au cours de la phase prémenstruelle de certains cycles (33 % déclarent que cela avait été le cas lors du cycle le plus récent). Toutefois, en présence de la diversité des réponses, les auteurs pensent devoir reconnaître que l'effet des changements hormonaux (progestérone, œstrogènes) « se conjugue avec celui d'importantes variables d'ordre psychologique ou liées au milieu, notamment : la signification que revêt pour l'intéressé le fait d'être une femme et les responsabilités quotidiennes » (1971, p. 50). Il n'y a donc *pas de relation causale stricte* mais plutôt une influence réciproque entre le mental et le physique.

B. ADRENALINE

D'autres hormones sont également importantes pour l'agressivité. Il faut citer, en tout premier lieu, l'adrénaline (sécrétée par la glande médullo-surrénale). Dès 1920, W. B. Cannon a signalé que la libération dans le sang de cette hormone, qui agit notamment sur les mécanismes de l'hypothalamus, provoque l'éveil physiologique et prépare à une action vigoureuse. Ce savant a toutefois reconnu que la colère peut apparaître même en l'absence de transformations organiques (p. ex., chez des chats dont le système sympathique a été déconnecté) et que l'injection d'adrénaline ne déclenche pas nécessairement une attaque chez un animal.

Les recherches expérimentales de Beach (1948) confirment l'absence de relation causale *univoque* entre *une* sécrétion interne et *un* comportement. Ce chercheur souligne qu'une hormone donnée agit dans des sens divers et qu'aucune réaction comportementale n'est dépendante d'une seule hormone.

Actuellement plusieurs auteurs reconnaissent l'importance des facteurs d'ordre psychologique. Schachter et Latané (1964) rapportent que les dispositions des sujets auxquels on injecte de l'adrénaline varient selon l'ensemble de la situation. Les individus deviennent euphoriques dans un environnement plaisant, tandis qu'ils se montrent hostiles lorsque le contexte extérieur est rendu désagréable. Au terme d'une revue des travaux consacrés aux glandes surrénales, Klopper (1964) conclut à l'absence d'une corrélation simple entre l'une ou l'autre hormone et le comportement agressif, et insiste dès lors sur le rôle de la personnalité des individus.

C. CENTRES NERVEUX

On ne peut discuter des glandes à sécrétion interne sans parler des structures nerveuses. En effet, l'excitation de ces structures provoque des sécrétions hormonales tandis que les hormones agissent, à leur tour, sur les centres nerveux, réalisant ainsi ce qu'on appelle le cercle neurohormonal.

La destruction de certaines formations cérébrales entraîne des manifestations de colère et des comportements agressifs. Lorsqu'on effectue une lobotomie préfrontale chez des singes vivant en colonie, les relations sociales du groupe en sont affectées. Les singes de bas niveau hiérarchique qui ont été lobotomisés n'évitent plus les animaux dominants. Au contraire, ils s'attaquent aux animaux immédiatement supérieurs à eux. La structure du groupe perd alors sa rigidité et sa stabilité primitives [94].

Un chat décérébré ayant conservé une partie de l'hypothalamus présente des expressions émotionnelles qui rappellent celles de la rage. En 1928, le célèbre neurophysiologiste W. R. Hess a obtenu des manifestations analogues par la stimulation électrique de certaines régions de l'hypothalamus chez le chat intact. Bien plus : l'excitation d'autres points provoque chez l'animal une attitude agressive orientée vers un autre.

A vrai dire, il n'est pas facile de déterminer si tel ou tel comportement n'est pas un artéfact de laboratoire, s'il n'est pas davantage produit par la situation expérimentale elle-même que par l'éveil d'un véritable état de motivation spécifique. De plus, la colère et la peur sont souvent difficiles à distinguer au cours des expérimentations. Ces deux émotions coexistent souvent et de faibles variations de stimulations font passer de la fuite peureuse à l'attaque violente. Les chercheurs déclarent cependant que de petites différences de localisation ou d'intensité dans la stimulation électrique du cerveau (SEC) peuvent provoquer des réactions relativement bien différenciées et ils pensent que l'avenir verra de nouveaux progrès dans le relevé des corrélations entre les zones cérébrales et les réactions comportementales.

La technique récente des électrodes commandées à distance a permis aux physiologistes de devenir plus facilement psycho-physiologistes. En effet, il n'est plus nécessaire d'isoler l'animal de son contexte; on peut agir sur les structures nerveuses dans une situation qui reste naturelle et sociale.

En dépit de tous ces progrès, les recherches ne permettent pas, en fait, d'expliquer *entièrement* le comportement agressif par la carte topographique de l'encéphale. Des différences se présentent d'un animal à l'autre. D'autre part, si ces expériences démontrent que les animaux sont capables de réactions agressives, elles ne prouvent pas que l'agression est produite *spontanément* au sein de l'organisme. Enfin, et ceci est très important, les meilleurs spécialistes (J. P. Flynn, J. Delgado, P. Karli) reconnaissent toujours l'incidence des expériences passées et des conditions présentes de l'environnement. Les excitations de l'hypothalamus, par exemple, suscitent des états de motivation dont l'élaboration dépend d'autres facteurs. Karli écrit notamment : « Il convient de souligner tout d'abord que la stimulation hypothalamique ne déclenche pas de façon automatique et stéréotypée tel ou tel *pattern* moteur bien défini. En effet, non seulement la présence de nourriture, d'un partenaire sexuel, etc., est nécessaire au déclenchement expérimental de telle ou telle réponse comportementale, mais la probabilité d'apparition de cette réponse dépend étroitement des caractéristiques du stimulus-cible » (1970, p. 402). C'est pourquoi ce neurophysiologiste attache une importance particulière au système limbique, la partie du système nerveux qui intervient dans l'évaluation et l'élaboration de la *signification* des stimuli endogènes ou exogènes.

Les travaux de Delgado vont dans le même sens. Rappelons d'abord que ce célèbre chercheur de l'Université de Yale a contribué à préciser les régions cérébrales impliquées dans le déclenchement ou l'inhibition de la colère. Il a constaté, par exemple, que l'agressivité peut disparaître instantanément chez le macaque rhésus si l'on excite la portion antérieure du noyau caudé. Durant la période de stimulation, on peut toucher sans danger le visage de cet animal ordinairement fort agressif.

Néanmoins Delgado souligne toujours le rôle de l'apprentissage et du contexte social. Ainsi le chat, chez lequel il stimule l'hypothalamus latéral en vue de le rendre agressif, « choisit » son opposant. « La stimulation cérébrale a déterminé l'état affectif d'hostilité, mais la performance comportementale reste tributaire des caractéristiques individuelles de l'animal stimulé, parmi lesquelles ses habilités acquises et ses expériences antérieures » (1969, p. 168). Il en va de même chez les singes. Des S.E.C. peuvent irriter l'animal mais la forme finale que prend l'agression dépend des relations sociales. Un mâle attaque un autre mâle qui le défie mais il épargne toujours sa partenaire favorite. Delgado conclut en disant : « Apparemment, la stimulation cérébrale introduit une distorsion émotionnelle qui modifie l'interprétation de l'entourage (...). L'électricité ne détermine pas la cible d'une agression, elle ne dirige pas les séquences du comportement agressif; l'une comme l'autre dépendent de l'histoire passée du sujet stimulé et de son adaptation immédiate aux changements de circonstances » (id., p. 175).

Comment se présente ce type d'expériences chez l'homme ? Des S.E.C. peuvent augmenter ou diminuer la douleur, l'angoisse, la colère. On a parfois recours à l'introduction d'électrodes dans le cerveau pour traiter des épilepsies graves et rebelles. Delgado a permis à certains malades de manipuler leur propre réactivité émotionnelle grâce à des stimulateurs portatifs. Il rapporte qu'un de ses malades pouvait atténuer ses impulsions agressives grâce à l'auto-excitation répétée du noyau amygdalien (id., p. 264).

On peut se demander dans quelle mesure les sensations

provoquées artificiellement par la stimulation électrique sont intégrées à la personnalité. Pour répondre à cette question, nous nous contenterons d'invoquer encore l'autorité de Delgado : « Le langage et la culture font partie des éléments essentiels de la structure de la personne. L'envoi d'électricité au cerveau ne remplace pas tous ces éléments. La S.E.C. peut faire surgir des souvenirs, éveiller des émotions ou activer une conversation, mais les sujets s'expriment toujours en fonction de leur arrière-plan et de leurs expériences » (id., p. 255).

Rappelons que les lésions cérébrales modifient, également chez l'homme, le degré de réactivité et l'intensité des émotions. Soulignons, au passage, l'importance que prennent, dans ce contexte, les séquelles des accidents de la route, forme moderne d'« auto »destruction... Donnons enfin quelques indications relatives à l'épilepsie.

On a noté, depuis longtemps, divers aspects de l'agressivité chez les épileptiques (hyperémotivité, irritalibité, brusques « explosions » de colère, etc.). D'autre part, on constate qu'une forte proportion de délinquants présente des tracés électro-encéphalographiques perturbés.

Taterka et Katz, par exemple, trouvent des E.E.G. anormaux dans 73 % de cas de désordres du comportement chez l'enfant. Ces auteurs ne peuvent toutefois établir des relations précises entre l'E.E.G. et les différents types de désordres (passivité extrême, agressivité, hyperactivité). De plus, ici comme ailleurs, on doit s'interroger sur le sens de la causalité. Est-ce le trouble organique qui rend plus irritable ou bien est-ce une irritabilité acquise (par l'influence de la famille et de la culture) qui rend ce phénomène corporel plus important qu'il ne le serait chez un individu issu d'un autre milieu ? On sait que, dans la pratique clinique, il est souvent très difficile de déterminer le *primum movens* d'un syndrome psychoneurologique.

J. de Ajuriaguerra, qui résume une série de travaux portant sur les épileptiques et les psychopathes, écrit : « Il existe, dans ces cas, probablement une composante endogène très importante mais la canalisation vers l'hétéro-agressivité peut être expliquée par l'organisation de la personnalité et par des facteurs ambiants » [95].

Il n'est dès lors pas étonnant que les drogues psychotropes n'aient pas d'effets univoques. Ainsi, l'action du D.P.H. (diphenylhydantoin) — substance employée pour combattre l'épilepsie et les comportements psychopathiques — varie fortement d'un individu à un autre. W. J. Turner (1969), qui a administré ce médicament à plusieurs centaines de patients, enregistre 30 % d'absence d'effets et 10 % seulement de changements indiscutables. Ces résultats rejoignent l'observation séculaire des effets de l'alcool : les uns ont le vin triste, d'autres ont le vin gai, d'autres encore deviennent ombrageux ou méchants...

D. HEREDITE

On sait que des influences héréditaires, se transmettant par des molécules organiques complexes (les gènes), agissent au niveau biologique et même au niveau comportemental.

La plupart des spécialistes (p. ex., Crook) s'accordent cependant pour nier une transmission génétique d'un *besoin* d'attaquer ou d'une *appétence* de conduites agressives. Par contre, la tendance à *réagir* par de l'hostilité *à certains types de stimulation* peut apparaître comme un trait héréditaire. Certains facteurs innés *prédisposent* à des comportements violents : degré de réactivité et d'émotivité, force physique, activité hormonale, etc. C'est ainsi que des lignées différentes d'une même espèce (l'espèce canine, p. ex.) peuvent varier considérablement quant à leur combativité.

Chez l'homme, le problème se pose en termes semblables. Ainsi, par exemple, la paire de chromosomes qui détermine le sexe (XX pour la femme et XY pour l'homme) contribue *indirectement* au degré d'agressivité de par son influence sur la force physique, les taux hormonaux, etc.

On a invoqué des altérations chromosomiques de type XYY pour expliquer des conduites criminelles. D'après des enquêtes récentes effectuées aux Etats-Unis, cette configuration génétique apparaît chez un individu sur 550. Alors que les jurys des tribunaux sont facilement impressionnés par cette donnée biologique, on n'a toujours pas trouvé de relation *directe* de cause à effet entre ce qu'on appelle parfois « le syndrome du supermâle » et la criminalité. Par contre, plusieurs études [96] font mention de la grande taille et de la force physique chez les porteurs de cette anomalie. Une telle constitution peut dès lors *prédisposer* à certains types d'action et agir indirectement sur la conduite.

Les gènes varient quelque peu d'un individu à l'autre et ainsi rendent compte de certaines différences dans les *possibilités* de comportement. Ils ne produisent cependant pas la conduite elle-même. Comme nous allons le voir dans la suite, les différences *effectives* de comportement entre les humains dépendent principalement de la culture.

E. CONCLUSIONS

1. *La multiplicité des mécanismes de l'agression*

Les contributions récentes de la psychophysiologie mettent en garde contre un usage facile de l'expression « instinct d'agression », même lorsqu'il est question d'animaux. Nous avons rappelé que déjà la notion même d'instinct fait problème. G. Richard, au terme d'une revue des utilisations de ce concept, va jusqu'à déclarer : « la plupart des auteurs ont cessé d'utiliser le terme d'instinct, désormais vide des contenus qu'il a eus au cours de son histoire et privé de véritable valeur explicative pour l'étude des comportements ». Quoi qu'il en soit, on peut aujourd'hui rejeter catégoriquement la conception d'*un* instinct d'agression agissant comme une entité monolithique. La majorité des physiologistes, des éthologues et des psychologues s'accordent sur ce point. Ils soulignent qu'il est indispensable de bien circonscrire les variétés de comportements et leur signification biologique. Karli, notamment, déclare : « Le physiologiste n'étudie pas les bases physiologiques de l'Agressivité (avec A majuscule, et au singulier) mais il analyse l'état physiologique qui sous-tend un type défini de comportement d'agression. Lorsqu'il procède ensuite à une confrontation des données obtenues dans l'étude de plusieurs types différents de conduites agressives, il constate que les états de motivation qui en sont responsables comportent certes des mécanismes qui n'appartiennent en propre qu'à tel ou tel d'entre eux » (1971, p. 1.014).

A partir d'une analyse des stimuli déclencheurs, le neurophysiologiste K. E. Moyer (1971) a distingué sept sortes d'agression : prédatrice; induite par la peur; irritable; servant à la défense du territoire; maternelle; instrumentale (réponse apprise); entre mâles. Il a ensuite démontré qu'on peut distinguer des organisations nerveuses et hormonales pour chacun de ces types.

2. Le dialogue entre le physiologiste et le psychologue

Le matériel que nous avons — sommairement — résumé permet au moins de dire que la physiologie n'arrive pas, à elle seule, au bout du problème de l'agressivité.

On aurait évidemment tort de négliger ses enseignements. Les praticiens (et plus encore les théoriciens) des sciences humaines oublient trop souvent l'apport des sciences naturelles. Buytendijk rappelle ceci dans l'introduction de son magistral ouvrage *Prolégomènes à une physiologie anthropologique* : « Dans la praxis diversifiée de sa profession comme au cours de la recherche expérimentale portant sur les comportements et les situations vécues, le psychologue doit connaître convenablement *le* corps (comme les organes sensoriels et moteurs, le système nerveux, le métabolisme, la digestion, la circulation sanguine et la respiration, les fonctions homéostatiques et hormonales) afin de comprendre les possibilités à partir desquelles le corps *propre* peut être situation motivante et à partir desquelles l'"esprit" se réalise dans une existence personnelle à travers *son* corps » (1965, p. 13).

L'approche physiologique met en évidence des relations de succession et de concomitance. Elle indique, par exemple, que les gènes influencent le comportement humain en augmentant la *probabilité* de certaines *tendances* tempéramentales. Elle montre que quand un cerveau est soumis à des effets toxiques, la tonalité affective du monde change pour le sujet et de nouvelles orientations de conduite se dessinent. Elle offre enfin des moyens d'action efficaces.

La science physiologique rend compte de ce que l'organisme est *virtuellement capable* de faire mais non cependant de tout ce que l'individu va réaliser *effectivement* dans telle ou telle circonstance. Elle donne le substrat du comportement mais elle ne peut épuiser la question du sens et de la causalité. Les cordes vocales, la langue, certaines zones corticales, etc., sont indispensables pour s'exprimer verbalement mais tout cela n'explique pas tel discours. L'effectuation d'une série de conduites suppose évidemment des organes, des structures, des systèmes de régulation, mais toutes ces conditions ne sont pas *par elles-mêmes* déclenchantes. Le physiologiste démonte l'organisation innée qui offre la possibilité de différents types d'attaque mais il n'a pas encore prouvé que les organismes disposant de tels circuits nerveux doivent nécessairement s'y engager de par une pression organique interne. Ses travaux sur les structures intra-organiques ne permettent pas de *comprendre* les rapports qui s'établissent *concrètement* entre l'organisme, le monde et le comportement. En fin de compte, il ne peut *entièrement supprimer* les dimensions écologiques, psychologiques et sociales. Il peut seulement, de par une décision méthodologique, les laisser entre parenthèses pour mieux progresser sur son propre terrain.

Le neurophysiologiste P. Karli (1971) déclare que les stimulations internes (ou externes) prennent une valeur motivante en fonction du vécu de l'organisme ou encore en fonction du *sens* qu'elles reçoivent. Buytendijk rappelle également que « l'animal et l'homme ne peuvent faire quelque chose que dans le cas où ils donnent aux diverses parties de leur corps et à la situation extérieure, une *signification* » (1958, p. 31).

Buytendijk (1958b, 1965) a illustré cette thèse par de nombreux exemples. Résumons l'un d'eux.

Le phénomène de la faim montre clairement que les phénomènes organiques agissent par le sens qu'ils prennent. Déjà chez les animaux on observe que, si des processus physiologiques motivent le comportement, la configuration psychologique détermine, dans une certaine mesure, la signification et l'importance de l'état corporel. Ainsi, D. Katz a montré que lorsque des souris ou des poules sont placées dans une situation anxiogène leur appétit diminue considérablement et que ceci peut même entraîner un état grave d'inanition. Le même auteur a mis en évidence que la prise de nourriture par des congénères stimule l'appétit d'un animal. Lorsqu'on met en présence une poule rassasiée et une poule affamée, la première se remet à manger dès qu'elle voit la seconde se précipiter sur la nourriture. Cet effet est davantage accentué si on réunit un animal repu et trois poules affamées. Par contre, la réunion d'une poule affamée et de trois autres rassasiées ne suffit pas pour provoquer un comportement alimentaire chez les dernières.

En ce qui concerne l'homme, personne n'ignore l'influence des émotions, des sentiments, des rites et des symboles sur l'appétit. La relation entre la prise de nourriture et les besoins énergétiques est ici moins strictement déterminée que chez les animaux. Chez ces derniers l'appétit augmente ou diminue proportionnellement à l'activité tandis que, chez l'homme, il faut compter avec le poids de l'éducation et des habitudes.

L'anorexie mentale — qui se distingue notamment de la maladie de Simmond provoquée par une insuffisance hypophysaire — démontre que les sensations intéroceptives et extéroceptives qui fondent l'appétit n'ont pas un sens univoque. L'amaigrissement est un état corporel qui suscite généralement l'appétit. Chez l'anorexique cependant les « facteurs internes » ne « signifient » plus la faim. Les sensations physiques prennent chez lui un sens différent du sens habituel.

L'appétit normal peut être décrit comme un vague état de tension, corporellement déterminé, qui est *interprété*, et ceci depuis la tendre enfance, dans le sens d'un besoin de nourriture. Une remarquable observation clinique de Sidis et Goodheart (citée par Buytendijk, p. 166) constitue un argument en faveur de cette conception. Il s'agissait d'un patient qui, par suite d'un traumatisme cérébral, présentait une perte de mémoire affectant notamment le langage et le schéma corporel. Lorsqu'on laissait ce patient sans manger, il finissait par s'agiter mais ne comprenait pas que cette agitation et les sensations éprouvées *signifiaient* la faim. Il dut réapprendre que ce genre de tensions corporelles trouvent leur apaisement dans la prise de nourriture.

Loin de nous cependant la conception naïvement idéaliste selon laquelle le ressenti corporel est tout à fait secondaire ou entièrement modelé par les caprices de l'esprit. Les processus organiques débouchent dans le comportement et leurs effets sur l'existence ne se limitent pas à la connaissance que le sujet en prend. Le corps, comme le dit Buytendijk (1958b), est une « situation motivante ». Il agit, indubitablement, sur toute l'existence, mais néanmoins toujours en fonction d'une signification (généralement irréfléchie) qui dépend de tout un contexte.

CHAPITRE IV

CRITIQUE DU CONCEPT
DE « PULSION D'AGRESSION »

« Le mot est fenêtre; s'il fait écran, il faut le rejeter. »
Emmanuel Levinas [97].

Réalisant la distance qui sépare l'être humain de l'animal, Freud n'utilise le terme d'« instinct » (*Instinkt*) que lorsqu'il parle de nos amies les bêtes. Il souligne cependant toujours chez l'homme l'inhérence du psychique au charnel mais parle alors de « pulsion » (*Trieb*). Cette distinction est désormais classique en psychologie. On la retrouve, par exemple, chez les behavioristes américains avec les termes *instinct* et *drive*.

A. LES PULSIONS SEXUELLES

En reconnaissant la place dévolue aux impulsions sexuelles dans la genèse de certains symptômes névrotiques et dans d'innombrables expressions humaines, Freud met en évidence que le corps humain est non seulement véhicule d'intentions (cf., par exemple, la conversion hystérique) mais encore source de désirs, d'images, d'orientations [98]. En dehors des besoins manifestement physiologiques (faim, mouvement, sommeil), le phénomène de la sexualité permet sans doute le mieux d'invoquer l'action d'une composante endogène.

Freud ne manque pas de souligner la « source somatique » de la pulsion qu'il veut mettre partout en évidence. Il ajoute toutefois : « nous préférons parler de *psychosexualité* mettant ainsi l'accent sur le fait que l'on ne peut négliger ni sous-estimer le facteur psychique de la vie sexuelle » (VIII 120; c'est Freud qui souligne). Autrement dit, le corps n'est pas une chose fermée sur elle-même, les déterminants physiologiques ne forment pas des circuits autonomes, *les prétendues pulsions de l'homme n'existent pas à part de la dialectique psychique* et d'une mise en forme « supérieure ». Le phénoménologue formule ceci en déclarant que l'existant humain assume toujours son être et n'est jamais déterminé à la façon des choses.

a) Les hormones, nous l'avons vu, n'ont pas un effet causal univoque. Elles produisent une modification de l'état somatique général — comparable à un changement d'humeur — qui agit sur le sujet en fonction du *sens* que cette transformation prend dans les circonstances particulières de sa vie. Chez une personne névrosée et inhibée, l'augmentation du taux d'hormones sexuelles peut être éprouvée sous la forme de malaises et d'angoisse; chez une autre, ce changement débouche sur une intensification du travail ou de la créativité, etc. On constate, en outre, que la forme d'existence projetée agit, à son tour, sur le corps. Il y a une action et une rétroaction (*feedback*) du comportement sur la sécrétion endocrine. Les dispositions physiologiques et les déterminants psycho-sociaux s'engrènent les uns sur les autres.

De par leurs conditions d'existence et le style de vie, certains individus et certains peuples connaissent relativement peu d'exigences génitales. Les Arapeshs de Nouvelle-Guinée, remarquables pour l'affection qu'ils se témoignent les uns aux autres, ne manifestent pas de désirs sexuels qui réclament une satisfaction impérieuse. Leur génitalité est paisible et lente à s'éveiller. Les relations sexuelles ne se conçoivent pas en dehors du mariage, tout état passionnel est proscrit, le viol est inconnu (M. Mead, 1935).

Il faudrait insister, une fois de plus, sur l'apprentissage. Contentons-nous ici de rappeler quelques lignes du plus éminent représentant actuel du behaviorisme : « L'homme n'est pas "asservi" à ses besoins (...) le problème est dans les contingences de renforcement, non dans le besoin. L'homme brûlé d'avidité ou de convoitise ne souffre pas de privation; il souffre d'un programme de renforcement particulièrement efficace. Don Juan en est un exemple classique. Un individu peut présenter une sexualité excessive pour des raisons héréditaires et pathologiques mais Don Juan est, plus probablement, le produit d'un programme de renforcement. Une susceptibilité modérée au renforcement sexuel peut suffire pour faire de chaque jolie fille rencontrée une occasion de séduction, pour peu que les premiers succès aient été favorablement programmés. Un programme à proportion variable bien mené maintiendrait le comportement en pleine vigueur chez un être sexuellement en dessous de la normale, et l'on sera alors tenté d'expliquer le comportement supra-normal par un mécanisme de "compensation " » (Skinner, 1969, p. 99).

b) D'autre part, nous avons déjà dit qu'il n'y a pas, chez l'homme, de « déclencheurs » absolument fixes.

La perception du corps ou d'un membre ne crée pas nécessairement une situation érotique. La nudité n'a pas le même sens pour un médecin ou pour un élève de pensionnat et l'indécence n'est pas seulement une question d'anatomie. Les caractéristiques du séducteur et de la femme séduisante diffèrent selon les peuples et les classes sociales.

c) Enfin, les réactions sexuelles peuvent varier largement d'un individu à l'autre; elles n'apparaissent pas comme des « IRM » (*Innate Releasing Mechanism*), des mécanismes innés de déclenchement.

Freud a particulièrement insisté sur la plasticité des pulsions sexuelles. Il a souligné que l'objet visé n'est pas biologiquement prédéterminé et que les modalités de satisfaction — ce qu'il appelle les buts de la pulsion — sont fort variables. Il a montré que la sexualité humaine est tributaire de l'éducation, du jeu des images et des fantasmes qui viennent la modeler.

Ludwig Binswanger raconte que le fondateur de la psychanalyse lui dit un jour : « Oui, l'esprit c'est tout (mais) l'humanité savait qu'elle est dotée d'esprit; je devais lui montrer qu'il existe aussi des pulsions » [99]. Par là Freud entendait sans doute la dimension pathique de la conduite humaine. L'auteur des *Trois essais sur la théorie de la sexualité* enseigne que l'homme est le théâtre de forces plus ou moins contraignantes. Il met en garde contre l'idéalisme et l'optimisme. Il soutient que les significations humaines ne sont pas désincarnées mais il reconnaît également que les impulsions primitives sont toujours modelées par les circonstances particulières.

B. LES DEUX THEORIES PULSIONNELLES DE FREUD

Rappelons que Freud a présenté deux théories pulsionnelles. La première — dont le modèle est la pulsion sexuelle — fait référence à la dimension biologique du comportement. La seconde essaie de thématiser les tendances primordiales ou présubjectives de l'existence. Elle tente d'articuler de façon théorique les principes fondamentaux de la vue psychique.

Personne n'a jamais rencontré une pulsion comme telle, pas plus qu'on ne rencontre l'inconscient ou un atome. Il s'agit d'une entité théorique, ce que les américains appellent un « construct » ou encore, selon l'expression de Freud, une notion « métapsychologique ».

Il importe, en l'occurrence, de distinguer les niveaux

d'abstraction. Dans la première version, la pulsion apparaît comme un concept empirique (c'est-à-dire une représentation qui met de l'ordre dans les faits, tout en renvoyant sans ambiguïté à des données observables) tandis que, dans la seconde version, le même terme se présente plutôt comme un concept hypothétique (une construction qui se réfère à des instances non directement observables). On doit dès lors s'interroger sur sa fécondité explicative.

Ruyer note que lorsque la psychanalyse remonte jusqu'aux pulsions de vie et de mort, elle « ne nous apprend pas beaucoup plus que le physicien quand il découvre que l'énergie dépensée dans son œuvre par un poète ou un ingénieur est finalement empruntée à la chaleur solaire » [100]. Ceci est exact. D'ailleurs, en déclarant que sa dernière doctrine pulsionnelle est une sorte de « mythologie » (XV 101), Freud avoue son impuissance à fournir une explication scientifique de la motivation et à boucler le mystère humain. Pour nous, sa théorie a une *valeur descriptive*, elle attire l'attention sur certaines dimensions et relations entre des phénomènes (cf. ch. I : 3.1); c'est une jolie allégorie. Nous devons cependant avouer que, *scientifiquement, elle ne démontre absolument rien.*

Pour le psychologue *praticien*, le dernier dualisme pulsionnel offre une explication des conduites qui rappelle la « virtus dormitiva » de l'opium. Cet expédient, qui comble l'absence d'une théorie suffisamment validée, contient, en outre, le risque d'une *hypostase trompeuse* et d'un *manichéisme simpliste.* Celui qui s'y laisse prendre est victime de ce que nous appelons, à la suite de Ryle, « le dogme du fantôme dans la machine » [101].

En fait — et on peut rendre cette justice à Freud — il est contraire à *l'esprit* de la psychanalyse de *réifier* les pulsions. Finalement, ce qui importe — de l'avis même de

Freud — c'est la signification que le sujet confère à ses tendances.

Notons, au passage, que cette remarque vaut également pour toutes les explications en termes de processus psychiques et de mécanismes de défense. Ainsi, il ne suffit pas de parler de régression, de fixation ou d'autodestruction : il y a lieu, chaque fois, de repartir à la recherche de la signification humaine des phénomènes particuliers, de s'enquérir inlassablement de leur genèse, de leur but propre et de la place qu'ils occupent dans l'ensemble de la vie psychique du sujet. Les soi-disant automatismes sont toujours intégrés à l'existence et, dès lors, ne se comprennent sans une référence aux valeurs vécues et aux choix existentiels.

C. LA PULSION D'AGRESSION

Freud met en évidence que les humains sont aux prises avec certaines tendances relativement permanentes (et malléables) et que la sexualité est ici un exemple de choix. Soit. Cette proposition ne résoud cependant pas le problème du nombre et de la spécificité des pulsions. Peut-on parler d'une pulsion d'agression ou d'une pulsion de pacifisme — car enfin le refus de la violence est peut-être aussi vieux que la guerre —, pulsions analogues à la pulsion sexuelle ?

Citons d'abord une phrase de G. Bachelard : « Les métaphores marchent sans fin, marchent toutes seules... Toute comparaison est germe de mythologie » [102]. Rappelons ensuite que Freud a fini par ramener la pulsion d'agression à la pulsion de mort et que cette dernière n'est *pas* une poussée dont on peut dire « que la source somatique est l'élément absolument déterminant » (X 216). Si la faim, la

soif, le mouvement, le sommeil et l'appétit sexuel apparaissent, de façon cyclique, comme des besoins physiologique-
ment déterminés et relativement contraignants, on ne peut
en dire autant de l'agression. Ni la physiologie, ni l'éthologie, ni la psychologie n'ont pu démontrer, dans le cas de
l'agressivité, l'existence d'une nécessité interne émanant
d'un processus somatique. L'homme naît avec la *capacité*
de se conduire agressivement aussi bien qu'avec un grand
nombre d'autres possibilités (lire des livres, conditionner
des souris blanches, faire du patin à roulette, ...). Il
dispose de dynamismes qui *préconditionnent ou influencent*, dans une certaine mesure, les conduites agressives,
mais la véritable agression, chez l'homme, apparaît toujours
comme une *réponse* à une situation conflictuelle ou
frustrante. L'agressivité n'est en aucune façon une
substance dont l'organisme devrait éliminer le surplus.

Il n'est évidemment pas facile de prouver l'inexistence
d'un mécanisme. Par contre, on peut essayer de montrer
que toute une série de phénomènes s'expliquent fort bien
sans devoir le postuler. Illustrons donc notre conception
par un petit exemple de la psychologie de la vie quotidienne,
un autre relatif à la criminologie et un troisième concernant
la démographie.

a) L'automobiliste pris dans un embouteillage ne devient
pas nécessairement agressif. Son comportement dépend de
son style de vie — se prend-il pour un Monsieur important ? Cherche-t-il à s'éprouver comme une liberté sou-
veraine ?... —, de ses projets — le fait par exemple qu'il
soit ou non pressé de retrouver celle qu'il aime — et de
la perception qu'il se donne de la situation — notamment
son degré d'identification avec son véhicule...

Nous avons un jour circulé en voiture avec un homme

d'affaires qui, loin de s'irriter dans les moments de station-
nement imposés, profitait de ces situations pour écouter,
de façon détendue, la radio stéréophonique qu'il avait
placée à bord. Les arrêts répétés ne mettaient pas en
question son narcissisme.

Dans ce cas, comme dans bien d'autres, il nous semble
superflu d'invoquer une « neutralisation de l'énergie agressive » (Hartmann e.a., 1949, p. 21s). La question apparaît
plutôt celle d'une *distanciation* par rapport à la situation
et par rapport à « Sa Majesté le Moi ».

b) La lecture de biographies d'assassins nous fait également douter de l'opportunité d'une explication en termes
pulsionnels. Nous retrouvons cette idée chez J. Lacan et
M. Cénac, lorsqu'ils expliquent que la conduite criminelle
« ne saurait être tenue pour un effet de débordement des
instincts ». Ils écrivent : « S'il est en fait une notion qui
se dégage d'un grand nombre d'individus capables, tant
par leurs antécédents que par l'impression " constitutionnelle " qu'on retire de leur contact et de leur aspect, de
donner l'idée de " tendances criminelles ", — c'est bien
plutôt celle d'un défaut que d'un excès vital. Leur hypo-
génitalité est souvent manifeste et leur climat rayonne la
froideur libidinale » (1950, p. 148). Aussi ces auteurs
pensent-ils qu'au lieu de faire appel à une théorie des
instincts ou des pulsions — « couteau de Jeannot aux
pièces indéfiniment échangeables » (p. 147) — il s'agit
d'évaluer les situations « en fonction de la fixation
objectale, de la stagnation de développement, de l'implica-
tion dans la structure du *moi*, des refoulements névrotiques
qui constituent le cas individuel » (p. 148).

Le lecteur, qui souhaiterait ne pas s'en tenir à ces affirmations et voudrait plutôt consulter des documents cliniques, peut se référer, par exemple, aux ouvrages désor-

mais classiques d'Etienne De Greeff sur le crime passionnel.

c) Les sociologues observent une corrélation entre l'agressivité et la surpopulation. L'homme, pour vivre heureux, a besoin d'espace, d'étendue, de perspective. Cela nous paraît désormais évident.

Cependant, quand on y regarde de près, les faits ne suffisent pas à prouver l'existence d'une « pulsion » agressive ou d'un « instinct » territorial identique à celui des animaux. Comment, en effet, répondre *avec précision* aux questions suivantes : quelles sont les exigences « territoriales » de l'*homo sapiens* ? Quelle est, pour lui, la mesure de cette « distance individuelle obligatoire » dont Hediger parle à propos des animaux ? Quel est l'espace d'habitation nécessaire pour une famille de cinq personnes ? Quel est le nombre d'individus à partir duquel une entreprise ou un ensemble urbain produisent un sentiment d'anonymat dangereux ? Quel est le seuil de tolérance à l'installation des étrangers : 8 %, 10 %, 25 % ? Les opinions varient largement selon les auteurs.

La question de la préservation d'un espace et de l'arrangement de la place disponible nous apparaît, bien sûr, tout à fait capitale. Nous sommes disposés à croire que certaines corrélations peuvent être calculées à partir de l'observation de l'espace individuel comme des ensembles mégapolitains. Néanmoins, nous insistons ici sur l'importance déterminante des mœurs locales, du niveau culturel, des valeurs et des idéaux. Un habitant de Tokyo peut trouver que Bruxelles est une ville déserte. F. Buytendijk nous disait un jour qu'avant 1940 les Juifs d'Amsterdam vivaient dans un quartier tout à fait surpeuplé sans être pour autant davantage agressifs que les Juifs qui, aujourd'hui, ne connaissent plus cette situation aux Pays-Bas. Il y a des familles pauvres, entassées dans des taudis exigus, qui sont d'humeur (relativement) pacifique mais un écrivain ou un artiste qui travaille chez lui devient agressif (si pas névrosé) lorsque deux enfants lui tiennent tous les jours compagnie dans son trois pièces... La satisfaction ou la frustration du besoin d'espace nous semble essentiellement liée au degré d'*individuation* et d'*individualisme*. C'est pourquoi la théorie de *Lebensraum* se fondant sur des analogies avec le monde animal — le comportement des rats, par exemple — est davantage un mythe qu'un fait scientifique.

Pour comprendre le sens des conduites agressives, il est infiniment plus intéressant de s'interroger sur la structure du moi que sur les avatars d'une hypothétique énergie agressive. Plutôt que de parler, par exemple, de retournement de la pulsion d'agression sur le sujet, il est préférable d'analyser les modes d'identification, le rapport du sujet aux objets « introjectés », le conflit entre le moi, les interdits et l'idéal.

L'agressivité n'est pas innée au sens biologique d'un instinct. Du fait de la quasi permanence du narcissisme, elle apparaît néanmoins comme un phénomène pratiquement inextirpable ou, si l'on veut, une « loi » de la constitution humaine. De ce fait, nous ne sommes pas opposé, de façon catégorique, à l'usage du terme « pulsion d'agression », si l'on entend par là une dimension essentielle de la destinée humaine, mais nous croyons qu'il est absolument indispensable de démystifier cette notion et de clairement préciser ses limites. Elle ne peut, en aucun cas, donner la conviction d'expliquer le sens et la genèse de l'agressivité humaine.

Répétons encore que l'expression « pulsion d'agression » présente un grand danger de chosification et donc de méconnaissance. Elle recouvre d'un mot les phénomènes qui font problème quand elle n'est pas une *rationalisation suspecte* (« Ce n'est pas moi, ce sont les Pulsions, c'est la Nature »). Pour nous, le recours à ce genre de langage est souvent une *ruse du narcissisme.*

La personne qui voudrait tout à fait se garder des chosifications fallacieuses et de la magie des mots devrait même éviter l'emploi du substantif « agressivité » et préférer parler de « conduites agressives » ou encore, selon le terme proposé par J. P. Scott (1958), de « comportements agonistes » (c'est-à-dire ayant pour fonction d'adapter l'individu à des situations conflictuelles).

Enfin, on pourrait mettre en garde même contre l'emploi du qualificatif « agressif » sous prétexte qu'il néglige la *variété* des conduites et leurs *motivations.* Se contenter de dire qu'une mère surprotectrice, un militaire, le chef d'un parti politique sont « agressifs » ne résoud guère la question du sens et de l'origine de leur attitude. Sans vouloir conseiller ce purisme, nous dirons cependant que cette remarque est d'importance lorsqu'on prétend rendre compte des comportements de ses semblables ou des conflits sociaux...

CHAPITRE V

ESQUISSE D'UNE CONCEPTION D'ENSEMBLE

« Il nous faut simplifier beaucoup, car, par trop de détails, tout se mêle. »

Alain [103].

A. NOTIONS PRELIMINAIRES

Avant de tenter d'articuler une conception englobante des sources et des formes d'agressivité, nous voudrions reprendre notre élan en explicitant quelques concepts centraux de la psychologie existentielle.

1. *Signification*

La notion de signification, déjà maintes fois utilisée, est absolument capitale pour une approche de l'agressivité.

En effet, *le sentiment de privation ou de frustration dépend de la signification attribuée (de façon tacite ou explicite) aux événements.* La pauvreté ou la maladie, par exemple, peuvent être éprouvées comme une injustice mais aussi comme une fatalité ou même un signe de Dieu et une occasion d'approfondissement spirituel...

D'autre part, *la frustration étant éprouvée par le sujet,*

la réaction à cette impression pénible reste encore dépen-
dante de la psychologie individuelle.

L'agression est loin d'être la seule réponse possible, comme l'ont cru trop rapidement les psychologues de l'École de Yale (Dollard e.a.) en 1939. D'autres conduites apparaissent également : angoisse, fuite, résignation, dépression, régression, action rationnelle et constructive, humour, etc. L'agressivité ne surgit que dans certaines circonstances. Léonard Berkowitz (1962) a tenté de préciser ces conditions. Il envisage notamment l'intensité de la frustration — la réaction agressive est d'autant plus probable que la frustration est forte —, les facteurs cognitifs — en particulier l'estimation du caractère arbitraire du dommage subi — et l'intervention de la peur. Il rapporte notamment les observations de I. Janis sur les survivants d'Hiroshima. Ces malheureux, rappelle-t-il, ont été davantage sujets à la terreur qu'à la colère et beaucoup d'entre eux sont devenus des anxieux et des déprimés.

En postulant que toute frustration induit une agression, Dollard et ses collaborateurs ont adopté une position qui n'est pas sans rappeler celle de Freud affirmant que *tout* rêve — même un cauchemar — est la réalisation imaginaire d'un désir. De telles hypothèses de travail sont stimulantes car elles invitent à interroger les faits au-delà de l'évidence première. C'est ainsi que Dollard e.a. croient pouvoir rappeler que la société apprend à supprimer l'agression manifeste mais que l'agressivité n'en est pas pour autant inexistante et inopérante. La généralisation apparaît, *dans certaines limites qu'il faut ensuite préciser*, comme un procédé heuristique...

Revenons à notre notion de signification et illustrons-la par un exemple d'une importance considérable dans la vie quotidienne : la fatigue.

a) Notons en premier lieu que ce phénomène n'est pas parfaitement objectivable. La fatigue dépend bien sûr de la situation physiologique (composition du sang, changements cellulaires, fonctions hormonales, déficience en vitamines A, B, C, etc.). Ces modifications corporelles apparaissent subjectivement comme une tonalité générale et comme un facteur dynamique. La sensation de fatigue n'est cependant pas en corrélation *constante et univoque* avec les transformations physiologiques. Les mêmes impressions corporelles ne sont pas toujours interprétées comme une fatigue. La signification attribuée aux sensations dépend du contexte général, notamment de l'attitude du sujet à l'égard de l'occupation dans laquelle il est engagé (travail imposé, voyage d'agrément, soirée dansante,...). Nous pouvons donc déclarer, avec Buytendijk, que nous sommes autant les spectateurs que les acteurs de notre fatigue [104].

b) La réaction à une même impression de fatigue varie selon les individus et les circonstances. On voit chaque jour que tel enfant exténué s'irrite et devient vite agressif tandis que tel autre réagit en se désintéressant de l'entourage et en adoptant une position régressive (succion du pouce, p. ex.). La fatigue peut être appréhendée « en souplesse » ou « en raideur ». Tantôt elle est l'occasion d'un sentiment d'impuissance (et, dès lors, favorise l'irritation), tantôt elle donne bonne conscience et s'accompagne de sérénité.

L'état corporel et la constitution sont, pour reprendre un mot de Merleau-Ponty, des *esquisses provisoires* d'existence. Les motifs qu'ils suscitent dépendent toutefois d'un système de valeurs (sociales et personnelles). L'irritation accompagne souvent les malaises, l'inconfort, la fatigue, les tensions corporelles, les difficultés situationnelles (déceptions, contre-temps, etc.). Cependant, l'exaspération n'est pas une conséquence nécessaire des circonstances internes et externes : elle dépend en premier lieu de la signification liée au ressenti corporel et aux événements, et dépend donc des projets ainsi que des conduites antérieures.

2. Intentionalité

Une autre idée capitale est la distinction husserlienne entre *intentionalité d'acte* et *intentionalité opérante* (« *fungierende Intentionalität*). La première est celle des jugements conscients et volontaires; la seconde désigne le projet non formulé, visant le monde de façon préthématique, non positionnelle. Les phénoménologues parlent également, en ce sens, de « conscience réfléchie » (ou conscience de soi) et de « conscience irréfléchie » (originaire, non thétique d'elle-même).

L'homme se distingue de l'animal par la capacité d'objectiver les choses et de prendre activement conscience de ce qu'il fait. Toutefois, sa relation habituelle au monde et à lui-même est une relation « spontanée », non réfléchie, non élaborée consciemment. Il décide rarement, au fil des journées, en pesant, de façon rationnelle, le pour et le contre.

La personne qui descend l'escalier en parlant avec un ami ne réfléchit guère à chacun de ses mouvements — ceci risquerait d'ailleurs de la faire trébucher. Le pianiste, lors de son concert, est tout entier aux problèmes d'expression. L'homme en colère ne songe qu'à l'insulte; il oublie sa propre susceptibilité et passe à côté du spectacle, souvent ridicule, de ses tremblements...

Par ailleurs, si l'on admet que la plupart des visées intentionnelles restent en dehors de la conscience *réfléchie*, on peut ajouter que *le sens des choses dépend toujours à la fois du monde et des intentions (conscientes ou irréfléchies) du sujet.* Sans doute certaines significations s'imposent-elles de façon contraignante mais, en ce cas, c'est encore la personne qui les reconnaît et les ratifie. Même s'il n'est pas réellement *responsable*, le sujet est toujours *impliqué*, du moins à un certain niveau.

Ainsi, par exemple, lorsque nous nous mettons en colère, nous sommes doublement engagés : nous attribuons à autrui — avec ou sans raison valable — une signification déplaisante ou scandaleuse et nous jouons la pantomine qui exalte et entretient ce sentiment.

La constitution du sens est à la fois centripète (venant du monde ou d'autrui) et centrifuge (partant du sujet). La signification motivante est un mixte de donné et de disposition personnelle. Dès lors, les *événements* qui surviennent — depuis nos propres processus physiologiques jusqu'aux paroles et actions d'autrui — *n'ont pas sur nous un effet mécanique.* Les stimuli ne sont pas les « causes » du comportement : ils sont l'objet intentionnel du psychisme.

Dans les termes de Sartre : « Le milieu ne saurait agir sur le sujet que dans la mesure exacte où il le comprend, c'est-à-dire où il le transforme en situation (...). Dès l'origine, le milieu conçu comme situation renvoie au pour-soi choisissant, tout juste comme le pour-soi renvoie au milieu de par son être dans le monde » (1943, p. 660). Epictète ne disait pas autre chose, voici près de deux mille ans : « Ce ne sont pas les choses qui nous troublent mais l'opinion que nous nous faisons d'elles. »

3. *Cause et motif*

Ces remarques permettent de préciser les notions de « cause » et de « motif ».

La cause désigne un phénomène qui en déclenche un autre par une efficacité objective; c'est un déterminant extérieur à son effet. Par exemple, la chute d'une pierre est causée par la force de la pesanteur.

Le motif renvoie à une signification et à une intentionalité. Illustrons cette idée par un exemple repris à Merleau-Ponty. « Qu'entend-on par un motif et que veut-on dire quand on dit, par exemple, qu'un voyage est motivé ? On entend par là qu'il a son origine dans certains faits donnés, non que ces faits à eux seuls aient la puissance physique de le produire, mais en tant qu'ils offrent des raisons de l'entreprendre. Le motif est un antécédent qui n'agit que par son sens, et même il faut ajouter que c'est la décision qui affirme ce sens comme valable et qui lui donne sa force et son efficacité (...). Ainsi un deuil motive mon voyage *parce* qu'il est une situation où ma présence est requise, soit pour réconforter une famille affligée, soit pour rendre au mort les « derniers devoirs », et, en décidant de faire ce voyage, je valide ce motif qui se propose et j'assume cette situation » (1945, p. 299).

A toutes fins utiles, rappelons que la décision (réfléchie ou « irréfléchie ») n'est jamais l'expression d'une liberté absolue mais qu'elle n'est pas non plus déterminée à la manière d'un fait de la nature. Généralement la personne est davantage impliquée qu'elle ne veut l'admettre elle-même et cependant moins responsable que les autres ne le pensent...

B. LE DYNAMISME VITAL

« La vie n'existe en l'homme qu'intégrée et assumée par un être qui est essentiellement et nécessairement expressif, signifiant, de lui-même et des choses. »
A. de Waelhens (1958, p. 203).

1. Le pouvoir-faire

Si nous étions des êtres inertes, sans force et sans réaction, sans dynamisme ni projet, nous ne serions guère portés à l'agression. C'est pourquoi une des *conditions* de la réponse agressive est le sentiment et le désir de pouvoir agir.

« La conscience est originairement non pas un " je pense que " mais un " je peux " » [105]. Ce sentiment de la possibilité d'accéder au monde et d'agir sur lui est lié à la saisie participante des choses et à l'expérience (irréfléchie) du corps propre. Il se spécifie de diverses façons : on se sent capable de bouger, de travailler, de transformer les situations, de détruire des obstacles...

Le sentiment spontané de force varie selon les individus et selon les âges. Un des aspects qui permet de le traduire est ce qu'on appelle le *tempérament* (c'est-à-dire l'ensemble des effets, sur la vie mentale de l'individu, de ses caractéristiques physiologiques et morphologiques).

Les personnes de constitution athlétique disposent d'une force musculaire plus importante que les autres. Il n'est dès lors guère étonnant que S. et E. Glueck observent, dans un échantillon de 500 délinquants comparés à un groupe pairé de 500 non-délinquants, la supériorité physique des premiers sur les seconds. En se référant aux catégories de W. H. Sheldon, ces auteurs constatent que la prédominance de la composante mésomorphique (accentuation de l'ossature, de la musculature et des tissus conjonctifs) est deux fois plus fréquente chez les délinquants que chez les autres (60 contre 30 %). Par contre, la dominante ectomorphique (caractérisée par l'élancement et la gracilité des formes) se rencontre trois fois moins souvent chez les délinquants que chez ceux qui ne le sont pas (14 contre 40 %).

Si la puissance musculaire *se prête* à l'envie de résoudre des conflits par la force physique, elle n'est cependant pas la « cause » de la violence. La corrélation entre délinquance et mésomorphisme n'est d'ailleurs pas parfaite et l'on retrouve la composante mésomorphique (ou plus précisément : la prédominance de la mésomorphie endomorphique) chez un grand nombre de généraux, de directeurs d'entreprise et d'hommes d'Etat. *Les caractéristiques physiques n'acquièrent leur signification que dans et par les rapports sociaux.*

Les différences ordinairement reconnues entre les sexes illustrent cette vérité. Dans nos pays, on a souvent parlé de la faiblesse et de la fragilité des femmes. Cette conception ne concorde pas avec celle de plusieurs peuples dits primitifs et elle devient d'ailleurs fort discutable quand on consulte des statistiques de mortalité. Le sexe « faible » vit, en moyenne, cinq ans de plus que le « fort »... La femme, il est vrai, dispose généralement d'une moindre puissance physique et, par conséquent, son emprise sur le monde diffère de celle de son compagnon. Cette donnée biologique n'est cependant pas un destin (S. de Beauvoir) : elle prend une signification en fonction, par exemple, des valeurs sociales et économiques. Si la femme s'engage dans des tâches qui ne réclament guère de force musculaire, il n'y a aucun sens à parler d'une infériorité.

La morphologie « détermine » la façon d'exister par plusieurs biais. Elle permet et limite les conduites; elle est remarquée par le sujet lui-même; elle provoque chez autrui des impressions qui influencent l'intéressé. Buytendijk (1951, p. 127) rapporte que Grünbaum — un psychologue de grand renom — disait que s'il avait eu 5 cm de plus, il serait devenu un autre homme. Il était petit et gros... Mais les traits bruts ne sont pas une fatalité. La petitesse de taille engendre tantôt l'humilité tantôt l'attitude de défi. Les propriétés tempéramentales reçoivent, à travers l'histoire des rencontres, une *multiplicité* de significations parmi lesquelles le sujet « choisit » celles qui motivent sa conduite.

Il n'y a pas que l'impression de force qui motive une disposition à l'attaque. Les déprimés, on le sait, sont souvent irritables. Dans bien des cas, leur agressivité peut se comprendre précisément comme la réaction à la déchirure qu'ils éprouvent entre le désir d'action et le sentiment de ne pouvoir agir. Cette agressivité est comme un sursaut crispé devant la montée du « coefficient d'adversité des choses », comme une tentative désespérée de se raccrocher. Durant une thérapie, de tels patients manifestent parfois des réactions violentes au moment où une interprétation met en question l'image rigide qu'ils se font d'eux-mêmes ou de leurs idéaux. Ainsi, l'appauvrissement du sens de l'existence et la diminution du pouvoir-faire effectif peuvent faire perdre la tête et induire ce que K. Goldstein a appelé des « réactions catastrophiques » (réactions désordonnées apparaissant dans les états d'ébranlement physiques et psychiques). Nous devrons revenir dans la suite, sur la réaction du moi face à l'impuissance et à la frustration. Restons pour l'instant, au niveau des dynamismes vitaux.

2. L'expansivité

A côté du sentiment de pouvoir agir, les « demandes » qui sourdent des pulsions apparaissent comme une autre *racine* « vitale » de l'agressivité.

L'être humain est aux prises avec certaines poussées endogènes. Nous avons déjà dit et répété qu'aucun argument scientifique ne permet d'affirmer la matérialité d'une *pulsion à l'attaque* mais que certains dynamismes corporels « préparent » ou facilitent l'agression. Ainsi en va-t-il notamment du *besoin de mouvement* et du plaisir de se dépenser.

Les pulsions sont éprouvées comme des dispositions affectives, des forces plus ou moins importantes auxquelles nous ne pouvons entièrement nous soustraire. Faut-il à ce propos parler d'*énergie* ?

L'usage du concept d'énergie est souvent pratique. Il semble se justifier tant pour décrire l'asthénie du déprimé que pour rendre compte, par exemple, de certaines différences de capacités intellectuelles (la possibilité d'un long effort mental, l'attention toujours en éveil, etc.). On dira que l'étudiant qui a passé toute la nuit à mémoriser la matière de l'examen ne dispose plus de suffisamment d'énergie pour réfléchir à des questions imprévues à ce moment qu'on appelle, en langage tauromachique, la minute de vérité... Cependant, même si la description des phénomènes peut faire usage de ce concept, sa pertinence explicative reste souvent ambiguë. Deux autorités du monde psychanalytique nous mettent en garde contre un recours trop rapide à l'« énergétique ». L'américain G. Blum écrit : « le concept d'énergie psychique, avec toutes les confusions et les limitations qui s'y rattachent, tient presque lieu d'une panacée pour toutes les maladies de la théorie de la personnalité » [106]. Le français F. Perrier déclare : « la promotion des références économiques est toujours un *dernier recours*, lorsque le théoricien ou le clinicien se heurte à une énigme. Cela donne à penser qu'on a toute chance de trouver dans ce mode d'explication le non-articulé ou le non-satisfaisant de sa recherche » [107].

En fait, la recherche scientifique permet d'affirmer l'action de certains dynamismes physiologiques dans l'existence humaine, mais l'analyse phénoménologique invite à reconnaître que ces forces doivent se comprendre comme des « motifs » plus ou moins contraignants, comme des motivations qui agissent sur la conduite en fonction des significations qu'elles prennent dans un contexte global. Les impulsions ne se réalisent et ne prennent leur allure spécifique qu'avec le concours d'un sujet qui leur accorde une certaine valeur.

Les tonalités affectives qui « traduisent » l'état corporel et les pulsions *peuvent* « motiver » l'attaque ou l'irritation. Ainsi en va-t-il de l'exubérance, de la dysphorie ou du sentiment vague d'insatisfaction (lié, p. ex., à une tension sexuelle). Voyons quelques exemples.

Dès le plus jeune âge, l'enfant réagit vivement lorsqu'un adulte essaie de le maintenir immobile. De façon générale, l'enfant manifeste un besoin élémentaire d'action et d'agitation. Ses tendances à se mouvoir, à explorer et à manier peuvent se muer en plaisir de saccager. Dans la vie quotidienne, ces dynamismes élémentaires se heurtent inévitablement à des limitations qui sont souvent éprouvées comme des frustrations et déclenchent dès lors l'exacerbation ou la colère.

A la puberté, les transformations morphologiques et physiologiques (notamment la maturation sexuelle) engendrent des sentiments diffus, des malaises ainsi qu'une tendance à la décharge motrice. L'adolescent est sujet aux sautes d'humeur, ses attitudes sont dissymétriques, sa mimique est excessive, ses mouvements sont tendus et manquent d'harmonie. Il est facilement mécontent, quand il n'est pas en révolte ouverte contre les autorités... Néanmoins, ici encore, le sens de la corporéité se constitue dans un contexte culturel, raison pour laquelle on peut distinguer la puberté (phénomène physiologique) et l'adolescence (phénomène bio-psycho-social). Chez la majorité des peuples dits primitifs, des « rites de passage » réduisent la période de l'adolescence à quelques semaines ou quelques mois. La « crise d'originalité juvénile » à l'occidentale et les révoltes sont, au moins en partie, les produits d'une culture qui établit une discontinuité entre la maturité corporelle et l'exercice de responsabilités véritables.

La psychologie différentielle des sexes met également en évidence des relations entre les données corporelles et la façon d'exister. Buytendijk (1951) a bien décrit la dynamique masculine « expansive » et la dynamique féminine « adaptative ». Citons quelques-uns de ses exemples : le garçon se sert d'une balle comme d'un moyen de percussion, la fillette l'utilise souvent comme instrument de jeu d'adresse. La marche de l'homme accentue les subdivisions, celle de la femme apparaît davantage comme un mouvement coulant, égal, continu. Les expressions masculines sont facilement « explosives », abruptes, carrées; celles de la femme se développent plus lentement. Les intérêts de l'homme sont souvent dominés par les valeurs d'action et le goût de l'efficacité; ceux de la femme s'orientent davantage vers le domaine des relations interpersonnelles et le monde du « souci »... Toutefois, malgré certaines différences de force musculaire et de taux d'hormones (entre trois et dix ans, on trouve chez le garçon environ deux fois plus d'androgènes que chez la fille et 40 à 50 fois moins d'œstrogènes), il existe des hommes doux et des femmes très agressives. Ce n'est donc que de façon relative que la vie corporelle fonctionne comme « moteur » de la vie psychique. Les événements physiologiques obéissent à des lois biologiques, psychologiques et culturelles; l'existence personnelle ne se réduit pas aux processus organiques qui en sont le support.

C. LE PLAISIR DES EMOTIONS VIOLENTES

« ... alors le cousin Jules feignait d'entrer dans une grande colère et il se sentait exister pendant un moment et tout le monde était content... »
                                              Sartre (1954, p. 62).

Il ne nous semble pas trop hypothétique de déclarer que les deux passions fondamentales de l'homme sont la recherche de sensations ou d'émotions agréables et l'affirmation ou l'exaltation du moi. Examinons brièvement la première avant de nous arrêter plus longuement à la seconde.

La plupart des êtres humains supportent mal l'ennui et recherchent des stimulations plus ou moins vives. Citons quelques occasions courantes d'ivresse émotionnelle : l'amour, la sensualité; la vitesse, le sport (parachutisme, courses automobiles, etc.); la haine, l'indignation, les frissons collectifs, les parades au son du tambour, la défense de la nation, les révolutions, la guerre, les viols, les supplices, les exécutions capitales.

La violence peut présenter, dans certains cas, une composante hédonique. On parle d'ailleurs du plaisir de dominer, de détruire, de se venger. Nous envisagerons bientôt la satisfaction à se sentir « cause » de quelque chose. Pour l'instant, insistons seulement sur la jouissance liée à des émotions intenses.

Une personne très excitée (en colère, par exemple) ne présente pas nécessairement un comportement antisocial et un bourreau peut agir de façon cruelle sans grand engagement affectif. Cependant, un nombre important d'actes de violence (notamment des mises en scène ou des crimes sadiques) se comprennent comme des orgies sentimentales, comme des recherches de paroxysmes affectifs. L'expertise de délinquants sexuels démontre d'ailleurs la fréquence du phénomène de surcompensation. Ce genre de délits est souvent le fait de personnalités froides, d'infirmes physiques ou affectifs, d'impuissants sexuels.

Que l'agression s'accompagne, dans certains cas, de plaisir et qu'elle puisse, à cette occasion, se renforcer, n'implique pas qu'elle corresponde à un *besoin primaire*. Ce comportement, qui est parfois « motivé » par des sensations corporelles, n'est pas davantage « causé » par une pulsion fondamentale que le comportement du fumeur, de l'amateur de plaisanteries ou de l'anglaise qui, chaque après-midi, a « besoin » de sa tasse de thé. Il est erroné d'invoquer un automatisme physiologique endogène ou une éruption d'instincts. Parler de bestialité, c'est recourir à une projection déculpabilisante de la perversité humaine aux dépens de l'animal. L'inhumanité est une des possibilités de l'homme. Même les biologistes reconnaissent que « la destructivité humaine est spécifiquement humaine » (Carthy et Ebling, p. 4). L'action violente suppose un sujet qui « adopte » une certaine attitude ou encore, si le sens de la situation *semble* s'ébaucher par lui-même, qu'il l'assume et lui donne suite.

D. LA DEFENSE ET L'AFFIRMATION DU MOI

« La férocité naturelle fait moins de cruels que l'amour-propre. »
La Rochefoucauld (Maxime 174).

Après avoir évoqué quelques aspects de la vie prépersonnelle, sur lesquels s'appuient et se détachent des intentionalités spécifiquement humaines, nous envisageons ce qui constitue le caractère propre de l'agressivité chez l'homme.

1. *Le moi et le narcissisme*

Les sentiments combatifs à l'approche de l'ennemi, la conquête d'un territoire ou la lutte pour une position élevée dans la hiérarchie sociale trouvent des analogies dans le monde animal. Chez l'homme, ces phénomènes ne deviennent cependant pleinement compréhensibles que lorsqu'on tient compte de l'une de ses caractéristiques les plus déterminantes : la relation à lui-même et l'amour qu'il voue à son moi (ou à son prolongement). C'est le fait premier dont il faut repartir.

Selon nous, l'ensemble du problème se ramène à cette

proposition : *l'agressivité humaine ne commence qu'avec le « moi » et son investissement affectif.*

Dans l'introduction (§ 2), nous avons distingué l'agressivité défensive (due à la conservation de soi) et l'agressivité plus spécifiquement narcissique (liée à l'amour-propre). Nous croyons à présent pouvoir préciser que cette distinction est toute relative et que *l'agressivité, au sens qualifié du terme, apparaît toujours comme une réaction narcissique.* Les pages qui précèdent ont préparé cette thèse. Celles qui suivent voudraient simplement l'illustrer.

Pour éviter tout malentendu, rappelons que nous utilisons le terme de *narcissisme,* non au sens péjoratif qu'il avait chez Näcke et H. Ellis (perversion consistant à se prendre soi-même comme objet érotique), mais dans l'acception large promue par Freud et ses élèves, à savoir : l'amour de soi, normal (défense et expression de soi) ou pathologique (idolâtrie de soi), légitime ou condamnable, selon les cas.

1.1. *L'attaque du moi*

a) S'il est vrai que « le moi est d'abord un moi corporel » (Freud, XIII 253), une des formes d'agression les plus « efficaces » réside sans aucun doute dans l'attaque ou *la mise en question du corps propre.*

Chacun sait par expérience que les plaisanteries qui visent l'aspect physique d'une personne sont toujours mal accueillies par celle-ci, même si elle a habituellement le sens de l'humour.

Freud a fourni une brève observation clinique en rapport avec ce thème. Il s'agissait d'un patient obsédé par la représentation de son père sous la forme d'un corps mutilé, sans tête et sans organes génitaux. Freud concluait en disant : « L'image obsédante est une caricature notoire. Elle fait penser à d'autres représentations qui, dans une intention ravalante, remplacent la personne entière par un seul organe, par exemple, l'organe génital... » (X 399).

On peut dire que l'intention d'agresser est régulièrement vécue comme désir de destruction ou de morcellement corporel et, réciproquement, que toute situation qui met en péril le corps ou son image annonce ces frères jumeaux que sont l'angoisse et l'agression.

b) L'image du corps n'est évidemment pas la seule formation narcissique en rapport avec l'agressivité. La représentation de *la personnalité propre* est un élément tout aussi décisif.

Une critique de la conduite ou de caractéristiques psychologiques suscite l'irritation ou même la haine. L'expérience journalière montre que l'agression maligne vise généralement ce que le sujet a de plus vulnérable, à savoir sa propre image.

Les comparaisons dévalorisantes — dont les enfants sont si souvent victimes — occupent peut-être le premier rang parmi les sources de l'agressivité quotidienne. « La comparaison perpétuelle, pour reprendre un mot de J. Schotte, est une des plus sûres recettes du malheur des hommes. »

Pour comprendre cette susceptibilité, il n'est pas inutile de rappeler la fragilité de « Sa Majesté le Moi ». Freud souligne avec raison que le moi apparaît comme une façade dont les limites demeurent flottantes [108]. L'identité est une conquête jamais définitive, sans cesse remise en question par les impulsions endogènes et par le monde extérieur.

L'être humain aspire à la cohérence. Il voudrait ressaisir, si possible totalement, mais ce désir impérissable est voué à une irrémédiable insatisfaction. L'homme mène ainsi une course éperdue. Parmi les leurres auxquels il s'attache pour trouver malgré tout une certaine consistance, se trouve la recherche d'images en miroir, de semblables, d'autres individus qui présentent un style de vie identique et défendent le même idéal. Le miroir est fallacieux mais tellement rassurant ! C'est la raison pour laquelle chacun reproche aux autres de n'être pas lui-même. La différence, comme le langage l'indique, crée le différend [109]. La différence est de trop, elle est une menace pour l'unité précaire du moi.

Il ne faudrait toutefois pas s'imaginer que la suppression des différences mène à la paix. Les choses ne sont pas si simples. On s'aperçoit, en effet, que si les humains cherchent à se récupérer à travers ceux qui leur ressemblent, une absence de diversité ou la suppression des marques d'originalité engendre, à son tour, des difficultés. A. De Waelhens a trouvé une formule heureuse pour résumer cette contradiction : « Ce qui intéresse l'inconscient c'est que je sois un peu différent des autres mais que les autres ne soient pas différents de moi » [110].

Le fond de l'affaire réside toujours dans le désir, propre à chacun, de pouvoir affirmer sa valeur à autrui et de pouvoir se la confirmer à ses propres yeux.

c) Notre thèse rend encore compte, *dans une certaine mesure*, de la généralisation et de la *« démocratisation » de la violence* dans le monde contemporain.

Si l'agressivité dépend de l'image que le sujet se fait de lui-même et de ses droits, la prise de conscience, par une proportion de plus en plus large d'individus, de droits de plus en plus nombreux, aboutit inéluctablement à des conflits plus fréquents et plus profonds.

On parle aujourd'hui du droit à la dignité, à la santé, au travail, à la liberté d'expression, à l'instruction, à la culture, à un environnement de qualité... La mise en avant de ces prérogatives — dont la liste n'est pas close — va de pair avec une augmentation des occasions de défense de soi et de revendication agressive. L'habitant d'un immeuble qui estime avoir « droit au silence » est prêt à faire justice lui-même si la télévision du voisin l'empêche de dormir. Son raisonnement n'est pas, fondamentalement, différent de celui du Palestinien qui détourne un avion...

d) Les réflexions qui précèdent permettent également de comprendre le rapport qui existe entre *l'angoisse de la mort* et l'agressivité.

On peut commencer par rappeler que la mort est « le point le plus épineux du système narcissique »[111]. Le scandale de la mort, c'est la perte de l'individualité. Plus une personne de notre entourage est individualisée, plus sa disparition est traumatique. Plus nous sommes conscients de notre propre individualité, plus la mort nous épouvante. Par contre — comme le développe Edgard Morin dans son livre *L'Homme et la Mort* — l'horreur de la disparition se dissipe « dès que s'affaiblit le muscle de l'affirmation de soi ».

Angoisse de mort et disposition à la violence émanent d'une même source : l'atteinte du narcissisme. Ceci explique que les individus qui n'ont pas accepté, au moins dans une certaine mesure, leur propre mortalité, soient particulièrement agressifs.

La conception selon laquelle le refus crispé de l'idée de la mort engendre la disposition agressive est un thème développé par F. Fornari. Citons deux phrases qui résument ses conceptions : « Tout comportement qui vise à détruire les objets aurait pour origine une attaque sadique contre notre mort, aliénée et projetée hors de nous » (1964, p. 43)

« Chaque crime est inspiré par l'illusion de pouvoir vaincre la mort en tuant l'ennemi » (p. 23).

Fornari généralise évidemment trop vite. Il cède à cette manie antiscientifique qu'on retrouve chez de nombreux psychanalystes : tout expliquer à partir d'une ou de quelques observations cliniques. Néanmoins, la corrélation sur laquelle il insiste prolonge fort justement l'idée de Freud disant qu'il faudrait assigner à la mort la place qui lui revient afin de rendre la vie supportable. « *Si vis vitam, para mortem.* Si tu veux supporter la vie, tourne-toi vers la mort » (1915e, X 355).

Une réflexion sur les rapports de la mortalité et de la violence permet peut-être de mieux comprendre l'ambivalence à l'égard du cadavre et le sentiment d'inquiétante étrangeté qu'il inspire. Nous avons observé, à plusieurs reprises, que de fortes réactions de colère, prenant divers prétextes, se produisent durant les heures qui suivent la disparition d'un proche. La mort d'un être aimé suscite l'agressivité non seulement à cause de la « perte d'amour », mais aussi parce qu'elle met en question le narcissisme du survivant. Ce dernier, en effet, ne peut regarder le défunt sans y voir l'image de son propre destin et sans songer à son propre anéantissement.

Le rejet des vieillards s'explique parfois de cette manière. Le conflit des générations n'est pas seulement la conséquence d'une rivalité ou d'un désaccord d'idées. Les vieux apparaissent comme une menace pour le moi en ce qu'ils préfigurent le déclin qui attend les jeunes, et l'on sait que ces derniers préfèrent souvent s'imaginer morts que vieux et impotents.

1.2. La dépendance du moi

La dépendance, donnée primordiale de la vie humaine, peut, selon les circonstances et les sensibilités particulières, être ressentie comme une aliénation plus ou moins intolérable. Cette situation est une des sources de l'agressivité et de la haine.

Avant même de naître, l'enfant est l'« objet » de ses parents et, dès sa venue au monde, il trouve sa satisfaction en étant l'objet de la puissance ambiguë (à la fois indispensable et dangereuse) d'autres que lui. Ainsi la sujétion apparaît dès les premiers moments de l'existence.

a) Il est vital pour l'enfant que la mère fasse de lui son deuil, qu'elle accepte et même provoque une série de cassures. Ce travail d'accouchement, qui ne se fait pas en un jour, est la condition d'une accession de l'enfant à une relative autonomie. L'enfant, à son tour, doit effectuer, bon gré mal gré, son deuil du premier objet d'amour. En termes plus crus : il doit « tuer » la « mère primitive » s'il veut échapper à l'affection mortelle et constituer ou préserver son moi. Faute de cette rupture, l'affection maternelle, indispensable au départ de toute existence, risque d'étouffer le sujet et d'engendrer un état morbide. Les psychologues américains parlent alors de « *personality absorption* », les français, d'aliénation au désir maternel et de « carence de la fonction paternelle ».

Les adolescents et même bon nombre d'adultes restent partagés entre la révolte et la tentation de la soumission annihilante. La mère (réelle ou imaginaire) peut continuer à représenter ce danger de la confusion primitive et, à ce titre, susciter angoisse et agressivité. O. Rank attribue à ce phénomène un rôle prépondérant dans la genèse de la névrose. Il écrit, au sujet d'une patiente : « C'est ici qu'on doit chercher également la racine du sentiment qui pousse la malade jusqu'à souhaiter la mort de sa mère, seul moyen pour elle de surmonter la force qui l'entraîne vers celle-ci » [112]. Le même auteur soutient encore que la domination masculine est une réaction à la dépendance du garçon à l'égard de la mère ou une réaction à la nostalgie de cette dépendance. Cette conception, que l'on retrouve également chez N. Brown (1959, p. 156), devient évidemment ridicule si on la généralise. Elle mérite cependant d'être envisagée quand on essaie d'expliquer certains comportements psychotiques ou les réactions pathologiques de certains hommes à l'égard de la mère et de la femme en général (la fameuse « *horror feminae* »).

b) L'être humain n'a pas seulement pour tâche de se détacher de la génitrice : il doit également faire son deuil du père. Ici encore on peut dénombrer des conduites agressives qui sont le signe d'une accession à la maturité.

Le père archaïque, personnage tout-puissant et aliénant, doit, tout comme la mère « dévorante », être « mis à mort ». Dans *Totem et Tabou*, Freud offre une histoire mythique qui exprime ce fait que, pour accéder à l'humanité, l'individu doit tuer le père primitif, renoncer à la mère et aux sœurs, briser l'enclos familial. Rappelons, dans ce contexte, que le « complexe d'Œdipe » n'est pas seulement une histoire d'amour mais aussi — et peut-être surtout — une insurrection.

Le sujet stagne ou devient malade lorsque ces conflits de base ne sont pas affrontés. Il est asphixié lorsqu'une certaine dose d'agressivité conquérante lui fait défaut.

c) La « liquidation de l'Œdipe » ne met pas un terme définitif aux rêves narcissiques de totale autonomie par rapport à autrui et de toute-puissance sur soi-même. Ces fantasmes peuvent se retrouver chez l'adulte ou l'adolescent, notamment sous la forme d'*un certain idéal de maîtrise de soi*.

Il serait fort instructif de faire une analyse des discours sur la volonté en vogue au début de notre siècle. On pourrait y montrer toute l'ambiguïté de la maîtrise de soi et de l'ascèse. Voici plusieurs années déjà, Emmanuel Mounier (1946, p. 454) mettait en garde contre les « pseudo-volontés » et disait qu'en règle générale la volonté « mystifie avec gravité ». Antoine Vergote (1964b) a expliqué clairement que la volonté, comme puissance de maîtrise, n'est pas seulement tentative de circonscrire le pulsionnel — et tout spécialement la libido — mais qu'elle est également position narcissique. A ce titre, la volonté risque de virer à la divinisation de soi-même...

La question de l'aséité n'est donc pas seulement un problème philosophique ou théologique. La clinique montre souvent l'importance des fantasmes exprimant le désir d'être « *causa sui* », l'aspiration à ne plus dépendre que de soi, la volonté de devenir son propre fondement.

Tout au long des années de notre activité de psychologue clinicien, nous avons reconnu un des principaux nœuds des difficultés névrotiques dans la triade : narcissisme — volontarisme — agressivité. Nous gardons en particulier le souvenir d'un jeune ingénieur souffrant de phobies et de tics, personne particulièrement agressive, « narcissique » (au sens péjoratif du terme), et dont le journal intime, tenu durant l'adolescence, commençait par ces mots : « Je veux devenir absolument maître de moi-même.... » La passivité ou le laisser-être était pour lui la pire des faiblesses.

Les rapports de dépendance constituent assurément un des fils conducteurs les plus éclairants dans l'étude des relations interpersonnelles. La réciprocité entre les hommes ne peut faire fi des narcissismes en présence. L'optimisme génétique qui se réfère à l'« amour génital » et à l'oblativité est une conception irréaliste. D. Lagache, fidèle en ceci à la position de Freud, a bien raison d'écrire : « L'amour d'union, dans la charité réciproque, est un attachement mutuel qui implique la conciliation des narcissismes, la modération du sien propre et la tolérance à celui de l'autre » (1960, p. 107).

1.3. *La non-valorisation du moi*

L'agressivité est motivée par une attaque du moi, un sentiment d'aliénation ou d'impuissance. Une autre motivation, proche de celles-ci, est la non-reconnaissance du moi.

William James a exprimé, de façon imagée, ce dont il est ici question :

> « Si l'on voulait punir quelqu'un très sévèrement, on ne pourrait imaginer rien de pire que de le laisser circuler librement parmi les hommes sans que quiconque ait la moindre notion de lui. Si personne ne tournait la tête lorsque nous entrons, si personne ne répondait à nos questions, si tous nos faits et gestes demeuraient inaperçus et si chacun nous considérait comme du vent, alors surgirait en nous la colère et le désespoir sans limites, et les pires supplices physiques, en comparaison, paraîtraient insignifiants » [118].

Le sujet n'en a jamais fini du narcissisme. A partir du moment (entre 8 mois et 3 ans) où l'image du « moi » se constitue dans le miroir comme un « autre », situé à une distance jamais comblée du « je », l'existence se déroule dans une perpétuelle course après soi-même. La discordance qui s'instaure avec la prise de conscience de soi ouvre une plaie qui ne se cicatrise jamais. L'homme s'éprouve comme déhiscence et manque. Son unité lui est conférée du dehors (les autres, le miroir) et cette unité n'est jamais totalement établie. C'est pourquoi tout se passe comme si chacun suppliait les autres de lui accorder le plaisir de se retrouver, de se reconnaître et de s'aimer.

L'agressivité surgit dès que le sujet n'a plus le sentiment d'être reconnu ou valorisé. Une des meilleures illustrations de cette loi est la situation où le partenaire apparaît au sujet comme un être auto-suffisant. Sans doute le narcissisme d'autrui peut-il être attirant. Le sujet transfère alors son propre narcissisme à celui de l'« objet ». C'est ce qui explique, selon Freud, le charme exercé par certaines femmes, les enfants, les humoristes, les chats, les grands animaux de proie, etc., (X 155). Toutefois, le narcissisme d'autrui, qui est éprouvé par le sujet comme la négation de son propre moi, engendre une toute autre réaction.

A. Pepitone a clairement démontré que la vantardise et la vanité induisent une attitude agressive chez l'interlocuteur. Voici, à titre d'exemple, une de ses recherches. Deux groupes d'étudiants sont interrogés : les uns par un expérimentateur « neutre », les autres par un individu riant de ses propres mots d'esprit, manifestement auto-suffisant et « narcissique ». Lorsque les étudiants sont invités à juger l'examinateur, il est clair que les membres du second groupe sont beaucoup plus hostiles à l'égard de leur interrogateur que les autres. Cet effet est d'autant plus marqué que la vanité apparaît injustifiée (elle est moins tolérée de la part d'un étudiant ou d'un assistant que de la part d'un professeur).

Si nous sommes agressifs à l'égard de ceux qui apparaissent de mauvaise foi ou trop sûrs d'eux, ce n'est pas toujours parce que leur système de valeurs met en question le nôtre, mais parce qu'ils apparaissent insensibles à notre existence. La vanité des autres nous irrite lorsqu'elle passe outre à notre propre vanité. Nous nous sentons envahir par le dépit ou la haine quand celui que nous reconnaissons ne nous estime pas à son tour ou n'est pas une occasion de valorisation. L'attaque et la critique sont souvent mieux tolérées que cette indifférence.

Dans bien des cas, la taquinerie n'a d'autre signification qu'un appel à l'attention et à la réciprocité. L'agression violente et l'acte délictueux sont souvent une tentative de briser l'anonymat et de se réintroduire dans le circuit des échanges interpersonnels.

La reconnaissance de soi ne peut s'opérer n'importe comment. C'est comme sujet, comme une personne que l'homme aspire à être entendu. Sans doute arrive-t-il qu'un individu se complaise à être valorisé en tant que porteur d'un titre ou agent d'une fonction. Chacun sait d'ailleurs que la façon la plus « efficace » de plaire à quelqu'un est de le persuader qu'on croit qu'il est réellement ce qu'il s'imagine ou voudrait être... Et cependant, on ne peut trop vite conclure en ce sens car, même si l'image est jolie, ce n'est toujours qu'une image et le sujet ne supporte que rarement d'être appréhendé comme un « cela ». Les psychanalystes savent d'ailleurs qu'ils doivent éviter de donner au consultant le sentiment d'être « analysé » ou expliqué, même si telle est la demande explicite. Il en va de même pour la remise des conclusions d'un examen psychologique : les informations suscitent l'animosité dans la mesure où elles ne permettent pas à la personne d'échapper à son « portrait » et de se transcender.

2. *L'idéal du moi*

L'individu s'humanise grâce à des valeurs et des idéaux auxquels il tente d'être fidèle. Il leur est attaché comme à lui-même car ils lui offrent l'occasion de *se dépasser.*

Le psychanalyste, psychologue démystificateur et sacrilège, ajoute que les idées et croyances permettent au sujet de *se récupérer.* Le moi et son idéal, même si le phénoménologue peut soigneusement les distinguer, apparaissent, *au niveau affectif envisagé par la psychanalyse*, comme le prolongement l'un de l'autre.

Selon l'expression de Freud, l'idéal du moi est « le substitut du narcissisme perdu de l'enfance » (X 111), « l'héritier du narcissisme originaire » (XIII 121). Ceci permet de comprendre qu'un individu peut, par exemple, être satisfait de son groupe d'appartenance même si celui-ci ne forme pas une « société d'admiration réciproque » et qu'il peut accepter de n'être rien par lui-même si on lui donne tant soit peu le sentiment de participer à la puissance du groupe et de ses dirigeants.

Nous voudrions commenter quatre propositions concernant le rapport de l'idéal du moi et de l'agressivité :

L'agressivité apparaît lorsque l'idéal du moi est mis en question.

La défense et la propagation des idéaux s'accompagnent souvent de violence.

L'agressivité surgit quand l'idéal du moi s'effondre ou devient ambigu.

L'idéal du moi peut devenir lui-même objet d'hostilité de la part du sujet.

2.1. *La mise en question de l'idéal*

Chacun sait par expérience comment on peut agresser quelqu'un indirectement en touchant sa corde sensible, en lui annonçant, par exemple, des informations « objectives » déplaisantes concernant ses amis ou ses objets d'admiration.

Toute mise en question de l'idéal du moi — qu'il s'agisse d'une attaque ouverte ou, plus discrètement, d'une non-valorisation — tend à être éprouvée comme une blessure narcissique. On sait toute l'agressivité que suscite la critique des parents, de la patrie, du chef, de la religion, etc., et ceci quand bien même le sujet ressent lui-même de l'hostilité à l'égard de ces personnes ou de ces valeurs. Aussi peut-on émettre l'hypothèse que la propension à faire la guerre ou à mener une « chasse aux sorcières » est directement proportionnelle au degré de chauvinisme ou de foi en une quelconque idéologie.

2.2. *La propagation de l'idéal*

Nous croyons que les combats entre les hommes sont les plus féroces lorsqu'ils sont menés, non pour des motifs bassement matériels, mais au nom d'idéologies. De manière générale, la défense et la propagation d'idéaux sont des occasions privilégiées d'exercer la violence.

On trouve déjà chez Hegel une remarquable analyse du combat sans merci livré au nom de la Vertu. L'auteur de la *Phénoménologie de l'Esprit* [114] — trouvant peut-être son inspiration dans le texte de Schiller *Les Brigands* — décrit le type de personnage qui croit contribuer au Bien-être de l'Humanité en imposant sa loi propre comme principe de l'Ordre universel. Combattant pour le Bien, ce redresseur de torts méconnaît le fait qu'il contribue lui-même au désordre qu'il dénonce.

Les actions de l'individu « altruiste », du philanthrope, du réformateur, du révolutionnaire et de celui que Hegel appelle la « belle âme » sont souvent — mais heureusement pas toujours — empreintes de violence et même d'agressivité au sens propre du terme. En effet, il est très gratifiant de faire la guerre « sainte » contre l'impérialisme, le collectivisme ou... la guerre. Nietzsche et Scheler à sa suite ont montré la part de haine et de ressentiment qui peut intervenir dans ces types de conduite. Freud, en démasquant la passion narcissique, qui couve sous l'idéalisation (X 161s) et les actions apparemment les plus sublimes, permet de mieux comprendre pourquoi les idéalistes et ceux qui croient détenir la Vérité — depuis les inquisiteurs du Moyen Age jusqu'aux dirigeants de l'U.R.S.S. — sont disposés à faire couler le sang. Les révolutionnaires sont toujours tentés par le stalinisme. Les militants se muent facilement en militaires et on ne compte plus les meurtres commis pour défendre le « Bien suprême » ou sous prétexte de bannir, à l'avenir, la Violence.

On pourrait reparler ici de ce que nous avons appelé le « complexe de Laïos » (ch. 1, B, 1). L'hostilité du parent envers sa descendance s'explique de diverses façons : rivalité, sentiment de négation de sa propre jeunesse, identification à l'agresseur potentiel, réactivation de troubles liés à la façon dont il a lui-même affronté l'Œdipe, défense contre une identification régressive, etc. Un motif important réside dans le fait que l'enfant représente l'idéal narcissique et que les parents entendent le modeler selon leurs aspirations.

Quoique la progéniture soit généralement surestimée par les parents, les déceptions sont loin d'être rares. Les parents peuvent devenir particulièrement violents lorsqu'un enfant apparaît comme la caricature d'une faiblesse non assumée. Ils se frappent alors eux-mêmes à travers le fruit de leur chair.

L'analyse du narcissisme qui préside aux rapports géniteurs-descendants explique certaines vocations pédagogiques et ce qu'on a parfois appelé le « complexe de Pygmalion ». Ceci permet également de comprendre le conflit profond qui gît dans la situation pédagogique, en particulier lorsque la « formation » prend l'allure d'une transformation imposée plutôt que d'un éveil.

2.3.   *La détérioration de l'idéal*

L'agressivité surgit encore lorsque l'idéal du moi devient ambigu ou tend à se détériorer.

Dans son texte sur la psychologie des foules, Freud évoque comme conséquences de la disparition brutale du chef-idéal-du-moi : la panique (XIII 104) et l'explosion d'impulsions hostiles (p. 107). Il revient sur cette question dans *Unbehagen* en parlant du danger lié à l'état de « misère psychologique de la masse » (XVI 474). Il souligne alors que la menace est surtout sensible dans les formations collectives constituées principalement par l'identification réciproque des individus et où manquent de fortes individualités pour diriger la masse.

Depuis l'histoire du nazisme, on sait parfaitement à quelle folie peut mener la foi absolue dans le « Führer ». Mais ceci ne peut nous empêcher de reconnaître une autre source de pathologie sociale et de difficultés individuelles : la carence de figures d'identification et de valeurs communes.

Durkheim évoquait déjà en 1893 [115] les désordres sociaux liés à l'« anomie », c'est-à-dire à l'absence de lois communément admises, à la désintégration sociale et à la faiblesse des liens rattachant l'individu au groupe. Cette interprétation est encore valable aujourd'hui et, sans doute, l'est-elle même davantage. Nous vivons actuellement en régime de « polyarchie ». Chacun fait partie de différents groupes qui ont des intérêts distincts et parfois opposés. La loi exprimée dans le groupe des amis de même âge ne reproduit plus automatiquement celle de la famille ou de l'école. Les normes se bousculent et se contestent. Cette pluralité et cette discordance des valeurs (matérielles, morales, religieuses, etc.), à quoi s'ajoute une dépersonnalisation des figures du surmoi et une perte du sens de la vie, explique, en partie, l'agressivité des temps modernes.

Si ces données nous paraissent désormais évidentes, nous craignons cependant de les souligner car les nostalgiques du pouvoir fort pourraient y trouver des arguments.

2.4. *L'agressivité à l'égard du propre idéal*

Disons enfin un mot de l'agressivité de l'individu à l'égard de ses propres idéaux.

Le carnaval ou la fête des fous au Moyen Age pourraient servir ici de point de départ. Nous laisserons cependant la question de l'inversion des valeurs sociales pour nous limiter aux rapports de l'individu avec son idéal du moi.

La théorie du complexe d'Œdipe rappelle que l'individu forme son moi à partir d'une identification au parent de même sexe. On connaît l'hostilité de l'enfant à l'égard de ce rival. Pourtant, la compétition n'explique pas toute l'agressivité en jeu. On peut invoquer deux autres motifs. Les perfections (réelles ou imaginaires) de l'idéal mettent le sujet en question. D'autre part, à court ou à long terme, l'idéal du moi finit par apparaître insuffisant et décevant.

De façon générale, le désir de coïncider avec autrui et notamment avec un être idéal, ne va pas sans orages ni ruptures. Cette tendance est, par principe, vouée à l'échec et se trouve donc à l'origine de frustrations. Par ailleurs, si la fusion tend à s'accomplir au niveau imaginaire, il arrive un moment où le moi se raidit brusquement et s'insurge contre le personnage qui l'aliène. H. Wallon décrit ce renversement en ces termes : « On voit des sujets qui ont commencé par une dévotion complète à la vie et à la destinée de l'autre, qui ont pu se sacrifier... et qui se dressent un jour contre lui en adversaires irréductibles. Tout ce qu'ils avaient accumulé de lui en eux alimente brusquement tout ce qu'ils veulent devenir eux-mêmes... Toute coexistence est alors impossible. L'opposition est de celles qui n'admettent pas de compromis. Le disciple ou le fidèle ne peuvent plus supporter même l'image du maître ou du chef » [116].

Ainsi, le chef idéalisé par ses subordonnés ou la femme glorifiée dans le feu de la passion amoureuse finissent souvent pas récolter des vagues de colère et de ressentiment. Il en va de même pour les idéaux abstraits ou intériorisés. L'individu risque toujours de faire violence à ce qui déçoit ses espérances ou constitue une source d'assujettissement.

3. *La recherche d'opposants*

Pour trouver et garder son identité, l'individu ne se raccroche pas seulement à une image de lui-même (le « moi ») et à des valeurs (« idéal du moi ») : la désignation d'un « dehors » ou d'un ennemi est tout aussi précieuse.

La psychologie des groupes illustre remarquablement cette règle. On sait qu'une communauté, pour se donner une identité, ne recherche pas seulement des symboles et des idéaux. L'existence d'étrangers ou d'ennemis est tout aussi importante. Les premiers groupes d'enfants — dont on sait combien ils sont lents à se former — se constituent souvent à la faveur de l'hostilité pour un tiers. Les choses se passent alors comme si des relations quelque peu stables ne pouvaient s'établir entre deux enfants que si un troisième est rejeté.

L'agressivité apparaît fréquemment comme le point de départ des formations de groupe. L'union est alors association « contre », association face à un autre groupe ou au détriment d'un bouc émissaire désigné au sein même de la collectivité. Lorsque des pays s'unissent au nom d'un idéal économique ou politique c'est, dans la majorité des cas, à l'encontre d'un ennemi commun. La haine de l'ennemi, hélas, est ici bien plus « efficace » que l'amour d'un idéal positif et l'on sait qu'elle mène aux pires folies, car les hommes s'imaginent qu'une folie partagée n'en n'est plus une.

L'individu, comme le groupe, semble avoir, en quelque sorte « besoin » d'oppositions. Il lui faut s'opposer pour se poser. L'individuation se fait avec autrui mais aussi contre les autres. La crise d'opposition qui survient chez quasi tous les enfants, entre deux ans et demi et trois ans, démontre clairement que la personne se constitue autant par ses insurrections que par ses imitations et identifications. Sans doute peut-on souligner ici, comme en maints autres passages de notre texte, l'incidence de la culture occidentale. La liberté, chez nous, est souvent lutte, refus, défi; elle recourt plus aisément à la provocation qu'à l'invocation. Mais on peut néanmoins soutenir que les conditions de structuration du moi humain sont telles que le sujet, pour asseoir sa fragile identité, doit recourir au

non-moi comme à l'image du moi, à l'identification négative comme à la reconnaissance en miroir, à l'objet de
dégoût comme à l'objet d'amour.

Ce que nous écrivons ici ne peut servir de justification
pour l'action violente ou l'anarchie. Nous décrivons seulement des tendances *primitives*, celles qui s'observent régulièrement chez le sujet en voie d'humanisation.

Chez certains individus, l'affrontement au monde et aux
autres prend une tournure d'agression passionnelle compulsive. Le conflit se déroule alors dans la haine. On
pourrait évoquer ici ce que Nietzsche (1887, p. 234)
appelait la « morale des esclaves », celle qui « dit non à un
" dehors ", à un " autre ", à un " différent-de-soi-même " ».
L'auteur de *La généalogie de la morale* notait au sujet de
ce type d'homme que « son action est foncièrement une
réaction »[117]. Pour certains, la haine de ce qu'ils croient
différent d'eux est la seule chose qui leur donne le sentiment
d'être quelqu'un, l'idée qu'ils se font de l'ennemi vient
combler le vide de leur existence et ils sont disposés à
prendre les armes pour enfin se sentir vivre...

E. LA HAINE DE SOI ET LE REJET DES MAUVAIS OBJETS

*« Tout ce que tu dis parle de toi : singulièrement quand tu parles
d'un autre. »*

                                        Valéry[118].

Nous avons envisagé jusqu'à présent l'agressivité comme
une conséquence de certains types de rapports du sujet
avec autrui, comme le produit de la mise en question du
moi par l'entourage. Les relations intrapsychiques et les

difficultés « internes » (pour autant qu'on puisse les isoler des autres) conduisent également à la violence. Dans un certain nombre de cas, la haine d'autrui n'est que l'envers d'un rapport malheureux à soi-même.

Partons d'une observation banale : l'insatisfaction de soi se répercute sur la relation avec autrui. Nietzsche, en grand «*Menschenkenner*», déclare : « nous devons redouter celui qui se hait lui-même, car nous serons les victimes de sa rancune et de sa vengeance ». Et il ajoute : « Cherchons donc comment l'entraîner à s'aimer lui-même ! » [119]. Il s'agit là d'un thème typiquement nietzschéen et que l'on retrouve chez divers philosophes qui s'inspirent de lui. Scheler, dans *L'Homme du Ressentiment*, reprend cette question du dégoût de soi et de ses conséquences.

Autre observation de la vie quotidienne : nous nous irritons de nous laisser irriter. Cette constatation a retenu l'attention d'Alain, qui note dans ses *Libres Propos* : « L'homme qui n'est mécontent que des autres les ménage encore; mais l'homme qui est mécontent de lui-même ne ménage rien (...). La plus redoutable colère vient de l'impatience de ne pouvoir maîtriser la colère. »

De façon générale, nous pouvons dire que l'homme, animal iconolâtre, devient agressif lorsqu'il est déçu par l'image que les autres lui renvoient ou par celle qu'il se fait de lui-même. La paranoïa est sans doute la constellation psychique qui met le mieux en lumière ce processus. Freud a noté que, dans le délire de persécution, le malade est secrètement amoureux de celui qu'il accuse et qu'il se défend contre ses impulsions en projetant [120] sur l'autre l'inverse des sentiments d'attirance, à savoir la haine. L'agressivité est ici un mécanisme de défense contre les impulsions propres.

La paranoïa d'autopunition [121] s'explique de la même

façon. Cette affection se caractérise par le fait que le sujet, de par ses propres défenses, vise à détruire la personne représentant son idéal du moi. Le mode d'existence désiré inconsciemment est projeté et celui qui le cristallise devient à la fois fascinant et répugnant. L'individu s'agresse alors lui-même à travers un autre.

De tels phénomènes se retrouvent, mais sous une forme atténuée, chez les gens dits normaux. Ils permettent de déclarer, *de façon métaphorique*, qu'il y a un « autre » en nous. « Ça » rêve et ça travaille à l'insu du moi [122]. Le sujet n'est jamais tout à fait en prise sur ce qui se passe en lui. Il y a un clivage fondamental, une faille, une écharde, difficilement supportable. La part de cette ombre est généralement niée, refoulée ou encore projetée à l'extérieur.

On pourrait parler d'une compulsion à extérioriser la problématique interne en vue d'assurer l'homogénéité du moi. Ce mécanisme est complémentaire de celui décrit plus haut (§ D, 1, 1, b). Le sujet est en effet *menacé de deux côtés : par l'altérité d'autrui et par sa propre altérité.* L'autre devant lui et l'« autre » en lui minent sa fragile unité, et le second ennemi n'est pas moins redoutable que le premier. Il y a là un problème typiquement humain que le raciste et surtout le paranoïaque ne sont pas à même d'affronter positivement.

Les impulsions méconnues déterminent ce que Melanie Klein (1934) appelle les « mauvais objets ». Le clivage en « bons » et en « mauvais », explique-t-elle, est un des premiers mécanismes de défense du moi contre l'angoisse.

Les personnages ressentis comme repoussants et haïssables précipitent — au sens chimique du terme — les fantasmes refoulés. C'est pourquoi chacun, à des degrés divers, est bien plus attaché à ses ennemis qu'il ne le pense.

Au niveau imaginaire, on n'abandonne pas plus facilement ses ennemis que ses bons amis. Dès lors, nous croyons pouvoir avancer la formule générale — spécialement féconde pour l'examen clinique — : « dites-moi ce qui est l'objet de votre haine et je vous dirai qui vous êtes ». La relation à autrui est le reflet de la relation à soi-même et les rapports aux objets de haine sont tout particulièrement révélateurs.

Peut-être le sujet agresse-t-il, de façon privilégiée, celui qui, vis-à-vis de lui, apparaît à la fois différent (au niveau manifeste) et semblable (au niveau latent). En effet, on ne projette pas dans le vide. L'objet, qui sert à la projection, doit permettre au sujet de se couper de ses imagos internes (d'où l'importance de la différence), mais il doit cependant présenter aussi un minimum d'indices servant de point d'accrochage (analogies secrètes). Des recherches sur le mécanisme des tests d'aperception thématique — Test des Quatre Images de Van Lennep, T.A.T. de Murray, etc., — démontrent en tout cas que les images les plus propices à des révélations personnelles présentent un *optimum* d'analogies et de différences entre les caractéristiques du sujet et celles des personnes représentées.

Ces remarques permettent de comprendre deux curieuses observations de Freud : l'intolérance plus forte à l'endroit de petites distinctions que vis-à-vis de différences fondamentales (XVI 197) et l'étrange analogie qui existe entre le marxisme révolutionnaire et ce qu'il combat (XV 125).

C'est un phénomène paradoxal, mais fréquemment enregistré, que les luttes fraternelles peuvent être plus virulentes que les affrontements entre les individus sans attaches affectives. On pourrait dire que la divergence d'idées et de conduites est bien plus insupportable chez le « semblable » que chez l'« autre ». L'homme, avons-nous dit, a besoin de classifications et d'oppositions, et celui qui joue mal le jeu, qui est à la fois semblable et différent, irrite souvent davantage que celui qui est d'emblée dans l'autre camp. Mais ce dernier raisonnement n'explique pas tout. Seul le mécanisme de la projection peut rendre compte de certains déchaînements passionnels.

L'individu qui se projette tient à la « fidélité » des objets de haine et de dégoût. Nous avons déjà souligné que l'objet d'identification (idéal du moi) devait rester pareil à lui-même. Nous pouvons ajouter ici que le sujet désire également que l'objet de haine ne vienne pas à changer. L'agressivité peut redoubler de violence lorsque l'objet de projection refuse de correspondre à l'image que le sujet se fait de lui. O. Mannoni, dans son analyse du racisme colonial, a bien décrit ce processus :

> « ... que les fantasmes de notre inconscient se projettent à l'extérieur, c'est parfait. Mais qu'on découvre que ce ne sont pas de pures projections, mais des êtres réels qui prétendent négocier leur liberté, pour modestes que soient leurs prétentions, voilà ce qu'on ressent comme un scandale (...). Le racisme proprement dit n'est qu'une médiocre rationalisation destinée à expliquer et à justifier ce scandale ressenti » (1950, p. 115).

Le mécanisme de la projection explique encore les attitudes contradictoires dont sont l'objet les personnes qui ont enfreint des tabous. On sait que la figure du grand criminel éveille parfois une admiration secrète. Les gens éprouvent pour les pervers et les délinquants une « jalousie secrète » (Freud, XI 332). Ceux-ci fascinent, en même temps qu'ils déchaînent l'agressivité, car ils mettent en acte des fantasmes que les individus normaux tentent de repousser et de méconnaître. La façon dont ils piétinent les tabous et les valeurs sociales déclenche le malaise ou les représailles non seulement parce que les idéaux bafoués sont narcissiquement investis par ceux qui se contrôlent mais aussi parce que la non-conformité ébranle la charpente qui maintient, dans certaines limites, les impulsions. Cela explique que les représentants du pouvoir infligent volontiers une peine « exemplaire » aux individus qui risquent d'induire les autres en tentation. Le châtiment apparaît alors comme une sorte de rituel expiatoire, une purification et une sévère mise en garde.

Les processus que nous venons d'évoquer apparaissent à gros traits dans la paranoïa et le racisme passionnel. Ils ne sont cependant pas absents chez les individus normaux. Plus exactement, ce sont des tendances que la personne dépasse, avec plus ou moins de bonheur, au cours de son développement.

Le genre humain, écrit E. Carp, pourrait être qualifié comme « homo paranoïcus » plutôt que comme « homo sapiens ». F. Fornari va dans le même sens en proposant l'expression « homo dimidiatus » (coupé en deux). Spontanément, les hommes sont manichéens; ils conçoivent les choses en termes de « bon » et de « mauvais ». Cette idée est essentielle pour rendre compte du fait que l'homme est « la plus méchante des bêtes féroces ».

Nous espérons avoir montré, de manière convaincante, que l'agressivité n'est pas une nécessité interne mais une attitude corrélative à la mise en question du narcissisme (narcissisme tantôt normal, tantôt pathologique).

La riposte légitime et appropriée à l'injustice, la contre-attaque motivée par un danger réel, le ressentiment résultant d'une absence de valorisation, le comportement destructeur qui surgit chez l'individu bloqué dans son activité ou dans sa création, le déploiement d'une force ou d'un pouvoir qui fait perdre la tête, le désir qui prend la forme de la haine et fait oublier les intérêts vitaux, l'attaque d'un être qui cristallise l'angoisse et les affects réprimés, tous ces comportements qui supposent des motivations, des processus et des jugements de valeur assurément distincts, peuvent se ramener, en définitive, à l'amour-propre, à la passion narcissique, à la défense ou à l'exaltation du moi et des objets d'investissement affectif.

L'énoncé de cette thèse concernant « la plus profonde des passions communes » ne suffit évidemment pas à résoudre tous les problèmes relatifs à la violence et à ses diverses modalités. De nombreuses questions restent en suspens. On pourrait sans doute dire de notre travail ce que Buytendijk nous disait un jour au sujet de son célèbre ouvrage *La Femme. Ses modes d'être, de paraître, d'exister* : « Au fond, vous savez, c'est un livre qui ne contient pas suffisamment de *faits*. »

Il est vrai que la recherche psychologique est une activité complexe et toujours inachevée. Aussi sommes-nous conscient de la nécessité de poursuivre les investigations, tant au niveau de l'examen clinique ou de la réflexion phénoménologique qu'à celui de l'expérimentation systématique. Les psychologues cliniciens devraient, par exemple, examiner plus attentivement la place de l'agressivité dans les différents syndromes, notamment dans l'autisme et la schizophrénie, affections où le rôle de l'agressivité est manifestement important mais encore mal défini. Il faut enfin redire que l'observation clinique et son élaboration théorique, démarches certes indispensables, ne peuvent clore les discussions. Après avoir identifié et explicité les problèmes, il faut encore entreprendre des recherches *méthodiques* afin de préciser *le degré de généralité* des thèses énoncées. Dans cette optique, on pourrait, par exemple, examiner de plus près la relation entre l'insatisfaction de soi et la haine d'autrui, le rapport entre la rigidité et l'agressivité, le lien entre des déstructurations sociales et la tendance à la violence...

CHAPITRE VI

PERSPECTIVES PEDAGOGIQUES
ET PSYCHOTHERAPEUTIQUES

« Nous avons choisi. Nous n'avons pas seulement, dans notre recherche, voulu traiter de l'homme, mais combattre pour l'homme. »

Emmanuel Mounier.
Liminaire au Traité du Caractère.

Peu de choses irritent autant l'homme contemporain que l'« esprit de sérieux » et le moralisme. Toutefois, nous croyons devoir évoquer, modestement, quelques lignes d'action concrètes car le problème de l'agressivité est absolument capital pour la vie quotidienne de chacun et pour l'évolution du monde.

L'agression pose d'emblée le problème du bien et du mal [123]. Nous avons déjà dit que la recherche psychologique ne résoud pas, à elle seule, le problème des valeurs. La psychologie n'apporte pas des règles pratiques absolues — une telle croyance relève du scientisme, idéologie encore plus néfaste que la morale des principes a priori — mais elle suggère de nouvelles manières d'être, plus précisément : elle contribue à élaborer une éthique plus humaine, une éthique qui ne se fonde plus seulement sur des idéaux abstraits mais qui tient compte de la structure effective des expériences et des possibilités des hommes, une éthique qui, en fin de compte, est respectueuse des autres et de soi-même.

Nous avons montré que les conduites agressives sont l'expression de différentes intentions et déterminations. Leur contrôle et leur réduction supposent dès lors des attitudes et des stratégies diversifiées. Nous n'envisageons ici que quelques aspects, principalement ceux qui sont en rapport avec une réflexion psychologique de style analytique et existentiel.

1. *L'efficacité de l'apprentissage*

Bien que le projet de notre ouvrage soit de comprendre l'agressivité humaine, nous allons encore nous tourner un instant vers l'étude scientifique des animaux.

Zing Yang Kuo (1930) constitue trois groupes de chats : les premiers sont élevés sans jamais rencontrer de rats, les seconds ont l'occasion de voir leur mère chasser et tuer ces animaux, les derniers sont élevés avec des rats depuis la naissance.

Kuo constate qu'à l'âge adulte, la moitié des chats du premier groupe (9 sur 20) tuent spontanément des rats. Les chats du second groupe s'attaquent quasi tous aux rats dès qu'ils en rencontrent (18 sur 21) tandis que ceux qui ont toujours vécu au contact de rats (sans la présence de leur mère) ne les tuent que rarement (3 cas sur 18).

Cette expérience illustre trois faits importants dont nous avons déjà parlé : a) dans des conditions identiques, des individus de même espèce peuvent réagir différemment (cf. le premier groupe); b) l'environnement et l'apprentissage ont, de toute façon, une influence considérable; c) l'effet de ces facteurs dépend néanmoins de la constitution et de la maturation.

Un autre chercheur célèbre, J. P. Scott (1958) a montré

que les lois de l'apprentissage, vérifiées pour de multiples comportements, jouent dans le cas de la combativité : loi de l'effet (renforcement par le succès, inhibition par la douleur ou le déplaisir), conditionnement classique (pavlovien), apprentissage discriminatif, généralisation, extinction. Il a, par exemple, entraîné de jeunes souris mâles non agressives à devenir particulièrement féroces grâce à une méthode qui rappelle celle du « manager » conditionnant un apprenti boxeur.

Au début, la souris pacifique est mise en présence d'une souris agressive. Dès que le combat est engagé, les animaux sont séparés. Les jours suivants, des souris agressives sont poussées contre la souris « innocente » mais chacune des souris « expérimentées » est retenue par la queue et retirée de la cage dès qu'elle risque de remporter le combat. L'essentiel est de donner à la souris « pacifique » une impression de victoire. Après ces débuts dans l'art du combat, la souris est mise en présence d'une souris moins expérimentée qu'elle, de sorte qu'elle prenne le dessus sans trop de difficultés.

Après quelques jours de ce traitement (et en observant quelques précautions pour éviter la fatigue et la monotonie), la souris « pacifique » réagit agressivement même en l'absence de toute frustration et devient si sauvage qu'elle attaque même les femelles et les jeunes, ce que des souris mâles ne font généralement pas. Scott (p. 33) en déduit que la meilleure façon de rendre ces animaux agressifs n'est pas de les frustrer mais de leur donner des occasions de gagner des batailles.

Un nombre considérable de recherches prouvent que, dans certaines limites et moyennant quelques aménagements, les principes de l'apprentissage établis à partir des animaux sont valables pour l'homme. La diversité des peuples illustre ce fait.

Les Arapeshs, par exemple, ignorent les rivalités et l'affirmation agressive du moi. Margaret Mead, qui a vécu parmi eux, note que « le thème central en fonction duquel s'organise la vie arapesh est la coopération des hommes et des femmes dans une aventure commune à caractère altruiste, au bénéfice de la génération suivante ». Ces habitants de Nouvelle-Guinée, qui vivent à moins de deux cents kilomètres des terribles Mundugumors, ne connaissent pratiquement pas la guerre, c'est-à-dire l'organisation d'expéditions visant à conquérir, à tuer, à piller. Lorsqu'une querelle éclate entre deux villages, quelques sagaies sont lancées mais jamais dans le but de tuer. Dès que quelqu'un est sérieusement blessé, les opposants se dispersent. Le coupable offre ensuite des anneaux à sa victime. Dans l'ensemble, les Arapeshs sont très sensibles au moindre signe d'hostilité. Un comportement agressif ne provoque chez eux que la peur et l'affolement, non la réaction combative. Hommes et femmes sont foncièrement doux, serviables, toujours prêts à se sacrifier pour les plus jeunes et les plus faibles. Le don à autrui est leur plus grande satisfaction.

Le cas des Arapeshs n'est nullement isolé, au contraire. Les ethnologues ont décrit plusieurs ethnies où les conduites agressives sont rares.

Les Abrons, tribu de la Côte d'Ivoire comptant environ dix mille personnes, punissent sévèrement, dès l'enfance, tout comportement agressif. L'agressivité ne se retrouve que dans certaines moqueries ou dans l'hostilité envers des êtres surnaturels.

Les Semais vivant dans les montagnes de la Malaisie centrale, au nombre de douze mille, limitent leurs conflits à des insultes ou à des médisances. Les enfants ne sont jamais frappés (les adultes craignent que les coups ne provoquent des dommages physiques). Les adultes ne se battent jamais; quand ils sont irrités, ils se contentent de paroles désobligeantes ou lancent des objets qui leur appartiennent (en prenant soin de ne blesser personne). Aucun assassinat n'est connu.

L'ethnologue A. Alland (1972), qui rapporte ces exemples et quelques autres, conclut que la plupart des peuples qui vivent de la chasse et de la cueillette ont une tendance « stupéfiante » à éviter l'agression. Il est vrai que ces sociétés, dites « primitives », sont les moins territoriales parmi les groupes humains.

G. Gorer, qui a étudié une ethnie particulièrement pacifique — les Lepchas de l'Himalaya — croit pouvoir conclure que les sociétés non violentes vivent dans des contrées difficilement accessibles, sont de petite dimension et technologiquement sous-développées. Quant au style de vie de ces peuples, Gorer le résume en ces termes : « ils manifestent tous énormément d'intérêts pour les plaisirs physiques concrets — nourriture, boisson, sexualité, rire —. Ils font très peu de différences entre les caractères idéaux des hommes et des femmes et, en particulier, n'ont pas l'idéal d'une masculinité courageuse et agressive » (1968, p. 34).

On peut en conclure que la « nature » humaine laisse de nombreuses possibilités, depuis le renforcement de la violence dans des voies destructrices jusqu'à la réduction et la quasi-élimination de l'agressivité.

Moyennant certaines conditions, il est possible de diminuer notablement l'attitude hostile et l'habitude de l'attaque. Les principes généraux sont : éviter de « renforcer » (ou de récompenser) l'agression; l'associer à des expériences pénibles (autrement dit : la punir); renforcer des comportements incompatibles avec elle (p. ex., la compréhension d'autrui, la collaboration).

Si l'on estime que l'agressivité n'est pas ipso facto une attitude néfaste, on peut mettre l'accent sur l'apprentissage d'une différenciation entre les situations où l'agressivité se justifie et celles où la réaction agressive doit être évitée ou inhibée (« apprentissage discriminatif »). Dans ce contexte, on ne peut sous-estimer l'importance d'une information systématique concernant les mécanismes de l'agression collective. Il est même urgent de diffuser la connaissance d'une série d'« enchaînements » (au double sens du mot) : la contagiosité de la violence - les processus de l'escalade des conflits - le cercle de l'agression, de la peur et de la contre-agression [124] - le déplacement de l'agression sur un bouc émissaire - la facilité avec laquelle les orateurs politiques diffusent des sentiments belliqueux - la disposition fréquente chez les jeunes (et les moins jeunes) à marcher en rang - l'alimentation de la violence aveugle et des fantasmes de persécution par l'anonymat et l'absence de relations concrètes avec les opposants ou les ennemis - etc.

2. *L'importance de l'environnement social*

M. Mead explique que si les Arapeshs n'éprouvent quasi jamais de haine ni de jalousie, c'est parce que le monde leur apparaît comme un jardin qui doit être cultivé, non pour soi-même, mais pour les enfants. On pourrait répliquer que c'est l'absence d'affirmation du moi qui rend compte de l'attitude à l'égard de la propriété et de l'environnement... Nous n'allons pas discuter ici ce problème de la causalité socio-économique. En tant que psychologue, nous reconnaissons volontiers que l'individu est pris dans des structures qui lui préexistent et que *les situations politiques et économiques* ont un pouvoir de motivation indubitable, même si d'autres facteurs entrent en ligne de compte. Pour citer une recherche, parmi des dizaines du même genre, rappelons que Campbell a mis en évidence, durant la seconde guerre mondiale, une corrélation élevée, chez plus de 300 américains blancs, entre le degré d'anti-sémitisme et le degré d'insatisfaction quant à la situation financière [125].

Il ne serait sans doute pas inutile de rappeler la distinction entre la « privation » inévitable et la « frustration » ressentie comme arbitraire. La pauvreté, en tant que telle, ne mène pas à l'agression, mais l'inégalité éprouvée comme injuste y conduit très facilement. On comprend dès lors que l'« *affluent society* », la société de consommation et de compétition sur le modèle américain, ne soit pas la moins violente.

On peut également citer l'importance des *valeurs collectives et des lois* qui renforcent ou atténuent l'exploitation et la ségrégation. Les modèles officiels agissent sur la conduite et sur l'idéal du moi des individus. Ils ne changent pas radicalement les personnes mais orientent cependant les comportements des peuples. L'exemple de l'Allemagne nazie et de l'Afrique du Sud le démontre suffisamment. Si tant de soldats allemands se sont acharnés sur les Juifs et les Tziganes, c'est parce que les chefs nazis les avaient conditionnés à ne voir dans ces malheureux que des sous-hommes, des êtres appartenant à une autre espèce. L'agression, faut-il le répéter, est davantage une question de perceptions, de valeurs et de significations que d'hormones ou d'instincts.

Les sociétés occidentales actuelles, tant par leur complexité que par leur éthique explicite et implicite, secrètent une violence structurelle et provoquent une contre-agression de la part des plus faibles. Que l'on songe ici à la bureaucratie envahissante, à l'absence de communications entre les classes sociales, à l'octroi limité de biens de consommation exhibés par une minorité et magnifiés par la publicité, au sentiment que plus personne ne « survole » effectivement les problèmes sociaux et que la machine sociale fonctionne toute seule ou au bénéfice de quelques-uns. Il faudrait aussi parler des mythes néfastes de l'Etat-Providence et de la Société responsable de tous les malheurs des citoyens...

Rappelons enfin que, parmi les défis majeurs lancés aux civilisations du xxᵉ siècle, se trouvent la question de la démographie et celle de la répartition des biens. Ces deux questions sont d'ailleurs liées : l'explosion démographique des pays pauvres n'est pas sans rapports avec l'égoïsme et l'explosion de consommation des pays riches. Quoiqu'il en soit, on sait aujourd'hui que l'avenir de l'humanité dépend des solutions apportées à ces gigantesques problèmes : la surpopulation galopante des misérables, la surproduction et le gaspillage chez les nantis.

3. *L'éducation aux réalités*

Il n'est pas démontré qu'une modification des modes de relations, qui ont cours dans notre société, réduirait aussitôt les tensions et les conflits. C'est que l'agression, même si elle est rare chez certains peuples, n'est pas un phénomène accidentel ou périphérique : elle découle de notre situation d'*êtres avides et limités*.

Revenons encore à Freud. On sait qu'il s'est refusé à prêcher une morale ou à proposer une philosophie. Son œuvre débouche cependant sur des considérations qui mettent directement en cause le problème des valeurs morales. Comment d'ailleurs pourrait-il en être autrement puisque l'homme est toujours en situation éthique ?

Le fondateur de la psychanalyse pense que le déplaisir est « la seule mesure éducative » (A.A., p. 381). Il affirme « la nécessité biologique et psychologique de la douleur pour l'économie de la vie humaine » [126]. Il dit que le moteur de l'évolution de l'Humanité est « la privation infligée par la réalité ou, si nous lui donnons son vrai grand nom, la Nécessité de la vie : l'Anankê » (XI 368). Cette idée est présente dès le début de sa réflexion. Freud la développe résolument à partir de la seconde partie de son œuvre et s'y réfère constamment dans ses derniers écrits. Dans *L'Avenir d'une Illusion*, par exemple, il écrit (XIV 368) : « L'homme ne peut pas éternellement demeurer un enfant, il lui faut finalement s'aventurer dans l'" univers hostile ". On peut appeler cela " l'éducation à la réalité " (*die Erziehung zur Realität*). »

Freud fait de nécessité vertu. Il constate les multiples privations et frustrations de l'existence et tente de montrer que celles-ci sont les conditions mêmes de l'humanisation.

Un premier ensemble de souffrances est inhérent à la structure de l'être humain : la prématuration de la naissance [127] et l'état de détresse qui en résulte, l'impossibilité de revenir en arrière sur le chemin de l'existence, l'insatisfaction qui accompagne la vie sexuelle, la démesure des aspirations, le caractère compulsif des désirs, la nécessité de l'effort et enfin, frustration suprême, la certitude de la mort.

A cette finitude, que l'on pourrait appeler « interne », s'ajoutent les douleurs infligées par la nature et par la vie sociale. « Le monde n'est pas une nursery » (XV 181).

Freud dénonce la tyrannie de certaines lois arbitraires ou excessives — par exemple, les tabous sexuels de son époque — mais il fait aussi comprendre que l'homme doit consentir à certaines exigences de la réalité. Il écrit même que la révolte contre la réalité n'aboutit à rien (XIV 439s). La « Nécessité » est finalement la grande éducatrice (XI 368).

Les notions de « principe de réalité » et d'« éducation à la réalité » sont assurément ambiguës. Elles offrent une justification à ce que H. Marcuse (1955) appelle la « sur-répression » et le « principe de rendement », c'est-à-dire l'exploitation de la nécessité du travail au-delà des besoins réels, au profit de quelques-uns. Disons qu'il s'agit, chez Freud, de « concepts ouverts », qui peuvent certes prêter à des malentendus, mais qui donnent aussi à penser.

Les références freudiennes à la réalité ne devraient pas renforcer l'« adjustement » à un monde fait d'avance ni une adaptation à des rôles socialement définis. Freud évoque bien plutôt le consentement aux lois suprêmes de l'existence humaine. Vergote précise que le principe de réalité est « principe de limitation » : « C'est accepter la rareté du plaisir, la nécessité de l'effort, le renoncement au paradis perdu des objets libidinaux infantiles, et surtout la dure réalité de la mort » (1964a, p. 203). Freud ne fait pas l'apologie de l'acceptation, mais il montre la nécessité et même la fécondité du renoncement là où la condition humaine se présente comme finitude. Il dit d'ailleurs que « l'homme énergique et accompli est celui qui, par le travail, réussit à transformer en réalité les fantaisies du désir » (VIII 53). Il défend la même idée, à la fin de sa vie, dans un des rares passages où il parle explicitement de la normalité psychique : « Nous appelons normal ou " sain " un comportement qui (...) dénie la réalité aussi peu que la névrose, mais qui, comme la psychose, s'efforce de la transformer. Ce comportement normal approprié mène naturellement à un travail qui s'accomplit sur le monde extérieur et ne se contente pas, comme dans la psychose, de la production de changements intérieurs; il n'est plus autoplastique, mais alloplastique » (XIII 365s).

Adaptation à la réalité et transformation du monde, prise de distance et acceptation sont des démarches *complémentaires*. L'une est la condition de la réussite de l'autre. La grandeur de l'homme réside dans le fait qu'il affronte courageusement la vie tout en consentant aux blessures qu'elle lui inflige.

4. *La tolérance à l'ambiguïté et à la diversité*

Un des aspects les plus importants de « l'éducation aux réalités » consiste à accepter la diversité des hommes et l'absence d'une Vérité absolue.

Certains individus sont particulièrement intolérants à l'ambiguïté, aux contradictions de leur propre existence et de celle des autres. Les psychologues les appellent parfois des « caractères autoritaires » car on retrouve également chez eux le besoin compulsif de se référer à une autorité extérieure ainsi que le plaisir de dominer plus faible qu'eux. Une des plus importantes recherches de la psychologie sociale porte sur ce type d'individu : *The Autoritarian Personality* [128]. Elle fut menée à l'Université de Berkeley sous la direction de Theodor Adorno, Else Frenkel-Brunswik et quelques collaborateurs.

L'intolérance à l'ambiguïté et à la complexité humaine rend compte de bon nombre de ségrégations. Le manichéisme primitif s'alimente de toutes les distinctions possibles et imaginables. Avouons que la psychologie différentielle — celle que chacun produit spontanément mais aussi celle que des scientifiques élaborent avec minutie — *peut* renforcer certains préjugés communs concernant les inégalités et servir à colmater l'angoisse. C'est ainsi que la psychologie des différences est susceptible d'accentuer la distance entre l'homme et la femme, entre le normal et le malade, entre le « civilisé » et le « sauvage », entre l'enfant, l'adolescent et l'adulte. Le choix du type de clivage dépend alors de la problématique interne de l'individu. Tel homme inquiet de sa virilité insiste sur les différences « radicales » ou « irréductibles » entre l'homme et la femme. Tel autre, peu assuré de son équilibre psychique, voit dans le fou un être dangereux dont il souhaite secrètement l'emprisonnement si pas la disparition.

Ne concluons cependant pas trop vite. Des recherches empiriques démontrent que les *xénophiles* qui rejettent violemment leur propre culture présentent des traits de caractère qui rappellent, paradoxalement, ceux des racistes (Perlmutter, 1954).

On pourrait sans doute montrer tout aussi bien que les forcenés de l'égalitarisme tentent, sans le savoir, de compenser leurs faiblesses psychiques. Le démocratisme, l'universalisme agressif, le refus de l'altérité en tant que telle, la haine de toute hiérarchie, le rejet de toute espèce de distinction sont tout aussi suspects que l'autoritarisme et le racisme passionnel. La difficulté d'assumer des antinomies n'apparaît pas seulement chez le xénophobe et l'individu d'esprit fasciste : elle concerne tout un chacun.

Les travaux de Frenkel-Brunswik montrent que l'attitude à l'égard de l'ambiguïté se structure dès le jeune âge. Dans une de ses recherches [129], elle présente à de jeunes enfants une série de planches où l'image d'un chien est progressivement changée en chat. Les enfants qui perçoivent le moins de figures intermédiaires sont également ceux qui, au niveau du comportement, sont les plus rigides. Ils sont notamment plus racistes que les autres. Cette recherche montre que l'intolérance à l'ambiguïté joue autant au niveau de la perception des choses que des structures affectives. Il importe donc d'aider l'enfant, relativement tôt, à devenir tolérant à divers types d'ambiguïtés et de tensions.

Il faudrait que dès le jeune âge, l'altérité soit reconnue comme une valeur et que chacun se persuade de la parole d'Antoine de Saint-Exupéry : « Si je diffère de toi, loin de te léser, je t'augmente. »

La psychologie démontre d'ailleurs que si les différences entre les individus peuvent susciter l'agressivité, un manque de diversité crée également des tensions. L'homme a un besoin vital de différences. Claude Lévi-Strauss (1960), au terme d'une démonstration fort élaborée et qu'il serait trop long de reprendre ici, conclut en ce sens. Le progrès de l'humanité nécessite, d'une part, des échanges inter-culturels, une mise en commun et, d'autre part, le maintien d'une diversité entre les cultures et d'« écarts différentiels » au sein de chaque société. Le véritable progrès, explique-t-il, ne résulte pas d'une « similitude améliorée ».

Rappelons enfin l'importance, dans un monde où la négociation doit prendre le pas sur l'affrontement, des *éléments médiateurs*. Des travaux empiriques prouvent que le fonctionnement des groupes est difficile, voire impossible, en l'absence de « *bridging members* » [130].

5. La tolérance intérieure

Un des résultats les plus intéressants de la célèbre recherche d'Adorno e.a., que nous venons de citer, est d'avoir prouvé que la personnalité autoritaire se caractérise moins par l'existence ou l'absence de certains facteurs « profonds » (la présence d'une homosexualité latente avait été une des hypothèses de départ) mais plutôt par l'attitude vis-à-vis des tendances socialement désapprouvées. Comparés à des personnes sans préjugés raciaux, les « autoritaires » refoulent une série de désirs et les attribuent à d'autres. En fait, le problème de l'assomption (c'est-à-dire l'acceptation et le dépassement) des aspects les plus « dangereux » de la vie affective se retrouve chez chacun : de façon dramatique chez le paranoïaque et chez le raciste, de façon atténuée chez la personne normale.

La tolérance intérieure est la condition de la tolérance envers autrui. Si l'on a pu dire que la rencontre avec soi-même suppose le dialogue avec autrui, on peut également affirmer que la rencontre avec autrui passe par le dialogue avec soi-même.

Il importe tout particulièrement de reconnaître ses propres fantasmes agressifs. Citons, à l'appui de cette conception, la remarquable étude d'Edwin Megargee (1966).

Dans sa thèse de doctorat présentée à Berkeley, il montre qu'on doit distinguer soigneusement deux types de meurtriers : des « sociopathes », dépourvus d'inhibitions, et des sujets hypercontrôlés (« *chronically overcontrolled* ») chez lesquels les incitations à l'agression ne donnent pas de résultats immédiats mais s'additionnent en quelque sorte jusqu'à atteindre un seuil critique.

L'auteur cite trois chercheurs — J. Weiss, J. Lamberti et N. Blackman — qui ont examiné des assassins n'ayant guère présenté avant leur délit de conduites antisociales. Ces chercheurs arrivent à la conclusion que « les difficultés de ces individus proviennent de leur volonté de se conformer à un modèle et de leur incapacité d'exprimer l'hostilité d'une façon qui, à leurs yeux, demeure socialement acceptable ».

En comparant 76 sujets (âgés de 11 à 17 ans), répartis en

quatre groupes (meurtriers violents, bagarreurs, voleurs, caractériels insoumis), Megargee constate que les individus qui ont commis un meurtre violent *de façon soudaine* sont généralement moins agressifs et surtout beaucoup plus contrôlés que les sujets appartenant aux autres catégories.

« On vomit ce qu'on ne digère. » Cette formule de Valery pourrait peut-être résumer l'enseignement de la psychanalyse sur le refoulement et la projection. En effet, l'exorcisme des « mauvais objets » passe par la reconnaissance des tensions internes. Le sujet ne peut se mettre au service de la paix que lorsqu'il déculpabilise sa vie fantasmatique et assume (ou « digère ») ses impulsions.

« Ne pas vouloir sauter par-dessus son ombre » (Mounier) est une des conditions premières de l'humanisation et du rapport authentique à autrui.

6. *Le besoin d'expériences de satisfaction*

Ruyer exprime fort justement ce qui doit constituer le noyau d'une pédagogie moderne : « tout développement spirituel doit se faire selon deux principes : un principe de *courage enveloppant*, sans lequel il n'y a pas de dépassement possible, et un principe de *plaisir sincère*, sans lequel le dépassement n'est qu'une prétention creuse, une imposture, une trahison envers son être véritable » [181]. On pourrait ajouter : c'est aussi la condition d'une existence sans haine.

Les humains, aussi bien que les petits rhésus d'Harry Harlow [182], ont très tôt besoin de *contacts affectifs chaleureux*. Les expériences d'isolation sensorielle ou sociale (élevage d'animaux à l'abri de toute stimulation ou de tout contact avec des congénères) démontrent l'absolue nécessité de liens affectifs. Des singes isolés, pendant quelques semaines seulement, deviennent extrêmement agressifs, se mordent et se griffent. Sous ce rapport, l'homme est semblable aux autres mammifères : il est un animal de contact, il a besoin de stimulations sociales et, plus précisément, d'une communauté qui lui donne un statut.

Autres satisfactions importantes : le plaisir sexuel, les satisfactions orales de la gastronomie, l'« érotisme musculaire » du mouvement et de l'exercice physique...

Nous voudrions faire mention d'un genre de gratifications qui, non sans raisons, a très mauvaise presse : *les satisfactions narcissiques.*

L'enfant, en particulier, doit pouvoir, *dans certaines limites*, être « narcissisé ». Il doit éprouver le plaisir d'être en vie et se sentir bien dans sa peau. Ceci implique un minimum de sécurité, de stabilité, de sollicitude et de valorisation sociale.

La personne n'a pas seulement besoin d'une petite touche de non-conformisme — le « narcissisme de la petite différence » —, il lui faut véritablement s'aimer elle-même. C'est cette vérité qui permet de comprendre le paradoxe énoncé par E. Fromm : « l'égoïsme est une excroissance du manque d'amour de soi ».

Sans doute importerait-il de distinguer ici l'amour voué à sa propre image (l'amour du « moi ») et l'amour de soi, au sens où l'entend, par exemple, Max Scheler, le respect pour soi en tant que porteur de valeurs spirituelles. Cependant, même la première forme de sympathie n'est pas à condamner sans plus. Les praticiens de la psychologie connaissent certes les ravages du repli narcissique, mais ils savent également où mènent la haine et le mépris de soi.

Ici, comme partout, nous constatons que *toute notion psychologique doit être comprise dialectiquement.* Toute dimension humaine isolée de son contexte ou poussée à la limite devient fatalement caricaturale.

7. Les limites de l'abréaction

La nécessité impérieuse d'expériences de bonheur et de la tolérance intérieure n'implique nullement que la solution de l'agressivité réside dans son expression pure et simple.

a) On sait depuis longtemps qu'un accès de colère — comme un coup de tonnerre — peut détendre une atmosphère pesante. Breuer et Freud ont montré que le simple souvenir d'un traumatisme ne suffit pas à libérer la charge affective (haine, peur, etc.) et Wilhelm Reich a illustré, par de nombreux exemples, les méfaits de la « peste émotionnelle » due au refoulement des affects. Vers 1930, W. B. Cannon a prouvé que la plupart des réactions physiologiques liées à la colère ou à la peur mettent l'organisme dans un état propre à réaliser une activité violente et qu'en l'absence d'un comportement actif, cet état physiologique se maintient plus ou moins longtemps. La médecine psychosomatique a amplement prouvé que des perturbations organiques se produisent si de tels états de stimulation et de blocage se répètent fréquemment.

Lorenz prolonge ces conceptions. Il pense que, sous peine de troubles plus ou moins importants, l'« Agression » doit pouvoir se manifester. Le dernier chapitre de son livre (1963) loue les bienfaits de la sublimation des « pulsions agressives » dans des activités telles que le sport [133], l'art et la science. Il rejoint ainsi, probablement sans le savoir, les vues développées cinquante ans plus tôt par William James, dans son essai The Moral Equivalent of War [134]. Certains producteurs de cinéma et de T.V. justifient les films violents par des arguments de ce genre. Leurs spectacles permettraient à l'agressivité (« innée » ou accumulée par les frustrations quotidiennes) de se « défouler » sans danger.

b) Quelques recherches (Buss, 1961; Feshbach, 1964) semblent confirmer qu'*un état affectif violent*, tel que la colère, tend à se réduire lorsqu'il se manifeste dans des actes et des paroles. Cependant la plupart des travaux empiriques (Bandura, Berkowitz, Leyens) démontrent que *l'expression répétée de sentiments hostiles ou l'assistance à des spectacles violents*, loin d'éliminer l'agressivité, finit, dans beaucoup de cas, par la renforcer. L'effet de la catharsis — que ce soit au niveau de l'action ou de la participation imaginaire — est donc loin d'être toujours démontré.

Ces résultats récents de la recherche scientifique permettent de mieux comprendre les propos de Freud sur l'abréaction. On a trop souvent, au nom du freudisme, justifié la doctrine des « besoins impérieux » (Nietzsche) et le mythe du défoulement. En fait, la conception de l'analyse comme simple libération des tendances « instinctuelles » correspond à ce que Fornari appelle « la modalité fasciste de la psychanalyse » (1964, p. 248). Freud n'a jamais prétendu que la simple abréaction en tant que telle résolvait les problèmes psychologiques. Selon lui, une solution *durable* des tensions affectives réclame une traduction *verbale* et une *réintégration*, à l'ensemble de la vie psychique, des événements auxquels les tensions se rattachent.

J. L. Moreno tient à peu près le même langage lorsqu'il explique l'effet du psychodrame (représentation jouée de difficultés psychologiques) par une « catharsis d'intégration » — qu'il distingue de la « catharsis d'abréaction » ou réduction passagère des tensions —. Selon lui, la question n'est pas tant de répéter que de recréer, d'adopter sur le passé et sur les troubles psychiques « le point de vue du créateur », d'inventer de nouvelles façons de réagir. Les psychothérapeutes d'enfants vérifient d'ailleurs journellement que le jeu du guignol ou le psychodrame n'ont de pouvoir que dans la mesure où ils permettent aux patients de comprendre leurs motivations ou de restructurer le sens de leurs relations. Les motions pulsionnelles n'agissent guère en-dehors de leurs représentants, donc de leurs significations. Le sujet, consciemment ou non, attribue toujours un sens aux affects et c'est celui-ci qui importe. La libération des fantasmes compte bien davantage que la purgation des émois.

Sans doute l'effectuation motrice, le jeu, le sport, la fête, le carnaval,... offrent-ils des exutoires aux poussées vitales et à certaines irritations, mais ils ne dissipent pas, *par eux-mêmes*, la disposition agressive proprement dite ou la haine.

8. *La distanciation, nœud du problème*

Un fait anthropologique irrécusable est la capacité, typiquement humaine, de prendre du recul vis-à-vis du « donné ». La personne qui souhaite ne pas se laisser posséder par des réactions agressives ou haineuses devrait en faire un usage judicieux. Ceci nous paraît plus important qu'un appel à la sacro-sainte Volonté — à moins que l'on partage la conception de G. Marcel qui dit : « Vouloir, ce n'est pas se crisper, c'est se détendre » [135].

La distanciation peut s'opérer en plusieurs directions. D'abord vis-à-vis des *événements extérieurs*. Ensuite, vis-à-vis du sujet lui-même : ses *impulsions* et sentiments;

son « *moi* », objet d'idolâtrie; son « *idéal du moi* », objet souvent inaccessible; son « *surmoi* », maître intolérant et répressif. La personne qui décide de ne plus projeter sur autrui ses désirs inavoués doit se départir de ces enclaves, elle doit se décoloniser.

E. De Greeff a montré que chez la plupart des psychopathes agressifs et des criminels, l'adaptation à la durée est très insuffisante. Cette capacité qui, normalement, se développe avec l'âge, est restée, chez eux, au niveau de celle d'un enfant de 5 ou 10 ans. Par cette observation, le célèbre criminologue attire l'attention sur l'importance de *pouvoir attendre et différer*. Il s'agit ici encore de la capacité de délier les attaches immédiates et de relativer les choses, mêmes importantes.

a) La voie royale de la distanciation par rapport à sa propre situation est sans doute *l'humour*. Nous ne perdrons pas de temps à donner une définition rigoureuse de l'humour car toutes les tentatives qui ont été faites en ce sens nous paraissent... risibles.

L'humour est un des meilleurs antidotes à l'« esprit de sérieux » et à son compagnon habituel, l'agressivité. Il est une prise de distance à l'égard de ce qui semble aller de soi. Il suspend l'enchevêtrement habituel des événements. En disant gaiement les choses graves et en formulant gravement les choses gaies, il transforme en bizarrerie ce qui usurpe le masque de l'Absolu. Les paradoxes qu'il manie ouvrent un nouvel horizon, une aire de jeu, un champ de liberté.

L'humoriste reste, d'une certaine façon, au-dessus de ce qui lui advient. Il refuse de se laisser aliéner par ses propres impulsions et réactions. Le meilleur exemple est sans doute celui de Thomas More qui, se sentant vaciller au moment de monter à l'échafaud, trouve encore le courage de dire, au lieutenant qui l'accompagne : « Aidez-moi à monter, je vous prie; pour redescendre je me débrouillerai bien tout seul. »

L'attitude de l'humoriste témoigne d'une possession de soi, d'une maîtrise qui refuse de se laisser déterminer par les circonstances. Même si, comme le rappelle l'étymologie, l'humour dépend, pour une certaine part, de l'humeur, il n'est cependant ni son sous-produit ni son prisonnier.

Comme la non-violence, l'humour n'adopte pas une attitude de mépris qui enfermerait l'agresseur dans sa propre violence. C'est même en cela que l'humour se distingue de cet esprit que prisait Voltaire et qui n'est qu'un jeu cérébral, indifférent à la souffrance d'autrui. C'est sur ce point que l'humour ne se laisse guère confondre avec l'ironie, expression agressive qui engendre l'irritation ou la colère chez la victime de la plaisanterie. *L'humour est une prise de distance bienveillante*, une façon de relativer avec sympathie. L'humoriste rit de ce qu'il aime tout en continuant à l'aimer, comme il rit de ce qui l'afflige tout en évitant de le détruire. Il ne cherche pas à « prendre par le point sensible »[100]. Il reconnaît plutôt une dimension humaine générale. Comme le dit Kierkegaard, « il passe de l'individu à l'espèce ». Il compatit avec son objet, s'éprouve son complice. Le psychologue Johannes Linschoten a bien résumé cet aspect en ces termes : « L'humour est paradoxal. D'une part, il réclame une distanciation et une relativisation, d'autre part, un lien solide avec l'humain, la prise de conscience que l'on est soi-même ainsi, que l'homme est ainsi, et que l'homme, bien qu'il soit absurde, est aussi beau et bon »[137].

Le véritable humoriste rit également de lui-même. Il sait se mettre en perspective et prendre distance vis-à-vis de « Sa Majesté le Moi ». La psychologie scientifique apporte une indication précieuse à ce propos. Au cours d'une recherche où des personnes devaient se juger réciproquement sur un grand nombre de traits, G. Allport[188] a relevé que la corrélation la plus élevée (+ 0.88) apparaît entre la connaissance de soi et le sens de l'humour (qu'Allport a soin de distinguer du « sens du comique »). On peut en conclure que les sujets qui se connaissent bien sont également capables de prendre une attitude humoristique ou encore que les participants à cette expérience ne parviennent pas à distinguer ces deux traits de personnalité.

On pourrait ainsi soutenir que la connaissance de soi et l'humour procèdent d'une même détermination : un décentrage qui n'est pas une rupture; une objectivation de soi accompagnée d'une sympathie — non d'une idolâtrie ! — pour sa propre personne.

Ces remarques permettent de comprendre que « l'humour apparaît comme la source et le sol nourricier de la tolérance, qui est la plus haute vertu sociale » [139]. L'humour nous aide à nous supporter nous-mêmes et à accepter le mode de vie des autres. Cette saine folie nous introduit à ce minimum de sérénité souriante sans laquelle on glisse si facilement vers la rigidité, l'autoritarisme et leur cortège de violences. Ainsi l'humour est bien moins une technique d'amusement intellectuel qu'une attitude morale, un art d'exister, une façon positive de se comporter à l'égard de soi et à l'égard du prochain. Il ne réclame pas seulement un climat de liberté intellectuelle, mais encore des qualités de cœur.

b) La *verbalisation* est la forme la plus courante du distancement à l'égard de la réalité immédiate, à l'égard des émotions et des images.

Freud explique que l'être humain trouve dans le langage un substitut de l'acte, substitut à l'aide duquel l'affect peut être abréagi. Dans une conférence de 1893, il illustre cette idée en disant que le premier homme qui a utilisé des mots d'insulte à la place du javelot est le fondateur de la civilisation (1893b, S.E. 3 : 36). Au cours du même exposé, Freud note également l'importance des fantasmes comme moyens de se défendre contre les offenses. Ainsi, dit-il, le sujet peut s'aider de représentations contrastantes qui évoquent sa propre valeur et dévalorisent, imaginairement, son ennemi (id., p. 37).

c) Tout dialogue ne désamorce pas la violence et certains propos ne font que l'exacerber, mais l'échange verbal apparaît cependant, en principe, comme un chemin privilégié pour le dépassement des impulsions, de l'irritation et de l'agressivité. Une des formes les plus fécondes du dialogue est celle qui permet au partenaire en difficulté de se dégager de son problème passionnel grâce à une *reconnaissance de la dimension humaine générale* de sa problématique. Le sort personnel est alors envisagé comme un cas particulier de l'existence humaine et se trouve réduit à de plus justes proportions.

On trouve une petite illustration de ce principe chez Freud lorsqu'il dit à Hans : « Longtemps avant qu'il ne vint au monde, je savais déjà qu'un petit Hans naîtrait un jour, qu'il aimerait tellement sa mère qu'il devrait pour cela craindre son père » (VII 277). Ces paroles permettent à Hans de voir les choses « de haut » (ou, en tout cas, de plus haut), de se hausser au niveau du destin humain, de se situer par rapport à ce destin au lieu de le subir. La lecture du cas nous montre que c'est précisément à ce moment que la haine de Hans se résorbe et que se produit la première amélioration effective.

9. *Eloge de la désinvolture*

Il semble impératif de parler d'une distanciation mais pourrait-on aller jusqu'à louer la désinvolture alors qu'on sait que deux tiers de l'humanité vivent dans la misère et que des milliers d'hommes et de femmes sont, en ce moment, emprisonnés ou torturés ? Nous n'hésitons cependant pas trop, car un des poisons les plus dangereux pour l'esprit et le cœur est ce que les Allemands appellent le «*tierischer Ernst*», le sérieux animal. Le bourgeois, le fasciste, mais aussi bon nombre de révolutionnaires, sont atteints de ce virus. Le bourgeois parce qu'il est possédé par son Avoir; le fasciste parce qu'il se dévoue, corps et âme, à un Ordre souverain; le gauchiste parce qu'il croit avoir pour mission de redresser le cours de l'Histoire. Si le premier ne vise qu'à sa tranquillité, les deux autres ne reculeraient devant aucune hécatombe pour établir la Société juste.

Notre civilisation ne nous apprend qu'à conquérir les choses. Elle devrait nous enseigner aussi (ou surtout) la dépossession, le jeu et le rire. L'esprit de sérieux, le goût de la conquête et la violence ont une même source. Tous trois dérivent d'une hypertrophie du moi ou de l'idéal du moi.

Qu'entendons-nous par désinvolture ? Il s'agit d'une attitude qui s'apparente au « *Sein-lassen* » de Heidegger et à la « *Gelassenheit* » dont parle Freud [140] : un consentement non résigné aux difficultés de l'existence, une distance (vis-à-vis du moi et du monde) qui n'est cependant pas indifférence, une préoccupation non crispée, une bienveillance sereine, un refus de se laisser fasciner qui n'exclut cependant pas le respect ou l'admiration, un affranchissement de l'*obsession* de l'approbation d'autrui... et de soi-même. La vie, alors, devient une aventure, un jeu « à qui perd gagne ». La rivalité et la haine n'ont plus leur caractère passionnel et aveuglant. Le sujet ne se confond plus avec elles.

On peut remarquer qu'il est difficile de résumer notre conception en un mot et que des notions fort différentes sont ici conjuguées allègrement. A vrai dire, *une qualité humaine ne prend toute sa valeur que si la qualité complémentaire lui est associée* [141]. Ainsi, un engagement sans un certain recul à l'égard de la situation et de l'activité propre mène à l'aveuglement ou au fanatisme. D'autre part, une mise à distance sans sa contrepartie de prise de responsabilités n'aboutit qu'au scepticisme stérile. Une valeur n'atteint sa perfection propre que lorsque la valeur complémentaire est présente. Si elle apparaît seule, elle risque de déchoir en caricature, en qualité négative. C'est la raison pour laquelle aucun des paragraphes de notre chapitre sur les prolongements pédagogiques ne peut être isolé des autres.

10. *Le principe de dépassement*

Nous avons fait l'éloge des deux grands principes qui, selon Freud, règlent la vie psychique : le plaisir (§ 6) et la réalité (§ 3). Nous concluons en évoquant le principe de dépassement qu'Emmanuel Mounier y ajoute. L'auteur de l'admirable *Traité du Caractère* précise que la vie personnelle ne tient que par ce troisième principe, comme la bicyclette ou l'avion ne tiennent que par leur vitesse. « L'homme ne tient debout qu'en débordant constamment le donné, l'habitude, l'acquis » (p. 573).

La personne ne s'affranchit vraiment de ses impulsions agressives que pour autant qu'elle se dépasse affectivement en direction des autres — c'est le respect, le dialogue, la sympathie, l'amour —, et pour autant qu'elle se dépasse intellectuellement, c'est-à-dire expérimente, invente, crée.

Il n'est pas raisonnable de chercher à éviter toute frustration et tout conflit. Il est absurde de vouloir extirper toute agressivité de l'éducation, de la vie professionnelle ou des relations internationales. Néanmoins, si les humains veulent simplement survivre, ils doivent prendre l'habitude de chercher d'autres moyens que la violence pour solutionner leurs tensions. Il est urgent que *chacun, à son niveau,* invente de nouveaux comportements et de nouvelles solutions pour les problèmes que la coutume tend à résoudre par l'agression. Le courage ici est peut-être moins important que l'imagination...

NOTES

[1] *Le Monde*, 27 septembre 1974.

[2] V. Boukovski (1971). *Une nouvelle maladie mentale en U.R.S.S.: l'opposition*. Tr. Le Seuil. A. Martin (1974), *Sakharov et le combat pour les droits de l'homme en U.R.S.S.* Ed. Albatros.

[3] N. A. Kovalsky (1971). Aspects sociaux de l'agression international. *Revue Intern. Sciences Sociales*, 23(1), p. 79.

[4] Signalons son ouvrage de synthèse : *Traité de Polémologie*. Nouvelle édition mise à jour, 1970, Payot, 560 pp. et deux titres révélateurs : *Cent millions de morts* (Ed. Sagittaire). *Huit mille traités de paix* (Ed. Julliard).

[5] Ed. Laffont. Le titre anglais est *Human aggression* (Penguin, 1968). Notons également qu'un autre ouvrage de Storr, *On human destructiveness* (1972), est intitulé, en français, *L'instinct de destruction* (Ed. Calman-Lévy). Dans les deux cas, la traduction accentue l'idée d'une agressivité autonome, unitaire, agissant comme une force naturelle. Autre exemple : le livre de R. Ardrey *African Genesis* (N.Y., Dell, 1961) a paru en français sous le titre *Les Enfants de Caïn* (Paris, Stock, 1963). Les traducteurs et les éditeurs français seraient-ils plus agressifs que les anglais ? Ils feraient peut-être bien de s'inspirer de l'«*understatement*» de leurs collègues d'outre-Manche.

[6] « *Aggression* » et ses dérivés ne sont pas mentionnés dans *Trübners Deutschen Wörterbuch* (1939), *Etymologisches Wörterbuch der deutschen Sprache* de Fr. Kluge (18e ed. 1960), *Sachs-Villatte, Deutsch-Französisch* (Nachtrag 1956). Ce dernier dic-

tionnaire propose, dans le volume français-allemand, de traduire les mots français « agression » et « agressivité » respectivement par « Angriff » et « Streitsucht ».
Ces termes sont apparus plus tôt en néerlandais. Selon le *Woordenboek der Nederlandsche Taal* de Knuttel et Kruyskamp (éd. 1956), le vocable « agressie » apparaît dès 1592 (calqué sur le français) mais le mot « agressiviteit » n'est repéré qu'en 1937.

[7] Eugène Aroneanu (1958). *La définition de l'agression.* Paris. Les Ed. Internationales. 405 pp.

[8] Dans la perspective de Freud, il faut parler de sens « refoulé » plutôt que de sens implicite ou non thématisé. Toutefois nous reconnaissons volontiers que le principe de la recherche du refoulé, qui servira de guide à notre enquête, n'est pas d'une application constante et universelle. Les significations cachées ne sont pas les seules « vraies » ni toujours *les plus importantes*. Le paranoïaque jaloux — selon Freud (XIII 199) — se trompe non sur le sens de certains indices et mouvements inconscients mais sur leur importance par rapport au reste de la vie psychique...
Si le lecteur permet une petite digression humoriste, nous rappellerons les propos tenus par le sociologue américain W. Whyte au sujet des recherches exclusivement centrées sur les motivations cachées : « Quelqu'un quelque jour provoquera une sensation en proposant un nouvel instrument d'étude de l'homme, qu'il appellera "technique de la valeur nominale" : elle sera fondée sur l'idée que les gens font souvent ce qu'ils font pour les raisons pour lesquelles ils croient qu'ils le font. Cette technique fera tomber dans bien des pièges — n'est-il pas évident que les gens n'agissent pas toujours logiquement et ne disent pas toujours ce qu'ils pensent ? — mais je me demande si elle conduira à des résultats qui auront moins de valeur scientifique que ceux auxquels conduit la méthode opposée » (*The Organization Man.* Doubleday. Tr. fr. *L'Homme de l'Organisation*, 1959, Plon, p. 55s). Ces lignes devraient être méditées par tout psychologue non mis en garde contre ce que Nietzsche appelait « l'illusion des arrière-mondes ».

[9] Cette distinction est à mettre en rapport avec celle, proposée par Freud, entre égoïsme et narcissisme : « Le narcissisme, en ce sens, n'est pas une perversion mais, au contraire, le complément libidinal à l'égoïsme de la pulsion d'autoconservation dont une part est, à juste titre, attribuée à tout être vivant » (1914, X 138s).

[10] Paul Levy. Présentation académique de G. Bouthoul lors de la remise du doctorat Honoris Causa de l'Univ. Catholique de Louvain, 13 mars 1971.

[11] Hans Eysenck (1953) *Uses and Abuses of Psychology.* Pen-

guin. Tr. fr. *Us et abus de la psychologie.* Delachaux, 1956, p. 165.

[12] Dans un article étincelant (*Le Monde*, 3-1-1975), Bertrand Poirot-Delpech a rappelé quelques-uns des tics les plus courants d'une certaine « avant-garde » parisienne :

« Tout d'abord, la remise en honneur des termes de rhétorique, sans doute parce qu'à l'égal du latin pour les médecins de Molière leur complication et leur sens peu connu vous distinguent du commun. Jongler avec les "*syntagmes*", les "*paradigmes*" et autres "*catachrèses*", c'est égal, ça vous pose. Surtout si vous vous offrez le luxe — qui vous chipotera là-dessus ! — de redéfinir ces vieilles notions à votre convenance.

(...)

« Un dernier procédé à la mode mérite vraiment de rester dans les annales comme le "gadget 1974" : la généralisation du calembour traité en objet de "linguistique amusante", selon la formule en usage aux beaux temps de la physique. (...) C'est encore au docteur Lacan que le mouvement doit son ampleur, à celui qui ne craint pas de parler à "Lacan-tonnade". Cette dérision pince-sans-rire a le don d'enchanter à la fois les blagueurs et les pontifiants. L'*Almanach Vermot* — "Vers-mots ? " — ainsi que toutes les entorses à la syntaxe se trouvent soudain absous, sanctifiés.

« Il ne s'écrit plus une ligne de théorie linguistique, la plus austère soit-elle, sans un "hénaurme" pataquès ou n'importe quel jeu d'à-peu-près ou d'assonances dont on espère qu'en récompense du pied-de-nez lancé à la vieille Sorbonne ils vont donner la clef de connaissances inédites. Il s'agit de pêcher des sens nouveaux à l'aveuglette, de "*titiller-voir*" telle ou telle sornette, comme Lacan le dit dans ses improvisations farceuses. Le prototype reste la conclusion de ses cours télévisés du printemps dernier : "*de ce qui perdure de perte pure à ce qui ne parie que du père au pire !*"

(...)

« Vous savez ce qui vous reste à faire. Si vous désirez paraître dans le coup, n'y allez pas avec le dos de la "cul-hier". Dites sans sourire, mi-figue mi-raisin : le texte "*s'est mis aux tics*" pour "*sémiotique*". Normalement, des airs entendus devraient saluer ce brevet d'appartenance évidente au cénacle de "ceux qui peuvent se le permettre ". »

[13] *Behavioral Science*, 1963, *8* : 66-71.

[14] J. Van Rillaer (1971) « Une psychologie de la complémentarité : l'œuvre de D. J. van Lennep. » *Revue de Psychologie et des Sciences de l'Education, VI* (2) : 132-48.

[15] « Du rapport entre la théorie et l'empirie en sociologie. »
L'Homme et la Société, 1969, *13* : 127-34.

CHAPITRE I

[16] *Après Freud*, Julliard, 1965, p. 117.

[17] Que Freud a fait vaciller les assises de la psychologie académique, c'est ce que reconnaît, par exemple, Patrick Meredith dans la préface d'un ouvrage qui critique sévèrement la psychanalyse au nom de l'épistémologie behaviouriste (*Eliminating the Unconscious* de T. R. Miles, Oxford, Ed. Pergamon, 1966) : « Quelles que soient nos critiques méthodologiques et logiques à l'endroit des concepts psychanalytiques, nous ne leur permettrons pas de faire oublier la contribution décisive de Freud qui, en démontrant l'importance du sexe et de la violence pour la compréhension du psychisme humain, a fait voler en éclats le cadre philosophique rassurant et pédant de la psychologie traditionnelle. Ceci apparaît comme un défi non seulement pour la société mais pour la science psychologique en tant que telle. »

[18] In *Husserl*. Troisième colloque philosophique de Royaumont. Paris, 1959, p. 170s.

[19] Blanchot M. (1956). « Freud ». *Nouvelle Revue Française*, pp. 485-96.

[20] Vergote A. (1958). « L'intérêt philosophique de la psychanalyse freudienne. » *Archives de Philosophie*. 21 (1), p. 38.

[21] Par exemple, 1930, XIV 479 et 1932, XV 110.

[22] Notons également que, selon l'histoire mythique évoquée dans *Totem et Tabou* (1913), les fils tuent le père en réponse à la violence que le patriarche exerçait indûment à leur égard. Dans son ouvrage, Freud ne s'attarde qu'à l'agressivité des fils pour le père.

[23] Nous avons donné, dans notre thèse de doctorat, un relevé minutieux des textes où Freud parle de violence et d'agressivité : *L'agressivité humaine. Une étude freudienne*. Thèse ronéotypée. Université de Louvain, Faculté de Psychologie, 1972, 274 pp. + bibliogr. Le présent chapitre constitue une version abrégée de ce travail.

[24] Cf. Standard Edition, vol. 14, p. 70 et vol. 18, p. 5.

[25] *Tel quel*. Gallimard, 1941 et 1943. Rééd. in *Œuvres*. N.R.F., La Pléiade, II, 1960, p. 738.

[26] Il se produit également que le « non-moi » est, du moins à un certain niveau, le fait du sujet. Ainsi les fameuses séductions, dont les patientes hystériques auraient été les innocentes victimes

durant leur enfance, ont partie liée avec leurs désirs et fantasmes. En toutes choses, Freud redéfinit, souvent de façon inattendue, la part du « moi » et du « non-moi ».

[27] « Egalement », c'est-à-dire à côté des impulsions sexuelles que Freud a déjà mises en évidence.

[28] C'est la première allusion au complexe d'Œdipe (Note d'Ernst Kris, l'éditeur des lettres de Freud à Fliess).

[29] Durant la première partie de son œuvre, Freud n'utilise le terme allemand « *Aggression* » que dans l'expression « *sexuelle Aggression* ». A noter que c'est essentiellement l'aspect sexuel qui est mis en évidence (cf. notamment les textes de 1896, p. ex., I 382, 420, 457).

[30] Freud devait être sensible à ce procédé, lui qui, dans la seconde édition de la *Traumdeutung* (p. IX), écrit que les critiques scientifiques l'ont liquidé par le silence (*totgeschwiegen*).

[31] Cf., p. ex., V 67 note, VIII 311, XIII 55, XIV 564.

[32] Ce point de vue se retrouve dans les textes ultérieurs, rares il est vrai, où Freud aborde explicitement le problème de la source de la pulsion. Cf., p. ex., XIII 230; XV 103.

[33] On sait que sur ce point les formules ont varié. Toutefois, il revient au même, pour notre propos, d'utiliser cette définition ou de dire que la pulsion n'a pas d'existence en dehors de sa liaison à un « représentant-représentation » (*Vorstellungsrepräsentanz*).

[34] V 570. Freud développera ce point surtout dans l'article consacré à l'impuissance (1912, VIII 78-91), texte dont la thèse principale porte sur l'obligation, pour le « mâle », de « rabaisser » l'objet de sa passion.

On est en droit de se demander si cette proposition n'est pas le reflet et la justification a posteriori de la conception patriarcale qui domine à son époque en Occident. Margaret Mead et d'autres anthropologues ne nous ont-ils pas appris qu'il y a de multiples façons de concevoir les relations entre les sexes, que par exemple, dans certaines cultures c'est la femme qui prend l'initiative et domine le mâle ? La psychanalyse ne peut contredire ces observations. Freud a d'ailleurs toujours insisté sur la bisexualité (psychique) et a affirmé que la sexualité infantile est, au départ, « phallique » pour les deux sexes. Ceci dit, il reste que certaines exigences, liées à la structure corporelle, se font obscurément ressentir et engendrent même cette sorte de préscience de l'enfant dont Freud est un des premiers à rendre compte (1908b). De telles données ont amené le fondateur de la psychanalyse à reprendre le mot de Napoléon « l'anatomie c'est le destin » (VIII 90) et ceci alors même qu'il critique le caractère unilatéral de la théorie adlérienne sur les conséquences de l'infériorité organique (Adler croyait que toute infériorité physique s'accompagne d'un sentiment d'infériorité susceptible, dans la suite, de se convertir en volonté de compensation ou de surcompensation).

³⁵ Dans les *Trois Essais* (1905), Freud considère les satisfactions orales et anales comme des exemples de la sexualité infantile « polymorphe ». Il fait remarquer, par exemple, que des sensations voluptueuses « s'étayent » sur la fonction physiologique de la défécation.

Trois ans plus tard, il publie *Charakter und Analerotik,* article qui devait inspirer de nombreux travaux, tant parmi ses élèves que parmi des psychologues non analystes. Freud croit reconnaître une analogie de style entre le comportement de l'enfant de 2 ou 3 ans, dominé par son apprentissage à la propreté, et des traits de caractère qui apparaissent chez certains adultes. Il développe alors la fameuse triade « ordre, parcimonie, entêtement », tous traits caractérisant l'« anal », ce personnage qu'on appelle, en argot, un « constipé ».

Freud remarque ensuite le rôle du sadisme et de l'érotisme anal dans la névrose obsessionnelle. En 1913, Jones élabore ces observations dans un article (*Hass und Analerotik in der Zwangsneurose*). La même année, Freud publie le texte (1913b) où apparaît pour la première fois la notion d'« organisation prégénitale », notion qu'il illustre par la description du stade sadique-anal.

Rappelons que le principe que Freud a bien fait comprendre pour l'auto-érotisme et le narcissisme est d'application pour les différentes « organisations » (orale, anale, phallique), à savoir : les étapes du devenir humain constituent moins des stades qui se dépassent automatiquement avec l'âge que des situations humaines, tour à tour prédominantes mais encore permanentes.

³⁶ L'ambivalence affective joue également un rôle essentiel dans la biographie de Freud. Dès le commencement de son auto-analyse, il reconnaît son ambivalence à l'égard de son frère cadet et de son neveu John (A.A., p. 232s). Dans *L'interprétation du rêve*, il avoue qu'il a toujours eu besoin d'un ami intime et d'un ennemi détesté et que, bien souvent, une même personne représente à la fois l'ami et l'ennemi (II 487). Il a surtout reconnu l'importance de l'alliage amour-haine dans le rapport à son père ainsi que dans les relations à des figures paternelles (A.A., p. 253s). Il s'est longtemps arrangé pour dépendre d'un mentor — Meynert, Breuer, Fliess — et pour, dans le même temps, mettre en question l'autorité.

³⁷ « *Das Ding selbst zu befragen.* » Cette formule rejoint la

première consigne que Husserl donnait à la phénoménologie : « *zurück zu den Sachen selbst* » (revenir aux choses mêmes).

[38] L'agressivité de Schreber envers son père pourrait encore s'éclairer, au moins partiellement, par les conflits qui avaient dû opposer le père et le fils durant l'enfance. Francis Croufer (« La vie du Président Schreber, une ordalie relative à la paternité » *Feuillets psychiatriques de Liège*, 1970, *3* : 214-51), qui a étudié en détail la biographie de Schreber, nous apprend que le père du Président était un partisan d'une répression sans pitié des « débuts de passion » et qu'il avait mis au point des appareils orthopédiques en fer pour obliger les jeunes enfants à garder une posture parfaitement droite. Qu'en pareilles conditions le fils doit avoir été quelque peu traumatisé, c'est le moins qu'on puisse en dire.

[39] Rappelons que le cas de Hans marque une date en psychanalyse. C'est d'abord un événement dans l'histoire de la psychothérapie parce qu'il s'agit de la première analyse d'enfant et du premier exemple d'analyse sous contrôle (l'analyse a été menée par le père de Hans, sous la direction de Freud). C'est aussi un moment fécond de la théorie car Freud confirme par l'observation ses hypothèses sur la sexualité infantile et précise de nouvelles entités cliniques, l'hystérie d'angoisse et la névrose phobique. Il suffit d'ailleurs de consulter l'index général des *Gesammelte Werke* pour voir combien fréquentes seront, dans la suite, les allusions de Freud à ce cas.

[40] Lorsqu'on parcourt l'ensemble de l'ouvrage, on s'aperçoit que la plupart des questions de la psychanalyse y sont évoquées. Parmi les points importants, relevons le fait que Freud montre que l'inconscient est affaire « d'esprit » et non d'impulsions animales, en même temps qu'il explique la nécessité d'envisager le point de vue « économique » dans les mots les plus spirituels.

Il faut encore insister sur la valeur du « *Witz* » pour l'épistémologie. Freud, en effet, mène ici une magnifique analyse. La progression de l'exposé reproduit le cheminement de la pensée. On voit comment Freud, en partant d'exemples variés, arrive à circonscrire l'« essence » du phénomène. On ne peut lire ce livre sans songer à Husserl, à la « réduction philosophique », qui détourne l'attention des théories existantes pour la recentrer sur les choses elles-mêmes, et à la « réduction eidétique », qui joue avec les données particulières jusqu'à dégager leur noyau irréductible.

[41] Christian von Ehrenfel (1859-1932) a publié en 1907 un texte intitulé *Sexualethik* (cité par Freud, VII 143) où il dénonce les méfaits de la morale sexuelle civilisée. Cet auteur a acquis une place importante dans l'histoire de la psychologie par la publication d'un mémoire sur les qualités de la forme (*Ueber*

Gestaltqualitäten, 1890), étude qui est considérée comme le point de départ de la Gestalttheorie.

[42] Sur la question de la morale freudienne, l'exposé de A. Vergote (1964, pp. 194-222) reste, à notre connaissance, le plus éclairant.

[43] Les arguments développés dans *Totem et Tabou* se fondent pour la plus grande part sur des *analogies* entre la névrose et les formations culturelles. Freud tente de rendre compte de l'ordre institutionnel par le jeu des investissements affectifs qu'il a étudié chez des individus perturbés. On pourrait facilement le taxer de psychologisme et montrer que la conception en quelque sorte lamarckienne des tabous fondamentaux ne résiste plus aujourd'hui à la critique.

Pour une réappropriation des données valables de cet ouvrage, cf. par exemple, A. Vergote, 1964, pp. 223-55.

[44] Le thème du père est central dans la vie et l'œuvre de Freud. Dans la préface à la seconde édition de la *Traumdeutung,* il écrit que la mort du père est « l'événement le plus important, la perte la plus douloureuse dans la vie d'un homme » (II, p. X). Dans une lettre à R. Rolland, il rapporte le malaise que provoque chez lui le sentiment de dépasser le père (1936, XVI 250-7). Son dernier livre, le *Moïse* — où le récit du parricide est répété de façon quasi compulsive — est un dernier règlement de comptes avec le père. Freud a passé sa vie à remettre en question toutes les formes d'autorité : autorités scientifiques, morales, religieuses, artistiques. Le seul examen où il échoua fut celui de médecine légale...

[45] Dans les *Trois Essais* (V 44, note de 1910) et l'étude sur Vinci (1910c, VIII 170). Nous faisons débuter la seconde partie de l'œuvre de Freud en 1914 car son article capital *Pour introduire le narcissisme* ne paraît que cette année-là.

[46] Littré définit comme suit le verbe *frustrer* : « Priver quelqu'un de ce qui lui est dû, de ce qui lui doit revenir, de ce qu'il espère. »

[47] Freud utilisera aussi le mot *Verhinderung.* Cf. par exemple, dans *Unbehagen* : « l'empêchement (Verhinderung) de la satisfaction érotique suscite une certaine agressivité » (XIV 498).

[48] Dès 1908b, Freud parle de l'« envie du pénis » chez la fillette. Il reconnaît que la déception que les filles éprouvent lorsqu'elles réalisent leur situation anatomique n'aboutit pas nécessairement à des réactions agressives. Ainsi, parmi les conduites possibles, Freud note le défi et le sentiment d'infériorité. Bien plus, toujours selon Freud, le « complexe de castration » féminin peut prendre une valeur toute positive en ce qu'il éloigne la fillette de la mère et introduit au complexe d'Œdipe.

49 L'explication freudienne du refus de savoir en termes de résistance affective est sans aucun doute une idée féconde pour l'histoire des sciences et l'épistémologie. On pourrait cependant objecter que l'usage qu'en font généralement les freudiens la fait apparaître comme une « quasi-hypothèse », une « hypothèse invulnérable » que dénonce Eysenck avec fureur (*Us et Abus de la Psychologie*, ch. 12). Il faut certes rester très prudent dans l'usage de concepts tels que ceux de résistance, compensation, dénégation, projection, etc. Pour décider d'un tel type d'interprétation, on doit disposer d'une série suffisante d'indices convergents. Ceci dit, nous ne pouvons manquer de reconnaître que Freud opère un travail de désentrave tout aussi important que celui de Marx avec son concept d'*idéologie*. Désormais, à côté de la *sociologie* critique de la connaissance, il y a place pour ce que Bachelard appelle une « *psychanalyse* de la connaissance objective ».

50 Dans le texte sur la sexualité, Freud parle de « la capacité de sublimation » (VII 150) tandis que dans celui sur la guerre il évoque « l'aptitude à la culture » (X 334), définie comme le pouvoir de transformer les « pulsions égoïstes » sous l'influence de l'amour. Signalons, à l'occasion de cette comparaison de textes, que *Freud n'a quasi jamais parlé de la « sublimation » de l'agressivité*. A notre connaissance, le seul usage explicite de cette expression se trouve dans la lettre du 27 mai 1937 à Marie Bonaparte où Freud écrit notamment : « Toutes les activités qui organisent ou effectuent des changements sont, dans une certaine mesure, destructrices et redirigent ainsi une portion de la pulsion de destruction loin de son but destructeur originaire » (cit. par Jones, *Sigmund Freud : Life and Work*, vol. III).

51 1915d, X 353. Dans le passage de *Massenpsychologie*, où la même idée est exprimée, Freud précise qu'il n'y a peut-être qu'une seule exception : le rapport entre mère et fils, fondé, comme on le sait, sur la satisfaction du narcissisme (XIII 110n).

52 Cette observation n'est cependant pas une loi générale. Ainsi les castors, qui s'accouplent pour la vie, vivent dans une harmonie remarquable, non seulement entre eux mais encore avec les rats musqués qui sont parfois accueillis dans leurs habitats (Carrighar, 1970, p. 45).

53 Nous dirons qu'il doit répondre à la *Versagung* (refus) par l'*Entsagung* (renoncement), à la frustration par le consentement.

54 Dans la quatrième des *Nouvelles Conférences* (XV 111), Freud énonce un principe essentiel de la logique de ses découvertes : la question qui, à un moment donné, apparaît comme la pierre d'achoppement du système, va devenir, après élaboration, véritablement le socle d'un renouveau conceptuel. Cette démarche

est celle de Freud depuis le début de la psychanalyse et elle lui fait entrevoir toutes ses grandes découvertes.

Ainsi, par exemple, c'est à partir de la « résistance » que s'effectue la reconnaissance du processus de refoulement, « la pierre angulaire de la psychanalyse ». Des notions aussi capitales que celles de fantasme, de réalité psychique et de complexe d'Œdipe s'élèvent sur les éboulements de l'explication de la névrose par la séduction. La méthode des associations, la « règle fondamentale », se dégage à partir des difficultés techniques et des objections de principe liées à la pratique de l'hypnose.

[55] Freud insiste sur cette idée dans *Le moi et le ça* (ch. V), *dans la 32e Conférence*, dernière mise au point importante sur la question des pulsions de mort, ainsi que dans *Analyse finie et indéfinie*, dont c'est le thème central. Il écrit notamment : « Je vais vous dire après-coup quel a été le point de départ de cette réflexion en vue de la doctrine des pulsions. C'est celui-là même qui nous a conduit à une révision de la relation entre le moi et l'inconscient, à savoir l'impression, qui résulte du travail analytique, que le patient, opposant une résistance, bien souvent ne sait rien de celle-ci » (1932a, XV 115).

[56] O. Mannoni, *Freud*, Seuil, 1968, p. 169.

[57] « Tout ce que nous considérons, chez les animaux, comme une expression instinctuelle (*Instinktäusserung*) dépend de la loi de la compulsion de répétition qui manifeste la nature conservatrice des pulsions (*Triebe*) » (XV 113).

[58] Notons le parallélisme qui existe entre le travail théorique de Freud et sa pratique thérapeutique.

1o Comme analyste, il commence par écouter sans préjugés, en état d'« *attention flottante* », le matériel tel qu'il se présente. C'est de cette façon qu'il aborde également les questions théoriques. Il rassemble d'abord pêle-mêle les faits cliniques et les diverses conceptions sans privilégier des éléments.

2o Dans un second temps, le psychanalyste confronte les divers matériaux de manière à *dégager les significations prégnantes*. Au niveau théorique, Freud ne travaille pas autrement. Il résume lui-même son œuvre comme la découverte de rapports particulièrement significatifs (X 60). Partout il recherche des analogies de fonctionnement et des identités de structure.

3o L'analyste, toutefois, ne se contente pas d'interpréter en rapprochant et en combinant des éléments épars. Comme l'archéologue, il supplée aux matériaux recueillis, il complète les vestiges apparents. Il élabore des *constructions* en vue de reconstituer la trame de l'histoire de la vie. De même, au niveau théorique, Freud ne craint pas les constructions, les élaborations qui dépas-

sent les données observables. Notons à ce propos que tous les
écrits freudiens ne relèvent pas du même degré de conceptualisation. Entre les « histoires de malades qui se lisent comme des
nouvelles » (I 227) et la spéculation sur la pulsion de mort, se
présentent plusieurs niveaux d'abstraction qu'on aurait tort de
confondre.

59 XIII 284; XIV 485; XV 112; XVII 72.

60 Rappelons brièvement trois indications qui vont en ce sens.
1º Freud parle, dans *Unbehagen* (XIV 459 et 466n) de
« *refoulements organiques* », notion qui, en fait, apparaît déjà
dans les *Trois Essais*. Evoquant en 1905 la question des « digues »
qui limitent le cours des pulsions — dégoût, pudeur, aspirations
morales et esthétiques — Freud écrivait : « Cette évolution est
conditionnée par l'organisme, fixée par l'hérédité et peut parfois
se produire sans aucune intervention de l'éducation » (V 78).
2º D'autre part, le surmoi se forme grâce à l'identification à
des modèles parentaux et culturels. L'enfant *désire se conformer*
aux règles de son groupe d'appartenance. Il *se* modèle volontaire-
ment. La tendresse éprouvée pour les parents et les maîtres est un
des facteurs les plus puissants de cette autoconstitution.
3º Un autre processus est celui de l'*intériorisation* (*Verinner-
lichung*) *de l'agressivité propre* (XV 116, XVI 26, XVI 90). L'être
humain s'angoisse lorsqu'il sent surgir en lui des impulsions
violentes. Aussi l'agressivité n'est-elle pas seulement endiguée.
Selon Freud, l'élan « énergétique » qu'elle constitue est utilisé
par le sujet en vue de se façonner conformément à un idéal.

61 Les textes freudiens sur la culture suscitent, depuis quelques
années seulement, un intérêt croissant. Les auteurs qui ont amené
le public à découvrir l'intérêt de la pensée du dernier Freud ne
sont pas des praticiens de la psychanalyse mais des philosophes et
des littérateurs, par exemple, H. Marcuse (1955) et Norman
Brown (1959).

62 On trouve ce terme notamment dans *L'Avenir d'une Illusion*
(XIV 328) ainsi que dans les *Nouvelles Conférences* (XV 86) à
l'endroit où Freud fournit la formule, devenue célèbre, *Wo Es
war, soll Ich werden* (Là où était le ça, doit advenir le moi).

63 « eine reale Veränderung in den Beziehungen der Menschen
zum Besitz » (XIV 504).

64 « The themes of work and play in the structure of Freud's
thought », *Psychiatry*, 1950, 13 : 1-16.

65 Travaux publiés entre 1932 et 1935, cités et résumés par
Marcuse (1955, p. 209-12).

66 En définitive, nous croyons que le sens du « principe de

réalité » de Freud n'est pas de faire l'apologie d'un assujettissement à la machine sociale. Nous reviendrons sur cette question dans notre VIe chapitre, § 3.

[67] Cf., par exemple, l'ouvrage extrêmement stimulant de R. Castel *Le Psychanalysme*, 1973, Maspero.

[68] Lettre du 27 mai 1937, citée par E. Jones, *La vie et l'œuvre de S. Freud*, vol. III, tr. fr. P.U.F., p. 521.

[69] Par exemple, « Tous les hommes se haïssent naturellement l'un l'autre. On s'est servi comme on a pu de la concupiscence pour la faire servir au bien public; mais ce n'est que feindre, et une fausse image de la charité; car au fond ce n'est que haine » (*Pensées* § 451).

[70] « Comprendre », *Revue de Morale et de Métaphysique*, nov. 1961, p. 56.

CHAPITRE II

[71] Cf., par exemple, J. C. Ruwet (1969) *Ethologie : biologie du comportement*. Dessart et Mardaga.

[72] H. Hediger, l'auteur de cette expression, a décrit comment les dompteurs de fauves « jouent » sur le seuil qui sépare la distance critique et la distance de fuite. Cf. *Skizzen zu einer Tierpsychologie im Zoo und Zirkus*, 1954, Zurich. Tr. *Psychologie des animaux en zoo et au cirque*, 1955, Julliard.

[73] T. Schjelderup-Ebbe (1922) « Beiträge zur Sozialpsychologie des Haushuhns. » *Zeitschrift für Psychologie, 88* : 225-52.

[74] Les *angeborene auslösende Schema* de J. von Uexküll. Depuis la publication de *The Study of Instinct* de Tinbergen, la traduction *Innate Releasing Mechanism* et son abréviation IRM se sont imposées.

[75] J. J. Ter Pelkwijk und N. Tinbergen (1937) « Eine reizbiologische Analyse einiger Verhaltensweisen von *Gasterosteus aculeatus* L. » *Zeitschrift für Psychologie, 1* : 193-204. Cité par Tinbergen in 1951, p. 49s.

[76] Craig parle d'*appetitive behaviour*. Cf. « Appetits and aversions as constituents of instincts. » *Biol. Bull.*, 1918, *34* : 91-107. Cité par G. Thinès (1966), *Psychologie des animaux*, Dessart et Mardaga, pp. 240 et 253.

[77] Craig (1928) « Why do animals fight ? » *Int. J. Ethics, 31* : 264-78. Cité par R. Johnson (1972, p. 42).

[78] Cf., par exemple, P. R. Marler et W. J. Hamilton (1966) *Mechanisms of animal behavior*. J. Wiley.

79 Thompson T. (1963) « Visual reinforcement in Siamese fighting fish. » *Science, 141* : 55-7.

80 Lorenz, qui est le premier à l'avoir décrite, parle de *Leerlaufreaktion.* Cf., « Der Kumpan in der Umwelt des Vogels » (1935). Rééd. in 1965, p. 83s.

81 Adrian E. D. and Buytendijk F. J. J. (1931) « Potential changes in the isolated brain of the goldfish. » *J. Physiology*, 71 : 121-35.

82 Scott (1958, p. 62). Le même chercheur a réaffirmé récemment un point de vue identique : « Il n'y a pas de mécanisme physiologique connu produisant une stimulation spontanée interne au combat », Review of J. D. Carty and F. J. Ebling, « The natural history of aggression ». *Science*, 1965, *148* : 820-1.

83 Tinbergen (1951, p. 161). Cf. également, par exemple, J. P. Scott (1958); R. A. Hinde (1959) « Unitary drives », *Animal Behaviour,* 7 : 130-41. K. E. Moyer (1968) « Kinds of aggression and their physiological basis », *Communications in Behavioral Biology,* 2 : 65-87. (Rééd. in Moyer, 1971).

84 Rappelons toutefois que des caractéristiques somatiques ou psychiques constitutionnelles ne sont pas, dans tous les cas, immuables tandis que certains conditionnements, acquis lors de « périodes critiques », ne sont quasi plus modifiables.

85 H. Eysenck (1954). *The psychology of politics.* London, Routledge.

86 Merleau-Ponty ajoute en note : « On sait que le baiser n'est pas en usage dans les mœurs traditionnelles du Japon. »

87 Exemple présenté notamment dans : 1950, p. 365 et 1963, p. 65.

88 Cf. travaux de O. C. Stewart et J. Beatty publiés dans Montagu, 1968, p. 103s.

89 1963, p. 97. Toutefois, dans un texte paru l'année suivante, Lorenz déclare sans aucune nuance : « Pour tout savant, pour tout spécialiste de la biologie, il ne peut y avoir de doute : chez l'homme, l'agression intraspécifique est le résultat d'une pulsion instinctive tout aussi spontanée que chez la plupart des autres vertébrés supérieurs. La synthèse qui s'effectue entre les découvertes de l'éthologie et la psychanalyse ne laisse aucun doute sur le fait que ce que Freud a appelé ʺpulsion de mortʺ n'est rien d'autre que l'égarement d'un instinct qui, en lui-même, est aussi indispensable pour la survie que n'importe quel autre ». (« Ritualized fighting ». In : Carthy and Ebling (ed.), 1964, p. 49).

90 Cité par P. Thullier, « Les scientifiques et le racisme », *La Recherche,* 1974, *45* : 456.

CHAPITRE III

[91] Cf., par exemple, Garattini S. and Sigg E. B. (1969). *Aggressive Behaviour*. Amsterdam, Excerpta Medica Foundation. 385 pp. — Moyer K. E. (1971). *The physiology of hostility*. Chicago : Markham, 194 pp. — Eleftheriou B. and Scott J. P. (1971). *The physiology of aggression and defeat*. N.Y. : Plenum Press, 312 pp.

[92] Allee W. C. e.a. (1939). « Modification of the social order among flocks of hens by injection of testosterone proprinate. » *Physiol. Zool.*, *12* : 412-20.

[93] Cet auteur a publié plusieurs travaux sur le sujet. Par exemple, S. Levine and R. F. Mullins (1966) : « Hormonal influences on brain organization in infant rats. » *Science*, *152* : 1582-92. — R. L. Conner and S. Levine (1969) : « Hormonal influences on aggressive behaviour. » In : Garattini and Sigg, pp. 150-63.

[94] E. Brody and H. Rosvold (1952). « Influence of prefrontal lobotomy in social interaction in a monkey group. » *Psychosomat. Med.* 14 : 406-15.

[95] *Manuel de psychiatrie de l'enfant*, 1970, Masson, p. 462. Ajuriaguerra rapporte que plusieurs auteurs affirment que les pointes positives 6-14 survenant au cours du sommeil avec un enregistrement monopolaire seraient caractéristiques pour un comportement impulsif et destructeur. Il souligne cependant l'importance qu'il faut ici encore accorder à l'organisation de la personnalité : « D'après ces auteurs, les ondes 6-14 sont en relation statistiquement significative avec les actes de violence chez les enfants et les asolescents, mais la dysrythmie 6-14 ne provoque pas par elle-même des actes de violence, elle agit comme un stress biologique supplémentaire sur un Moi déjà affaibli permettant le passage à l'acte de pulsions auparavant contrôlées » (p. 462).

[96] R. N. Johnson (1972, p. 89s) passe en revue les recherches récentes sur ce problème. Il signale, parmi les facteurs responsables de l'apparition d'une constitution XYY, les radiations subies par la mère durant la grossesse ou encore l'abus de drogue (notamment le LSD).

CHAPITRE IV

[97] *Totalité et Infini*. M. Nijhoff, 1961, p. 180.

[98] Merleau-Ponty déclare que la grande découverte de Freud porte sur cette « osmose entre la vie anonyme du corps et la vie officielle de la personne ». Il dit encore : « Avec la psychanalyse

l'esprit passe dans le corps comme inversement le corps passe dans l'esprit » *Signes*, 1960, Gallimard.
Signalons qu'A. Vergote (1964, p. 169s) fournit un exposé à la fois dense et clair du thème du corps en psychanalyse.

[99] *Discours, Parcours et Freud*. Tr. Gallimard (1970), p. 346.

[100] *La Conscience et le corps*. P.U.F., 1937, (2) 1950, p. 141.

[101] « The dogma of the ghost-in-the-machine. » Cf. *The Concept of Mind*, 1949, Hutchinson.

[102] *Le matérialisme rationnel*. P.U.F., 1953, p. 29. Notons que le mot « mythologie » ne renvoie plus ici au mystère de l'homme : il désigne des choses qui n'ont d'autre réalité que verbale.

CHAPITRE V

[103] *Les Dieux*, 1934, N.R.F., p. 94.

[104] Le thème de la fatigue pourrait encore fournir de jolis exemples de physiologie sociale. W. von Baeyer (in *Der Nervenartz*, 1961, *32* : 193-9), par exemple, a noté que les phénomènes hystériques sont aujourd'hui en régression alors que l'asthénie et la neurasthénie se présentent de plus en plus fréquemment. Cet auteur remarque que chaque époque présente ainsi son propre style de souffrance (« Leidensstil »).

[105] Expression de Husserl reprise par Merleau-Ponty (1945, p. 160).

[106] *Psychoanalytic Theories of Personality*, 1953. Tr. *Les Théories psychanalytiques de la Personnalité*, 1955, P.U.F., p. 127.

[107] « Les pulsions et l'inconscient. » In : *L'Inconscient*. IV e Colloque de Bonneval. Desclée, p. 82.

[108] Cf., par exemple, XII 248s et XIV 423.

[109] Cf. en néerlandais : « verschil » (différence) et « geschil » (différend, dispute). En anglais, le mot « difference » signifie différence (écart) et différend (dispute).

[110] « Le rôle de l'agressivité dans le psychisme humain. » Texte ronéotypé. Colloque sur la Paix. Université de Louvain. Faculté de Théologie, février 1973.

[111] Freud, X 158. En fait, Freud dira plus tard que l'angoisse de mort est secondaire par rapport à l'angoisse de castration. Cette thèse est reprise par Lacan, qui écrit : « la crainte de la mort, du " Maître absolu ", supposée dans la conscience par toute une tradition philosophique depuis Hegel, est psychologiquement subordonnée à la crainte narcissique de la lésion du corps propre » (1948, p. 123). L'expérience clinique montre, en effet, que de

nombreux suicidés ont voulu préserver leur corps intact jusque dans la mort violente. Nous croyons cependant qu'il ne faut pas trop vite généraliser.

[112] O. Rank (1924). *Das Trauma der Geburt und seine Bedeutung für die Psychoanalyse.* Tr. *Le Traumatisme de la Naissance.* Payot, 1968, p. 68.

[113] Nous traduisons à partir d'une citation faite par Buytendijk (*Menselijke agressiviteit*, Texte ronéotypé, 1971). Celui-ci ajoute ce commentaire dont tous les cliniciens, en particulier ceux qui s'occupent d'enfants ou de délinquants, saisiront l'importance : « celui qui est traité comme du vent ne peut s'humaniser » (Wie als lucht wordt behandeld, kan zich niet humaniseren).

[114] Tr. fr. de J. Hyppolite, Aubier, I p. 302s.

[115] *De la division du travail social.* Durkheim a développé la notion d'anomie dans son livre sur le suicide (1897). Il y a notamment parlé de « suicide anomique », phénomène caractéristique de la société moderne industrielle.

[116] Henri Wallon (1942). *De l'acte à la pensée.* Flammarion.

[117] Le terme « réactionnaire » pourrait désigner l'individu dont les comportements sont essentiellement des « ré-actions » déterminées par des frustrations, plutôt que des « actes ». Citons, à ce propos, quelques lignes d'une lettre de Mounier à Jean Gosset : « Ta chronique mensuelle est si barbouillée d'amertume que je veux t'écrire un mot. Je me permets de te dire : prends garde de ne pas devenir réactionnaire. Tu m'entends : un réactionnaire est un homme qui se laisse posséder par des réactions » (*Œuvres*, Seuil, IV, p. 616).

[118] *Mauvaises pensées et autres*, 1941, Rééd. *Œuvres*, La Pléiade, II, 1960, p. 827.

[119] *Morgenröthe*, 1881. Tr. *Aurore*. In *Œuvres philosophiques complètes*, Gallimard, tome IV, § 517.

[120] Rappelons la définition psychanalytique de la projection : processus par lequel le sujet attribue une qualité à un objet extérieur (personne, animal, chose), corrélativement à la méconnaissance défensive d'une de ses propres qualités. Ce mécanisme existe sous deux formes : la qualité reconnue en l'objet peut être identique à celle du sujet (projection spéculaire) ou bien complémentaire de celle-ci. Un exemple du premier type est donné par le jaloux qui, en fait, prête au partenaire ses propres tentations d'infidélité. La seconde modalité s'illustre par le misanthrope faible et peureux qui justifie son repli sur lui-même en dénonçant la violence perpétuelle du monde.

121 J. Lacan (1932). *De la psychose paranoïaque dans ses rapports avec la personnalité.* Le François. Paris.

122 B. Poirot-Delpech, en faisant la recension des tics de l'avant-garde littéraire de 1974, met en garde contre l'abus de ce petit mot : « Les verbes pronominaux réfléchis ont également la cote dans des locutions telles que : " ce qui s'indique là ", " ce qui se donne à lire ici " ...

» Plus raffiné encore : si le sujet de ces verbes en approfondit le mystère. C'est là que le démonstratif " ça " prend tout son prestige de flou, comme on dit en haute couture. Le comble du chic sera d'écrire : " ça fonctionne ", " ça se donne à lire ", etc.

» L'origine de cette coquetterie serait de chercher, bien sûr, du côté du " ça " freudien, le " ce par quoi l'on est vécu " dont Groddeck a fait un accessoire des conversations snobs. Le docteur Lacan a également contribué à la lancer en lui faisant jouer dans ses propos le rôle du double-six aux dominos ou du blanc au scrabble. " Ça parle " : l'expression aura fasciné la jeune génération pensante par les doutes qu'elle résume, et qui sont dans l'air, sur notre autonomie de sujet au regard de nos tréfonds et de notre environnement.

» Signe de modestie quant à ce qui est connaissable, mais que compense le sentiment de n'être qu'une poignée à dire si bien ces limites, et qui ne répugne pas aux afféteries cérémonieuses. » (*Le Monde*, 3-1-1975).

CHAPITRE VI

123 Cf., par exemple, ces titres d'ouvrages : *Ist die Aggressivität ein Uebel ?* (T. Sandström). *Das sogenannte Böse. Zur Naturgeschichte der Aggression* (K. Lorenz). *Kaïn, Gestalten des Bösen* (L. Szondi).

124 Cf. le mot de Bovet : « L'agressivité, c'est la peur en avant. »

125 A. A. Campbell (1947). « Factors associated with attitudes towards Jews. » In : Newcom T. M. and Harley E. (ed.) *Readings in social psychology.* N.Y. Holt.

126 X 325. Rappelons, à ce propos, l'expression du poète : « L'homme est un apprenti, la douleur est son maître » (Musset).

127 L'enfant n'atteint un développement psychomoteur analogue à celui des autres mammifères à la naissance qu'après un an environ de « vie extra-utérine ». Dès lors, on peut dire que la prématuration n'est pas seulement le lot d'un nouveau-né qui pèse 2.500 kg ou moins. Tous les enfants quittent leur « nid » trop tôt. En naissant, ils sont tous inachevés, inadaptés à leur entourage. Ils ne peuvent survivre sans « utérus social ». (A. Port-

mann, *Zoologie und das neue Bild des Menschen.* Rowohlts Enzyklopedie. *20,* 1956, p. 49s).

[128] Les travaux sur l'autoritarisme se sont développés d'abord en Allemagne. En 1910, A. Huther, dans son livre *Grundzüge der allgemeinen Charakterologie,* fait la description des différents traits de l'individu qui aspire à se soumettre. L'ouvrage le plus célèbre sur cette question s'intitule *Studien über Autorität und Familie* (1936). Il a été publié en France (chez Alcan) par Max Horkheimer et regroupe des études de l'Institut de Recherches sociales de Francfort-sur-le-Main (E. Fromm, H. Marcuse, etc.). Ce livre analyse la personne qui prend plaisir à dominer (*autoritativ*) et celle qui se complaît dans la soumission à l'autorité (*autoritär*). Le portrait du « caractère autoritaire-masochiste », que Fromm présente dans ce recueil, constitue le thème principal de son livre bien connu *Escape from Freedom* (1941; tr. *La peur de la liberté.* Buchet).

[129] Else Frenkel-Brunswik (1949). « Intolerance of ambiguity as an emotional and perceptual personality variable. » *Journal of Personality, 18* : 108-43.

[130] Dorothy Stock (1964). « A survey of Research on T-groups. » In : L. Bradford, Gibb, Benne (ed.) *T-groups theory and laboratory method.* Wiley.

[131] *Le Monde des Valeurs.* Aubier, 1948.

[132] H. F. Harlow and M. F. Harlow (1962). « Social deprivation in monkeys », *Scientific American, 207* : 136-46.

[133] J. Ph. Leyens, qui a réalisé une série de travaux expérimentaux sur le problème de la catharsis, remarque à ce sujet : « Lorenz est probablement trop absorbé par ses animaux et il n'a pas suffisamment le temps de lire les journaux pour s'apercevoir que des matches de football peuvent dégénérer en bagarres, tant sur le stade que dans les gradins ou ailleurs. Le 20 septembre 1969 les supporters de l'équipe anglaise de Tottenham Hotspur, battue 5-0 par Derby County, ont mis à sac le train qui les ramenait chez eux. Après avoir été finalement éjectés du train, ils ont brisé tout ce qui leur tombait sous la main dans deux villages des environs. Ceci est un fait divers comme on peut en trouver chaque semaine dans les journaux » (« Approche psychosociale de la violence au cinéma et à la télévision », *Rev. de Psychologie et des Sc. de l'Education,* 1970, *5* : 154-71).

[134] 1917. Cité par R. Johnson (1972, p. 210).

[135] *Journal métaphysique,* II, 1920, p. 24.

[136] Le *Nehmen bei der schwachen Stelle* a été finement analysé par L. Binswanger. (*Grundformen und Erkenntnis menschlichen Daseins,* 1942, Reinhart).

137 « Over de humor. » *Tijdschrift voor Philosophie.* 1951, *13* : 655.

138 *Personality. A psychological interpretation.* N.Y., 1937, p. 222s.

139 Helmut Lindeman (1969) « L'humour dans la politique et la société », *Impact*, UNESCO, 19(3) : 301-10. Cet auteur se demande si les Constitutions des Etats démocratiques ne devraient pas inscrire le droit à l'humour sur la liste des droits fondamentaux.

140 Il utilise ce mot notamment lorsqu'il explique son « art de l'interprétation ». Il écrit dans les *Nouvelles Conférences* : « Nous avons écouté avec un esprit détendu (*gelassen*) sans mettre notre réflexion en mouvement » (XV 9s). La question ici n'est pas simplement technique — la règle de l'attention flottante —; il s'agit bien plutôt d'un mode d'être qui engage toute la personne du thérepeute.

141 Cette idée se retrouve chez P. Helwig (*Charakterologie*, E. Klett, 1951) et a été exploitée par D. J. van Lennep (cf. notre article dans la *Rev. de Psychologie et des Sc. de l'Éduc.*, 1971, *VI(2)* : 132-48).

BIBLIOGRAPHIE

Lorsqu'il existe une traduction ou plusieurs éditions d'un ouvrage, nous faisons suivre d'un astérisque le texte que nous avons utilisé pour nos citations.

Une des bibliographies les plus complètes sur l'agressivité (principalement les recherches empiriques) se trouve dans l'ouvrage de R. N. Johnson (1972), *Aggression in Man and Animals*. Une liste exhaustive des publications de Freud a été établie par Roger Dufresne (1973), *Bibliographie des écrits de Freud*, Payot.

ADLER A., (1908): « Der Aggressionstrieb im Leben und in der Neurose. » *Fortschritte der Medizin* (Leipzig), 19 : 577-84.

ADORNO T., FRENKEL-BRUNSWIK E., LEVINSON D., SANFORD N., (1950): *The Authoritarian Personality*. Harper, N.Y.

ALLAND A., (1972): *The human imperative*. Columbia University. Tr. *La dimension humaine*, Seuil, 1974 *.

BANDURA A., (1973): *Aggression*. Prentice Hall.

BEACH F. A., (1948): *Hormones and Behaviour*. Hoeber, N.Y.

BEACH F. A., (1955): « The descent of instinct ». *Psychological Review*, 62 : 401-10.

BEEMAN E. A., (1947): « The effect of male hormone on aggressive behaviour in mice. » *Physiol. Zool.*, 20 : 373-405.

BERKOWITZ L., (1962): *Aggression. A social psychological analysis*. Mc Graw-Hill, N.Y.

BERTHERAT Yves, (1967): « Psychanalyse de la violence. » *La Violence*. Semaine des Intellectuels Catholiques. Desclée, p.52-9.

BOUTHOUL G., (1970): *Traité de polémologie*. Nouvelle éd. mise à jour de l'ouvrage *Les guerres* (1951). Payot, 560 pp.

BROWN N., (1959): *Life against Death*. Routledge. Tr. *Eros et Thanatos*. Julliard, 1970 *.

BUSS A. H., (1961): *The Psychology of Aggression*. J. Wiley, N.Y.

BUYTENDIJK F.J.J., (1951): *De Vrouw*. Het Spectrum. Tr. *La Femme*, Desclée, 1954 *.

BUYTENDIJK F., (1952): *Ontmoeting der Sexen*. Het Spectrum. Tr. (J. Van Rillaer). « La rencontre entre les sexes. » *Dialogue. Revue canadienne de Philosophie*, 1974, 13: 85-98.

BUYTENDIJK F., (1958a): *Mensch und Tier*. Rowohlt. Tr. *L'Homme et l'Animal*. Gallimard. Coll. Idées, 1968 *.

BUYTENDIJK F., (1958b): « Le corps comme situation motivante. » *La Motivation*. Symposium. P.U.F., 1959 *, p. 9-34.

BUYTENDIJK F., (1965): *Prolegomena van een anthropologische fysiologie*. Het spectrum.

BUYTENDIJK F., (1972): « Menselijke agressiviteit. » In: *Agressie en geweld*. Het Spectrum, p. 9-20.

CARP E. (1967): *Agressie en agressiviteit*. Het Spectrum.

CARRIGHAR S., (1970): « L'homme n'est pas meurtrier par nature. » *Courrier de l'Unesco*, août-sept. 1970: 40-5.

CARTHY J. D. and EBLING F. J., (1964): *The Natural History of Aggression*. Academic Press.

CROOK J. H., (1968): « The Nature and Function of Territorial Aggression. » In: Montagu M., *Man and Aggression*, pp. 141-78.

DEBUYST C., (1973): *L'étiologie de la violence*. Dixième Conférence des directeurs d'instituts de recherches criminologiques. Strasbourg. Texte ronéotypé, pp. 165-236.

DE GREEFF E., (1942): *Amour et crimes d'amour*. Rééd. Dessart et Mardaga, 1973.

DE GREEFF E., (1958): « La structure du drame chez les assassins. » In: *Structures et Liberté*. Etudes carmélitaines. Desclée, pp. 187-223.

DELGADO J. M. R., (1969): *Physical control of the mind*. Harper, N.Y. Tr. *Le conditionnement du cerveau et la liberté de l'esprit*. Dessart et Mardaga, 1972 *.

DE WAELHENS A., (1958): *Existence et Signification*. Nauwelaerts.

DIATKINE R., (1966): « Agressivité et fantasmes d'agression. »
Revue française de psychanalyse, 30(2): 15-92.

DOLLARD J., DOOB L., MILLER N., MOWRER O., SEARS R.,
(1939). *Frustration and Aggression*. Yale University Press. (6)
1947 *.

ELEFTHERIOU B. E. and SCOTT J. P., (1971): *The physiology
of aggression and defeat*. Plenum Press, N.Y.

ERIKSON E., (1950): *Childhood and Society*. Norton. Tr. *Enfance
et Société*. Delachaux, 1966 *.

FESHBACH S., (1964): « The function of aggression and the
regulation of aggressive drive. » *Psychological Review*, 71: 257-
72.

FORNARI F., (1964): *Psychanalyse de la situation atomique*.
Tr. Gallimard, 1969 *.

FREUD S.: *Gesammelte Werke*. 17 vols. S. Fischer, 1941-1968.
*The Standard Edition of the Complete Psychological Works of
Sigmund Freud*. Translated from the German under the general
editorship of J. Strachey. 24 vol. London. Hogarth Press,
1953-1966.

1892-93 : Ein Fall von hypnotischer Heilung nebst Bemerkungen
über die Entstehung hysterischer Symptome durch den « Gegen-
willen ». I 3-17 = 1: 117-128 **.

1893 a : (Mit J. Breuer). Ueber den psychischen Mechanismus
hysterischer Phänomene : Vorläufige Mitteilung. I 81-98 =
2 : 3-17.
b : Ueber den psychischen Mechanismus hysterischer Phänomene. S.E. 3 : 27-39.

1894 : Die Abwehr-Neuropsychosen. I 59-74 = 3 : 45-61.

1895 : (Mit J. Breuer). Sutiden über Hysterie. I 75-312 = 2 : 1-305.

1900 : Die Traumdeutung. II/III = 4/5.

1901 : Zur Psychopathologie des Alltagsleben. IV = 6.

1905a : Drei Abhandlungen zur Sexualtheorie. V 29-145 =
7 : 130-243.
b : Bruchstück einer Hysterie-Analyse. V 163-286 = 7 : 7-122.
c : Der Witz und seine Beziehung zum Unbewussten. VI = 8.

1906 : Psychopathischen Personen auf der Bühne (1942). S.E.
7 : 305-10.

(**) Le premier groupe de chiffres concerne l'édition allemande
des œuvres complètes; le second groupe concerne l'édition anglaise
de Strachey.

1907 : Zwanghandlungen und Religionsübungen. VII 129-39 =
9 : 117-27.

1908 a : Die « kulturelle » Sexualmoral und die moderne Nervo-
sität. VII 143-67 = 9 : 181-204.

b : Ueber infantile Sexualtheorien. VII 171-88 = 9 : 209-226.

c : Charakter und Analerotik. VII 203-9 = 9 : 169-75.

1909 a : Analyse der Phobie eines fünfjährigen Knaben. VII 243-
377 = 10 : 5-149.

b : Bemerkungen über einen Fall von Zwangsneurose. VII
381-463 = 10 : 155-249.

1910 a : Die psychogene Sehstörung in psychoanalytischer Auf-
fassung. VIII 94-102 = 11 : 211-8.

b : Ueber « wilde » Psychoanalyse. VIII 118-25 = 11 : 221-27.

c : Eine Kindheidserinnerung des Leonardo da Vinci. VIII 128-
211 = 11 : 63-137.

1911 a : Formulierungen über die zwei Prinzipien des psychischen
Geschehens. VIII 230-8 = 12 : 218-226.

b : Psychoanalytische Bemerkungen über einen autobiogra-
phisch Beschrieben Fall von Paranoïa. VIII 240-316 = 12 : 9-82.

1912 a : Ueber die allgemeinste Erniedrigung des Liebeslebens.
VIII 78-91 = 11 : 179-90.

b : Zur Dynamik der Uebertragung. VIII 364-74 = 12 : 99-108.

1913 a : Totem und Tabu. IX = 13.

b : Die Disposition zur Zwangsneurose. VIII 442-52 = 12 : 317-
26.

1914 a : Zur Geschichte der psychoanalytischen Bewegung. X 44-
113 = 14 : 7-66.

b : Zur Einführung des Narzissmus. X 138-70 = 14 : 73-102.

1915 a : Triebe und Triebschiksale. X 210-32 = 14 : 117-40.

b : Die Verdrängung. X 248-61 = 14 : 146-58.

c : Das Unbewusste. X 264-303 = 14 : 166-204.

d : Zeitgemässes über Krieg und Tod. X 324-55 = 14 : 275-300.

1916 : Einige Charaktertypen aus der psychoanaltischen Arbeit.
X 364-91 = 14 : 311-33.

1917 a : Trauer und Melancolie. X 428-46 = 14 : 243-58.

b :Vorlesungen zur Einführung in die Psychoanalyse. XI =
15/16.

c : Eine Schwierigkeit der Psychoanalyse. XII 3-12 = 17 : 137-
44.

d : Das Tabu der Virginität (1918). XII 161-80 = 11 : 193-208.

1918 : Aus der Geschichte einer infantilen Neurose. XII 29-157
= 17 : 7-122.

1919 : Das Unheimliche. XII 229-68 = 17 : 217-52.
1920 : Jenseits des Lustprinzips. XIII 3-69 = 18 : 7-64.
1921 : Massenpsychologie und Ich-Analyse. XIII 71-161 = 18 : 69-143.
1923 : Das Ich und das Es. XIII 237-89 = 19 : 12-66.
1924 : Das Oekonomische Problem des Masochismus. XIII 371-83 = 19 : 159-70.
1925 : Die Widerstände gegen die Psychoanalyse. XIV 99-110 = 19 : 213-22.
1926 : Hemmung, Symptom und Angst. XIV 113-205 = 20 : 87-172.
1927 a : Die Zukunft einer Illusion. XIV 325-80 = 21 : 5-56.
  b : Der Humor. XIV 383-9 = 21 : 161-6.
  c : Dostojewski und die Vatertötung. XIV 399-418 = 21 : 177-96.
1930 : Das Unbehagen in der Kultur. XIV 421-506 = 21 : 64-145.
1932 a : Neue Folge der Vorlesungen zur Einführung in die Psychoanalyse (1933). XV = 22 : 5-182.
  b : Warum Krieg ? (1933). XVI 13-27 = 22 : 203-15.
1937 a : Konstructionen in der Analyse. XVI 43-56 = 23 : 257-69.
  b : Die endliche und die unendliche Analyse. XVI 59-99 = 23 : 216-53.
1938 : Abriss der Psychoanalyse, (1940). XVII 63-138 = 23 : 144-207.
1939 : Der Mann Moses und die monotheistische Religion. XVI 101-246 = 23 : 7-137.
A. A. : Aus den Anfängen der Psychoanalyse (1887-1902). London, Imago, 1950 = S.E. 1 : 175-398.
FREUD-PFISTER O. : *Briefe.* 1909-1939. Fischer.
GARATTINI S. and SIGG E. B., (1969) : *Aggressive Behaviour.* Excerpta Medica Foundation. Amsterdam.
GLUECK S. and E., (1950) : *Unraveling Juvenile Delinquency.* Harvard Univ. Press. Tr. *Délinquants en Herbe,* Vitte, 1956 *.
GORER G., (1968) : « Man has no "killer" instinct.» In : Montagu, *Man and Aggression,* pp. 27-36.
GUARDINI R., (1951) : *Die Macht.* Werkbund. Tr. *La Puissance.* Seuil, 1954 *.
HACKER F., (1971) : *Aggression.* F. Molden. Tr. *Agression-Violence dans le monde moderne.* Calmann-Lévy, 1972 *.
HAMBURG D. A., (1971) : « Recherches récentes sur les facteurs hormonaux influençant l'agressivité chez l'homme. » *Rev. Intern. Sc. Sociales,* 23(1) : 40-54.

HARTMANN H., KRIS E., LOEWENSTEIN R., (1949): « Notes on the theory of aggression.» *Psychoanal. Study of the Child,* *3*: 9-36.

HUBER W., PIRON H., VERGOTE A., (1964): *La Psychanalyse, Science de l'Homme.* Dessart et Mardaga.

HUXLEY J., (1971): *Ritualization of behaviour in animals and man.* Tr. *Le comportement rituel chez l'homme et l'animal.* Gallimard, 1971 *.

JOHNSON R. N., (1972): *Aggression in man and animals.* Saunders, Philadelphia.

KARLI P., (1970): « Neurophysiologie des émotions.» *Rev. de Psychologie et des Sc. de l'Educ., V(4)*: 395-426.

KARLI P., (1971): « Les conduites agressives », *La Recherche, 18*: 1013-21.

KLEIN M., (1934): « A contribution to the psychogenesis of manic-depressive states.» In: *contributions to Psycho-analysis.* Hogarth, 1950 *.

KLOPPER A., (1964): « Physiological background to aggression.» In: Carthy and Ebling (ed) *The Natural History of Aggression,* pp. 65-72.

KUNZ H., (1946): *Die Aggressivität und die Zärtlichkeit.* Francke.

KUO Z. Y., (1930): « The genesis of the cat's response towards the rat.» *J. compar. Psychology, 11*: 1-35.

LACAN J., (1938): « La Famille » *Encyclopédie française, VIII,* art. 40-42.

LACAN J., (1948): « L'agressivité en psychanalyse.» Rééd. *Ecrits,* pp. 101-124 *.

LACAN J., (1950): « Introduction théorique aux fonctions de la psychanalyse en criminologie » (avec M. Cénac). Rééd. *Ecrits,* pp. 125-49 *.

LACAN J., (1966): *Ecrits.* Ed. du Seuil.

LAGACHE D., (1960): « Situation de l'agressivité.» *Bulletin de Psychologie, XIV (1)*: 99-112.

LAPLANCHE J. et PONTALIS J. B., (1967): *Vocabulaire de la Psychanalyse.* P.U.F.

LEBOVICI S. et DIATKINE R., (1972): « L'agression est-elle un concept métapsychologique ? » *Revue française de psychanalyse,* P.U.F., 36(1): 5-17.

LEVI-STRAUSS Cl., (1960): « Race et Histoire.» In: *Le racisme devant la science.* Unesco, pp. 241-81.

LEVY P., (1973): «La vérité polémogène.» *Etudes polémologiques, 10* : 33-8.

LEYENS J. Ph., (1970): «Approche psychosociale de la violence au cinéma et à la télévision.» *Rev. de Psychol. et des Sc. de l'Educ., V (2)* : 154-71.

LORENZ K., (1950): «Le tout et la partie dans la société animale et humaine.» Tr. fr. in : *Essais sur le comportement animal et humain*, 1965 *, pp. 303-406.

LORENZ K., (1963): *Das sogenannte Böse. Zur Naturgeschichte der Aggression*. Borotha-Schoeler. Tr. *L'Agression*. Flammarion, 1969 *.

LORENZ K., (1965): *Ueber tierisches und menschliches Verhalten*. Piper. Tr. *Essais sur le comportement animal et humain*. Seuil, 1970 *.

MANNONI O., (1950): *Psychologie de la colonisation*. Seuil.

MARCUSE H., (1955): *Eros and Civilization*. Tr. *Eros et Civilisation*, Minuit, 1963 *.

MEAD M., (1935): *Sex and temperament in three primitive societies*. Morrow. Tr. *Mœurs et sexualité en Océanie*. Plon, 1963 *.

MEGARGEE E. I., (1966): «Undercontrolled and overcontrolled Personality Types in Extreme Antisocial Aggression», *Psychological Monographs*, n° 611.

MEGARGEE E. I. and HOKANSON J., (1970): *The Dynamics of Aggression*. Harper.

MERLEAU-PONTY M., (1945): *Phénoménologie de la perception*. Gallimard.

MERLEAU-PONTY M., (1964): *Résumé de ses cours. Bulletin de Psychologie*, n° 236.

MONTAGU M. F. Ashley, (1968): *Man and Aggression*. Oxford Univ. Press.

MORRIS D., (1967): *The naked ape*. Tr. *Le singe nu*. Livre de Poche, Grasset, 1968 *

MOUNIER E., (1946): *Traité du Caractère*. Seuil Rééd. 1962 *.

MOUNIER E., (1947): «Pour un temps d'Apocalypse.» Rééd. *Œuvres*, III, Seuil, 1962 *, pp. 341-60.

MOYER K. E., (1971): *The physiology of hostility*. Markham, Chicago.

NIETZSCHE F., (1887): *Zur Genealogie der Moral*. Tr. *La généalogie de la morale*, Gallimard, 1971 *.

PEPITONE A., (1964): *Attraction and Hostility*. Prentice-Hall.

PERLMUTTER H. V., (1954): « Some characteristics of the xeno-philic personality », *Journal of Psychology*, 38 : 291-300.

PIRE D., (1969): *Vivre ou mourir ensemble.* Presses Académiques Européennes.

PONTALIS J. B., (1965): *Après Freud.* Julliard.

SARTRE J. F., (1943): *L'Etre et le Néant.* Gallimard.

SARTRE J. P., (1954): *Réflexions sur la question juive.* Gallimard, Rééd. coll. Idées *.

SCHACHTER S. and LATANE B., (1964): « Crime, cognition and the autonomic nervous system. » In : D. Levine (ed.) *Nebraska Symposium on Motivation, XII*, pp. 221-75. Lincoln.

SCHELER M., (1915): *Das Ressentiment im Aufbau der Moralen.* Ed. remaniée d'un texte paru en 1912. Tr. *L'homme du ressentiment*, Gallimard. coll. Idées, 1970 *.

SCOTT J. P., (1958): *Aggression.* Univ. of Chicago Press.

SCOTT J. P. and FREDERICSON E., (1951): « The causes of fighting in mice and rats », *Physiol. Zool.*, 24 : 274-309.

SELG H., (1968): *Diagnostik der Aggressivität.* Hogrefe.

SKINNER B. F., (1969): *Contingencies of Reinforcement: A theorical Analysis.* Meredith. Tr. *L'analyse expérimentale du comportement.* Dessart et Mardaga, 1971 *.

TINBERGEN N., (1951): *The Study of Instinct.* Clarendon Press. Tr. *L'Etude de l'Instinct.* Payot, 1971 *.

TINBERGEN N., (1953): *Social Behaviour in Animals,* Methuen. Tr. *La vie sociale des animaux.* P. B. Payot, 1967 *.

TURNER W. J., (1969): « Anticonvulsive agents in the treatment of aggression. » In : Garattini and Sigg, 1969, pp. 353-69.

UNESCO, (1960): *Le racisme devant la science.* Paris.

VAN LAWICK-GOODALL J., (1971): « Exemples de comporte-ments agressifs dans un groupe de chimpanzés vivant en liberté. » *Rev. Intern. Sc. Sociales, 23 (1)* : 102-11.

VERGOTE A., (1964 a): Cf. Huber W. e.a.

VERGOTE A., (1964 b): « La volonté comme position et oppo-sition ou les ambivalences du désir et de l'ascèse. » *Tecnica et Casistica.* Roma, pp. 61-76.

Violence (La): Semaine des Intellectuels Catholiques. Desclée.

ZUCKERMAN Solly, (1966): « The Human Beast. » *Nature,* 5 : 563-4.

INDEX DES AUTEURS CITES

Abraham, K., 56, 82
Adorno, Th., 30, 219 sv.
Adrian, E. D., 122
Alain, 167, 201
Alland. A., 133, 213
Allport, G., 229
Andersen, H. C., 29
Ardrey, R., 113, 235
Aron, R., 27
Aroneanu, E., 14
Bachelard, G., 160
Back, K., 29
Beach, F. A., 122, 126, 143
Berkowitz, L., 168, 226
Bertherat, Y., 106
Binswanger, L., 158
Blanchot, M., 35
Blum, G., 177
Bouthoul, G., 9
Breuer, J., 42
Brown, N., 188
Buss, A., 15, 226
Buytendijk, F. J. J., 122, 135, 151 sv., 163, 169, 175, 178, 206
Calhoun, J. B., 114, 136
Campbell, A. A., 215
Cannon, W. B., 142, 225

Carp, E., 205
Carthy, J. D., 181
Cénac, M., 162
Claudel, P., 40
Craig, W., 120
Crook, J. H., 115, 148
Croufer, F., 241
Darwin, C., 113, 130
de Ajuriaguerra, J., 148, 248
de Beauvoir, S., 175
De Greeff, E., 163, 228
Delgado, J., 145 sv.
de Saint-Exupéry, A., 221
De Waelhens, A., 173, 184
Dollard, J., 14, 33, 168
Durkheim, E., 196
Ellis, H., 182
Epictète, 171
Erikson, E., 24, 56
Eysenck, H., 28, 127, 243
Fornari, F., 185 sv., 205, 226
Freud, S., passim
Frenkel-Brunswik, E., 219 sv.
Fromm, E., 102, 224, 252
Gehlen, A., 133
Glueck, S., 174
Goldstein, K., 175
Gorer, G., 213
Guardini, R., 9

Hacker, F., 24
Hamburg, D., 141
Harlow, H., 223
Hartmann, H., 162
Hediger, H., 163, 246
Hegel, G. W. F., 194
Heidegger, M., 232
Hess, W. R., 144
Hinde, R. A., 247
Howard, H. E., 113
Huber, W., 29
Huxley, J., 109
James, W., 190, 225
Johnson, R., 17, 119
Karli, P., 145, 150, 152
Katz, D., 153
Kierkegaard, S., 229
Klein, M., 56, 202
Klopper, A., 143
Kortlandt, 122
Kuo, Z. Y., 210
Lacan, J., 48, 162, 237
Lagache, D., 15 sv., 190.
Laplanche, J., 15
La Rochefoucauld, 181
Levinas, E., 155
Levine, S., 140
Levi-Strauss, Cl., 221
Levy, P. M. G., 236, 261.
Leyens, J. Ph., 226, 252
Linschoten, J., 229.
Lorenz, K., 5, 10, 112, 114,
    121, 123, 128 sv., 225, 247
Maldiney, H., 105
Mannoni, O., 204
Marcel, G., 227
Marcuse, H., 100, 218
Marx, K., 28
Mead, M., 157, 212 sv.
Merleau-Ponty, M., 19, 130,
    132, 169, 172, 248
Megargee, E. I., 222
Meredith, P., 238
Montagu, M. F. A., 137
Moreno, J. L., 226
Morin, E., 26, 185

Morris, D., 8, 109
Mounier, E., 8, 189, 209, 223,
    233, 250
Moyer, K. E., 150
Nietzsche, F., 195, 200 sv.
Pascal, B., 104, 109
Pepitone, A., 191
Perlmutter, H. V., 220
Perrier, F., 177
Pfister, O., 25, 34
Pire, D., 107
Poirot-Delpech, B., 237, 251
Pontalis, J. B., 33
Rank, O., 187
Reich, W., 225
Richard, G., 124, 150
Riesman, D., 102
Ruyer, R., 98, 159, 223
Ryle, G., 159
Sartre, J. P., 20, 171, 179
Schachter, S., 143
Scheler, M., 195, 201, 224
Schjelderup-Ebbe, T., 116
Schotte, J., 183
Scott, J. P., 118, 125, 165, 210
Selg, H., 13, 15
Sidis, 153
Skinner, B. F., 157
Storr, A., 10, 20
Strachey, J., 39
Strasser, S., 34
Szondi, L., 251
Taterka, 147
Ter Pelkwijk, J. J., 119
Thompson, T., 121
Tinbergen, N., 110, 113,
    119 sv., 122, 126, 135, 140
Turner, W. J., 148
Valery, P., 43, 200, 223
van Lawick, J., 116, 118, 135
van Lennep, D. J., 12, 30, 203,
    253
von Baeyer, W., 249
von Uexküll, J., 120
Vergote, A., 73, 189, 218, 238,
    242

TABLE DES MATIERES

INTRODUCTION

1. Un problème vital   5
2. Définitions   12
3. Note sur les démarches de la psychologie   26

Chapitre I

APPROCHE FREUDIENNE DE L'AGRESSIVITE

A. Intérêt d'un retour à Freud   33

B. Evolution des conceptions freudiennes   36
   1. Première période (1892-1913)   40
     1.1. L'irritabilité et les résistances des névrosés . .   40
     1.2. Le manuscrit N   44
     1.3. Les rivalités fraternelles et œdipiennes . . .   45
     1.4. Les subtilités de l'expression hostile . . .   50
     1.5. Les pulsions sexuelles   53
     1.6. L'importance de l'ambivalence affective . .   57
     1.7. Quelques processus révélés par la clinique .   61
     1.8. L'autorité coercitive   65
   2. Deuxième période (1914-1919)   71
     2.1. Les pulsions du moi   71

  2.2. La blessure narcissique 73
  2.3. La guerre et la mort 78
 3. Troisième période (1920-1939) 83
  3.1. Les pulsions de mort 83
  3.2. Le surmoi 93
  3.3. La culture 97
C. Conclusion 103

Chapitre II

DIGRESSION SUR LES COMBATS CHEZ LES ANIMAUX

A. Les fonctions des luttes 111
 1. Luttes interspécifiques 111
 2. Luttes intraspécifiques 112
B. Les stimuli des luttes 118
 1. Douleur 118
 2. Déclencheurs d'origine externe 119
 3. Facteurs internes 120
C. Peut-on parler d'un instinct d'agression ? 123
 1. Le concept d'« instinct » 123
 2. L'inexistence d'un instinct agressif chez l'homme . 126
 3. Critique de la théorie de Lorenz sur l'agression . . 133

Chapitre III

QUELQUES CORRELATIONS PSYCHOPHYSIOLOGIQUES

A. Hormones sexuelles 139
B. Adrénaline 142
C. Centres nerveux 143
D. Hérédité 148
E. Conclusions 150
 1. La multiplicité des mécanismes de l'agression . . 150
 2. Le dialogue entre le physiologiste et le psychologue . 151

Chapitre IV

CRITIQUE DU CONCEPT
DE « PULSION D'AGRESSION »

A. Les pulsions sexuelles 155
B. Les deux théories pulsionnelles de Freud 158
C. La « pulsion d'agression », hypostase trompeuse . . . 160

Chapitre V

ESQUISSE D'UNE CONCEPTION D'ENSEMBLE

A. Notions préliminaires 167
   1. Signification 167
   2. Intentionalité 170
   3. Cause et motif 172
B. Le dynamisme vital 173
   1. Le pouvoir-faire 173
   2. L'expansivité 176
C. Le plaisir des émotions violentes 179
D. La défense et l'affirmation de soi 181
   1. Le moi et le narcissisme 181
      1.1. L'attaque du moi 182
      1.2. La dépendance du moi 187
      1.3. La non-valorisation du moi 190
   2. L'idéal du moi 193
      2.1. La mise en question de l'idéal 194
      2.2. La propagation de l'idéal 194
      2.3. La détérioration de l'idéal 196
      2.4. L'agression du propre idéal 197
   3. La recherche d'opposants 198
E. La haine de soi et le rejet des « mauvais objets » . . 200

Chapitre VI

PERSPECTIVES PEDAGOGIQUES
ET PSYCHOTHERAPEUTIQUES

   1. L'efficacité de l'apprentissage 210
   2. L'importance de l'environnement social 214
   3. L'éducation aux réalités 216

4. La tolérance à la diversité et à l'ambiguïté . . . 219
5. La tolérance intérieure 221
6. Le besoin d'expériences de satisfaction 223
7. Les limites de l'abréaction 225
8. La distanciation, nœud du problème 227
9. Eloge de la désinvolture 231
10. Le principe de dépassement 233

Notes 235

Bibliographie 255

Index des auteurs cités 263

Nous tenons à exprimer notre reconnaissance à nos anciens professeurs, nos collègues et amis, qui ont contribué, à divers titres, au présent travail. Nous remercions plus particulièrement

notre regretté maître Frederik Buytendijk,

Marc Crommelinck,

Alphonse De Waelhens,

Winfrid Huber,

Michel Legrand,

Jacques-Philippe Leyens,

Marc Richelle,

Jacques Schotte,

David J. van Lennep,

Antoine Vergote,

Marie-Paule Van Rillaer de Waegh.

PSYCHOLOGIE ET SCIENCES HUMAINES

collection publiée sous la direction de MARC RICHELLE

1 Dr Paul Chauchard: LA MAITRISE DE SOI, 9ᵉ éd.
5 François Duyckaerts: LA FORMATION DU LIEN SEXUEL, 9ᵉ éd.
7 Paul-A. Osterrieth: FAIRE DES ADULTES, 16ᵉ éd.
9 Daniel Widlöcher: L'INTERPRETATION DES DESSINS D'ENFANTS, 9ᵉ éd.
11 Berthe Reymond-Rivier: LE DEVELOPPEMENT SOCIAL DE L'ENFANT
ET DE L'ADOLESCENT, 9ᵉ éd.
12 Maurice Dongier: NEVROSES ET TROUBLES PSYCHOSOMATIQUES, 7ᵉ éd.
15 Roger Mucchielli: INTRODUCTION A LA PSYCHOLOGIE STRUCTURALE, 3ᵉ
éd.
16 Claude Köhler: JEUNES DEFICIENTS MENTAUX, 4ᵉ éd.
21 Dr P. Geissmann et Dr R. Durand: LES METHODES DE RELAXATION, 4ᵉ éd.
22 H. T. Klinkhamer-Steketée: PSYCHOTHERAPIE PAR LE JEU, 3ᵉ éd.
23 Louis Corman: L'EXAMEN PSYCHOLOGIQUE D'UN ENFANT, 3ᵉ éd.
24 Marc Richelle: POURQUOI LES PSYCHOLOGUES?, 6ᵉ éd.
25 Lucien Israel: LE MEDECIN FACE AU MALADE, 5ᵉ éd.
26 Francine Robaye-Geelen: L'ENFANT AU CERVEAU BLESSE, 2ᵉ éd.
27 B.F. Skinner: LA REVOLUTION SCIENTIFIQUE DE L'ENSEIGNEMENT, 3ᵉ
éd.
28 Colette Durieu: LA REEDUCATION DES APHASIQUES
29 J.C. Ruwet: ETHOLOGIE: BIOLOGIE DU COMPORTEMENT, 3ᵉ éd.
30 Eugénie De Keyser: ART ET MESURE DE L'ESPACE
32 Ernest Natalis: CARREFOURS PSYCHOPEDAGOGIQUES
33 E. Hartmann: BIOLOGIE DU REVE
34 Georges Bastin: DICTIONNAIRE DE LA PSYCHOLOGIE SEXUELLE
35 Louis Corman: PSYCHO-PATHOLOGIE DE LA RIVALITE FRATERNELLE
36 Dr G. Varenne: L'ABUS DES DROGUES
37 Christian Debuyst, Julienne Joos: L'ENFANT ET L'ADOLESCENT VOLEURS
38 B. F. Skinner: L'ANALYSE EXPERIMENTALE DU COMPORTEMENT, 2ᵉ éd.
39 D.J. West: HOMOSEXUALITE
40 R. Droz et M. Rahmy: LIRE PIAGET, 3ᵉ éd.
41 José M.R. Delgado: LE CONDITIONNEMENT DU CERVEAU
ET LA LIBERTE DE L'ESPRIT
42 Denis Szabo, Denis Gagné, Alice Parizeau: L'ADOLESCENT ET LA SOCIETE,
2ᵉ éd.
43 Pierre Oléron: LANGAGE ET DEVELOPPEMENT MENTAL, 2ᵉ éd.
44 Roger Mucchielli: ANALYSE EXISTENTIELLE ET
PSYCHOTHERAPIE PHENOMENO-STRUCTURALE
45 Gertrud L. Wyatt: LA RELATION MERE-ENFANT ET
L'ACQUISITION DU LANGAGE, 2ᵉ éd.
46 Dr Etienne De Greeff: AMOUR ET CRIMES D'AMOUR
·47 Louis Corman: L'EDUCATION ECLAIREE PAR LA PSYCHANALYSE
48 Jean-Claude Benoit et Mario Berta: L'ACTIVATION PSYCHOTHERAPIQUE
49 T. Ayllon et N. Azrin: TRAITEMENT COMPORTEMENTAL
EN INSTITUTION PSYCHIATRIQUE
50 G. Rucquoy: LA CONSULTATION CONJUGALE
51 R. Titone: LE BILINGUISME PRECOCE
52 G. Kellens: BANQUEROUTE ET BANQUEROUTIERS
53 François Duyckaerts: CONSCIENCE ET PRISE DE CONSCIENCE
54 Jacques Launay, Jacques Levine et Gilbert Maurey:
LE REVE EVEILLE-DIRIGE ET L'INCONSCIENT

55 Alain Lieury: LA MEMOIRE
56 Louis Corman: NARCISSISME ET FRUSTRATION D'AMOUR
57 E. Hartmann: LES FONCTIONS DU SOMMEIL
58 Jean-Marie Paisse: L'UNIVERS SYMBOLIQUE
DE L'ENFANT ARRIERE MENTAL
59 Jacques Van Rillaer: L'AGRESSIVITE HUMAINE
60 Georges Mounin: LINGUISTIQUE ET TRADUCTION
61 Jérôme Kagan: COMPRENDRE L'ENFANT
62 Michael S. Gazzaniga: LE CERVEAU DEDOUBLE
63 Paul Cazayus: L'APHASIE
64 X. Seron, J.L. Lambert, M. Van der Linden:
LA MODIFICATION DU COMPORTEMENT
65 W. Huber: INTRODUCTION A LA PSYCHOLOGIE DE LA PERSONNALI-
TE,
2ᵉ éd.
66 Emile Meurice: PSYCHIATRIE ET VIE SOCIALE
67 J. Château, H. Gratiot-Alphandéry, R. Doron et P. Cazayus:
LES GRANDES PSYCHOLOGIES MODERNES
68 P. Sifnéos: PSYCHOTHERAPIE BREVE ET CRISE EMOTIONNELLE
69 Marc Richelle: B.F. SKINNER OU LE PERIL BEHAVIORISTE
70 J.P. Bronckart: THEORIES DU LANGAGE
71 Anika Lemaire: JACQUES LACAN, 2ᵉ éd. revue et augmentée
72 J.L. Lambert: INTRODUCTION A L'ARRIERATION MENTALE
73 T.G.R. Bower: DEVELOPPEMENT PSYCHOLOGIQUE
DE LA PREMIERE ENFANCE
74 J. Rondal: LANGAGE ET EDUCATION
75 Sheila Kitzinger: PREPARER A L'ACCOUCHEMENT
76 Ovide Fontaine: INTRODUCTION AUX THERAPIES COMPORTEMENTA-
LES
77 Jacques-Philippe Leyens: PSYCHOLOGIE SOCIALE, 2ᵉ éd.
78 Jean Rondal: VOTRE ENFANT APPREND A PARLER
79 Michel Legrand: LE TEST DE SZONDI
80 H.J. Eysenck: LA NEVROSE ET VOUS
81 Albert Demaret: ETHOLOGIE ET PSYCHIATRIE
82 Jean-Luc Lambert et Jean A. Rondal: LE MONGOLISME
83 Albert Bandura: L'APPRENTISSAGE SOCIAL
84 Xavier Seron: APHASIE ET NEUROPSYCHOLOGIE
85 Roger Rondeau: LES GROUPES EN CRISE?
86 J. Danset-Léger: L'ENFANT ET LES IMAGES
DE LA LITTERATURE ENFANTINE
87 Herbert S. Terrace: NIM, UN CHIMPANZE QUI A APPRIS
LE LANGAGE GESTUEL
88 Roger Gilbert: BON POUR ENSEIGNER?
89 Wing, Cooper et Sartorius: GUIDE POUR UN EXAMEN PSYCHIATRIQUE
90 Jean Costermans: PSYCHOLOGIE DU LANGAGE
91 Françoise Macar: LE TEMPS, PERSPECTIVES PSYCHOPHYSIOLOGIQUES
92 Jacques Van Rillaer: LES ILLUSIONS DE LA PSYCHANALYSE, 2ᵉ éd.
93 Alain Lieury: LES PROCEDES MNEMOTECHNIQUES
94 Georges Thinès: PHENOMENOLOGIE ET SCIENCE DU COMPORTEMENT
95 Rudolph Schaffer: COMPORTEMENT MATERNEL
96 Daniel Stern: MERE ET ENFANT, LES PREMIERES RELATIONS
97 R. Kempe & C. Kempe: L'ENFANCE TORTUREE
98 Jean-Luc Lambert: ENSEIGNEMENT SPECIAL ET HANDICAP MENTAL
99 Jean Morval: INTRODUCTION A LA PSYCHOLOGIE DE L'ENVIRONNE-
MENT
100 Pierre Oleron et al.: SAVOIRS ET SAVOIR-FAIRE PSYCHOLOGIQUES
CHEZ L'ENFANT
101 Bernard I. Murstein: STYLES DE VIE INTIME

102 Rondal/Lambert/Chipman: PSYCHOLINGUISTIQUE ET HANDICAP MEN-
TAL
103 Brédart/Rondal: L'ANALYSE DU LANGAGE CHEZ L'ENFANT
104 David Malan: PSYCHODYNAMIQUE ET PSYCHOTHERAPIE INDIVI-
DUELLE
105 Philippe Muller: WAGNER PAR SES REVES
106 John Eccles: LE MYSTERE HUMAIN
107 Xavier Seron: REEDUQUER LE CERVEAU
108 Moreau/Richelle: L'ACQUISITION DU LANGAGE
109 Georges Nizard: ANALYSE TRANSACTIONNELLE ET SOIN INFIRMIER
110 Howard Gardner: GRIBOUILLAGES ET DESSINS D'ENFANTS,
LEUR SIGNIFICATION
111 Wilson/Otto: LA FEMME MODERNE ET L'ALCOOL
112 Edwards: DESSINER GRACE AU CERVEAU DROIT
113 Rondal: L'INTERACTION ADULTE-ENFANT
114 Blancheteau: L'APPRENTISSAGE CHEZ L'ANIMAL
115 Boutin: FORMATION ET DEVELOPPEMENTS
116 Húsen: L'ECOLE EN QUESTION
117 Ferrero/Besse: L'ENFANT ET SES COMPLEXES
118 R. Bruyer: LE VISAGE ET L'EXPRESSION FACIALE
119 J.P. Leyens: SOMMES-NOUS TOUS DES PSYCHOLOGUES?
120 J. Château: L'INTELLIGENCE OU LES INTELLIGENCES?
121 M. Claes: L'EXPERIENCE ADOLESCENTE
122 J. Hayes et P. Nutman: COMPRENDRE LES CHOMEURS
123 S. Sturdivant: LES FEMMES ET LA PSYCHOTHERAPIE
124 A. Pomerleau et G. Malcuit: L'ENFANT ET SON ENVIRONNEMENT
125 A. Van Hout et X. Seron: L'APHASIE DE L'ENFANT
126 A. Vergote: RELIGION, FOI, INCROYANCE
127 Sivadon/Fernandez-Zoïla: TEMPS DE TRAVAIL, TEMPS DE VIVRE
128 Born: JEUNES DEVIANTS OU DELINQUANTS JUVENILES?
129 Hamers/Blanc: BILINGUALITE ET BILINGUISME
130 Legrand: PSYCHANALYSE, SCIENCE, SOCIETE
131 Le Camus: PRATIQUES PSYCHOMOTRICES
132 Lars Fredén: ASPECTS PSYCHOSOCIAUX DE LA DEPRESSION
133 Mount: LA FAMILLE SUBVERSIVE
134 Magerotte: MANUEL D'EDUCATION COMPORTEMENTALE CLINIQUE
135 Dailly / Moscato: LATERALISATION ET LATERALITE CHEZ L'ENFANT
136 Bonnet / Tamine-Gardes: QUAND L'ENFANT PARLE DU LANGAGE
137 Bruyer: LES SCIENCES HUMAINES ET LES DROITS DE L'HOMME
138 Taulelle: L'ENFANT A LA RENCONTRE DU LANGAGE
139 de Boucaud: PSYCHOLOGIE DE L'ENFANT ASTHMATIQUE
140 Duruz: NARCISSE EN QUETE DE SOI
141 Feyereisen / de Lannoy: PSYCHOLOGIE DU GESTE
142 Florin et Al.: LE LANGAGE A L'ECOLE MATERNELLE
143 Debuyst: MODELE ETHOLOGIQUE ET CRIMINOLOGIE
144 Ashton / Stepney: FUMER
145 Crabbé et Al.: LES FEMMES DANS LES LIVRES SCOLAIRES
146 Bideaud / Richelle: PSYCHOLOGIE DEVELOPPEMENTALE
147 Schmid-Kitsikis: THEORIE CLINIQUE ET FONCTIONNEMENT MENTAL
148 Guggenbühl / Craig: POUVOIR ET RELATION D'AIDE
149 Rondal: LANGAGE ET COMMUNICATION
CHEZ LES HANDICAPES MENTAUX
150 Moscato et Al.: FONCTIONNEMENT COGNITIF ET INDIVIDUALITE
151 Château: L'HUMANISATION OU LES PREMIERS PAS
DES VALEURS HUMAINES
152 Avery / Litwack: NEE TROP TOT
153 Rondal: LE DEVELOPPEMENT DU LANGAGE
CHEZ L'ENFANT TRISOMIQUE 21

154 Kellens: QU'AS-TU FAIT DE TON FRERE?
155 Rondal / Henrot: LE LANGAGE DES SIGNES
156 Lafontaine: LE PARTI PRIS DES MOTS
157 Bonnet / Hoc / Tiberghien: AUTOMATIQUE, INTELLIGENCE ARTIFI-
    CIELLE ET PSYCHOLOGIE
158 Giovannini et al.: PSYCHOLOGIE ET SANTE
159 Wilmotte et al.: LE SUICIDE
160 Giurgea: L'HERITAGE DE PAVLOV
161 Ionescu: MANUEL D'INTERVENTION EN DEFICIENCE MENTALE
163 Pieraut-Le Bonniec: CONNAITRE ET LE DIRE
164 Huber: PSYCHOLOGIE CLINIQUE AUJOURD'HUI
165 Rondal et al.: PROBLEMES DE PSYCHOLINGUISTIQUE
166 Slukin: LE LIEN MATERNEL
167 Baudour: L'AMOUR CONDAMNE
168 Wilwerth: VISAGES DE LA LITTERATURE FEMININE
169 Edwards: VISION, DESSIN, CREATIVITE
170 Lutte: LIBERER L'ADOLESCENCE
171 Defays: L'ESPRIT EN FRICHE

Hors collection

Paisse: PSYCHOPEDAGOGIE DE LA LUCIDITE
Paisse: ESSENCE DU PLATONISME
Collectif: SYSTEME AMDP
Boulangé/Lambert: LES AUTRES, L'EXPRESSION ARTISTIQUE CHEZ LES
HANDICAPES MENTAUX

Manuels et Traités

2 Thinès: PSYCHOLOGIE DES ANIMAUX
3 Paulus: LA FONCTION SYMBOLIQUE ET LE LANGAGE
4 Richelle: L'ACQUISITION DU LANGAGE
5 Paulus: REFLEXES-EMOTIONS-INSTINCTS
  Droz-Richelle: MANUEL DE PSYCHOLOGIE
  Hurtig-Rondal: MANUEL DE PSYCHOLOGIE DE L'ENFANT (Tome 1)
  Hurtig-Rondal: MANUEL DE PSYCHOLOGIE DE L'ENFANT (Tome 2)
  Hurtig-Rondal: MANUEL DE PSYCHOLOGIE DE L'ENFANT (Tome 3)
  Rondal-Seron: LES TROUBLES DU LANGAGE (DIAGNOSTIC ET REEDU-
  CATION)
  Fontaine/Cottraux/Ladouceur: CLINIQUES DE THERAPIE COMPORTEMEN-
  TALE

Philosophie et langage

Anscombre/Ducrot: L'ARGUMENTATION DANS LA LANGUE
Maingueneau: GENESES DU DISCOURS
Casebeer: HERMANN HESSE
Dominicy: LA NAISSANCE DE LA GRAMMAIRE MODERNE
Borillo: INFORMATIQUE POUR LES SCIENCES DE L'HOMME
Iser: L'ACTE DE LECTURE
Heyndels: LA PENSEE FRAGMENTEE
Sheridan: DISCOURS, SEXUALITE ET POUVOIR (Michel Foucault)
Parret: LES PASSIONS